교육의 역사와 철학 시리즈 ⑭

도덕교육사상

남궁 달화 저

Thoughts of Moral Education

학지사

편집자의 말

편집자는 학지사 김진환 사장의 깊은 이해와 지원으로 '교육의 역사와 철학' 총서 20권을 편집할 수 있었다. 이는 여러 가지로 의미 있는 일로, 김 사장께 진심으로 감사드린다.

편집자의 말을 쓰면서 출판사 사장에게 감사부터 하는 경우는 거의 없다. 그러나 편집자는 이러한 없는 경우를 예외적으로 수용해 본다. 왜냐하면 오늘날처럼 순수한 학술서적의 출판이 어려워진 때도 별로 없기 때문이다. 출판을 기업으로 하는 사람은 필연적으로 이익을 창출하여 함께 데리고 있는 식구를 먹이고 사업도 키워야 한다. 그런데 학술서적의 출판은 최소한의 이익 창출을 보장하지 않고 있다. 그래서 의미를 강조한다. 그러한 서적과 총서의 출판이 우리의 교육학계에 주는 의미가 얼마나 중차대함을 강조하고, 이러한 출판이 동시에 출판사에 재미도 가져다 줄 수 있을 것이라고 전망해 본다. 김진환 사장은 고맙게도 우리의 그러한 주장을 그대로 받아들였다.

우리나라에서 학술서적은 교재와 참고서 중심의 출판으로 이어져 왔다. 최근에 들어와서 개론의 틀을 벗어난 전문서적들이 활발하게 출판되고 있으나, 상황은 여전히 어렵다. 교육학계도 예외가 아니다. 그래서 깊고 전문적인 연구의 결과를 단행본으로 출판하기는 저명한 교수가 아니고는 참으로 어려웠다. 출판의 풍토가 이렇다보니 참고서, 총서, 사전류 등이 개론적 서술의 성격을 띠고 있어서 교재로 활용할 수 있도록 기획될 수밖에 없었다.

편집자는 '교육의 역사와 철학' 총서로 이러한 한계를 뛰어넘는 모험을 하였다. 일차적으로 모두 20권으로 기획된 총서는 글자 그대로 교육의 역사와 철학에서 기초가 되는 사상들을 정선하여, 이 분야에 깊은 조예를 쌓은 학자에게 역사적이고 조직적인 서술을 부탁하였다. 그래서 예를 들면 『인본주의 교육사상』의 집필을 김창환 박사에게 부탁하였으며, 이 책에서 편집자는 인본의 어원과 개념에 대한 명쾌한 설명을, 인본주의 교육사상의 역사적이고 조직적인 전개에 관한 권위 있는 서술을, 오늘에 미친 영향사 및 사상사적 의미를, 그리고 권위 있게 제시한 이 분야의 참고문헌목록을 접하기를 기대하고 있다.

이러한 관점으로 편집자는 하나의 사상을 1,200매 내외의 원고 분량에 최적으로 담을 수 있는, 그 분야에서 가장 조예가 깊다고 알려져 있는 저자를 찾았으며, 교육학의 기초가 되는 사상과 운동과 개념을 정선하였다.

'교육의 역사와 철학' 총서는 다음과 같다. 제1권 인본주의 교육사상(김창환), 제2권 자연주의 교육사상(주영흠), 제3권 계몽주의 교육(이상오), 제4권 박애주의 교육사상(오인탁), 제5권 비권위주의 교육사상(박용석), 제6권 실존주의 교육사상(강선보), 제7권 교육인간학(정혜영), 제8권 개혁교육학(최재정), 제9권 진보주의 교육사상(박영만), 제10권 정신과학적 교육학(정영수), 제11권 사회주의 교육사상(심성보), 제12권 비판적 교육과학(황원영), 제13권 분석적 교육철학(유재봉), 제14권 도덕교육사상(남궁 달화), 제15권 평화교육사상(고병헌), 제16권 발도르프 교육학(정윤경), 제17권 대안교육사상(송순재), 제18권 예술교육의 역사와 이론(고경화), 제19권 페미니즘 교육사상(유현옥), 제20권 홀리스틱 교육사상(송민영).

이상의 20권에는 민족주의 교육사상, 현상학적 교육철학, 종교개혁의 교육사상, 포스트모더니즘 같은 중요한 사상과 철학이 많이 빠져 있다. 그래서 편집자는 다만 교육철학과 교육사학의 영역뿐만 아니라, 교육과 교육학에 관심을 가지고 있는 모든 사람이 필연적으로 읽어야 하는 기본도서로 기능할 수 있기를 바라는 마음으로 총서를 지속적으로 보완하여 가려고 한다.

오인탁 · 강선보

머리말

이 책은 현대의 도덕교육이론에 기초한 현대의 도덕교육사상을 나름대로 정리한 책이다. 여기서 '현대'는 19세기 후반에서부터 20세기 전반에 걸쳐 수립된 프로이트(S. Freud), 뒤르켕(E. Durkheim), 듀이(J. Dewey) 등의 도덕교육사상을 비롯하여 20세기 중반에 수립된 헤어(R. M. Hare), 콜버그(L. Kohlberg), 윌슨(John B. Wilson) 등의 도덕교육사상에 이어, 20세기 후반에 수립된 리코나(T. Lickona), 콜스(R. Coles), 길리건(C. Gilligan), 나딩스(N. Noddings) 등의 도덕교육사상이 영향을 미친 시대를 가리키는 말로 사용되었다.

이 책의 제1장에서는 오스트리아의 신경학자(neurologist) 프로이트가 제시한 원자아(原自我, id), 자아(自我, ego), 초자아(超自我, superego)로 구성되는 인성의 구조와 인성의 발달이론에 기초한 정신분석 도덕교육사상에 대해 살펴보았다. 제2장에서는 미국의 아동 정신의학자 콜스가 제시한 '목격에 기초한 상상'을 통해 도덕지능을 개발하며 인격교육적 접근을 시도한 도덕교육사상을 분석 · 정리하였다. 제3장에서는 행동주의의 조건화 이론에 기초한 학습이론의 개념과 용어를 사용하여 프로이트 등에 의해 관찰된 발달현상의 일부를 설명함으로써 학습이론을 연장·확대하여 인간발달이론의 체계화를 시도한 행동주의의 사회학습 도덕교육사상에 대해 살펴보았다. 제4장에서는 프랑스의 사회학자 뒤르켕이 제시한 도덕성의 3요소인 규율정신, 사회집단에 대한 애착, 자율성에 기초한 도덕적 사회화 도덕교육사상에 대해 고찰하였다. 제5장에서는 미국의 철학자 듀이가 제시한 경험의 상호 작용과 계속성의 원리에 기초하여 경험의 의미를 재구성하는 경험의 성장 도덕교육사상에 대해 살펴보았다. 제6장에서는 영국의 도덕철학자 헤어가 도덕성을 본질적으로 하나의 '언어'로 보고 도덕 판단의 규정성과 보편화 가능성에 기초하여 수립한 규정주의 도덕교육사상에 대해 살펴보았다. 제7장에서는 영국의 도덕교육철학자 윌슨이 제시한 도덕성 요소의 4범주, 즉 '사람의 개념'에 기초하여 타인을 나와 동등하게 고려하기, 사람들의 감정 인식하기, 사실적 지식 및 사회적 기술을 습득하여 도덕적 문제를 해결하는 과정에서 요구되는 16가지 도덕성 요소들을 계발하는 것을 도덕교육으로 보는 도덕성 요소 도덕교육사상에 대해 살펴보았다. 제8장에서는 미국의 발달 심리학자 콜버그가 정의를 도덕원리로 하여 제시한 도덕성 발달 6단계에 기초하여 현재의 도덕성 발달 단계가 한 단계 더 높은 다음 단계로 발달하는 과정에서 토의에 의해 그 발달을 촉진하는 일을 도덕교육으로 보는 인지발달 도덕교육사상에 대해 살펴보았다. 제9장에서는 미국의 발달심리학자 리코나가 제시하는 존중과 책임의 가치에 기초하여 훌륭한 인격의 구성요소인 도덕적 앎, 도덕적 감정, 도덕적 행동을 함양하는 인격 도덕교육사상에 대해 살펴보았다. 제10장에서는 미국의 남녀동권론자(feminist)인 길리건과 나딩스가 콜버그 등이 제시하는 정의 윤리는 남성 편견적인 특성을 지닌 윤리라고 비판하면서 제시한 '여성의 목소리'가 반영된 배려 윤리에 기초한 배려 도덕교육사상에 대해 살펴보았다.

이처럼 이 책은 현대의 도덕교육사상을 중심으로 하여 저술되었다. 하지만 프로이트의 초자아 형성으로서의 도덕교육사상이나 뒤르켕의 도덕적 사회화로서의 도덕교육사상 또는 행동주의의 학습이론에 기초한 사회학습 도덕교육사상 등은 도덕성의 본질에서 볼 때 인류의 삶을 통해 전승되어 온 인격 형성으로서의 전통적인 도덕적 삶의 모습을 나름대로 체계화한 것으로 볼 수 있다. 신프로이트 학파 정신분석학자인 콜스의 도덕지능 도덕교육사상, 리코나의 인격 도덕교육사상, 길리건이나 나딩스의 배려 도덕교육사상 등도 전통적인 인격교육의 부활로서 볼 수 있는 측면이 있다. 따라서 이 책의 내용 모두가 현대의 도덕교육사상으로만 구성되었다고 보기는 어려울 것이다.

이 책의 제1~8장은 12개의 장으로 구성된 필자의 『현대 도덕교육론』(교육과학사, 2008)에 실린 것을 발췌 · 요약하여 수정 · 보완한 것이고, 제9~10장은 새로 쓴 것이다. 이러한 점에서 이 책은 『현대 도덕교육론』의 개정 · 증보판인 셈이다.

2014년 5월

남궁달화

차 례

7 윌슨의 도덕성 요소 도덕교육사상 / 219

8 콜버그의 인지발달 도덕교육사상 / 255

프로이트의 정신분석 도덕교육사상*

프로이트(S. Freud, 1856~1939)는 오스트리아의 신경학자(neurologist)로 정신분석의 창시자다. 이 장에서는 그가 제시한 인성의 구조와 인성의 발달이론에 대해 알아보고 그러한 이론에 기초한 그의 정신분석 도덕교육사상에 대해 살펴본다.

1. 인성의 구조

이 절에서는 프로이트의 인성이론을 홀과 린제이(Hall & Lindzey, 1978)가 그들의 공저 『인성이론(*Theories of Personality*)』(pp. 33-73)에서 서술한 인성의 구조 및 발달 등을 발췌 · 요약하며 살펴본다.

프로이트는 인성이 원자아(原自我, id),** 자아(自我, ego), 그리

* 이 장은 필자의 『현대 도덕교육론』(2008) 제2장 '정신분석 이론과 도덕교육' (pp. 23-67)에서 발췌 · 요약하면서 일부 수정 · 보완한 것이다.

고 초자아(超自我, superego)로 구성된다고 보았다. 이들은 각각 나름대로의 기능, 특성, 작용원리, 역동성, 심리기제 등을 가지고 있다. 그러나 서로가 밀접한 관계를 가지면서 상호 작용한다. 행동은 이들 세 체제가 상호 작용한 결과로서의 산물이다. 하나의 체제가 다른 두 체제를 배제한 채 작용하는 일은 드물다.

1) 원자아

원자아는 인성의 본래적 체제로서 무의식적이다. 자아와 초자아가 분화되는 모체(母體)다. 본능을 비롯해 출생 시에 가졌던 모든 심리적인 것들로 구성되어 있다. 정신에너지의 저장소로서 자아와 초자아를 작용케 하는 힘을 제공한다. 신체적 작용과 밀접하게 관련되어 있다. 신체적 작용에서 에너지를 이끌어 낸다. 프로이트는 원자아를 '참된 정신적 실체'로 본다. 왜냐하면 원자아는 주관적 경험의 내적 세계를 표상할 뿐, 객관적 실재에 관한 지식은 전혀 가지고 있지 않기 때문이다.

원자아는 긴장과 같은 불쾌한 상태로서 경험되는 에너지의 증가를 허용하지 않는다. 유기체의 긴장 수준이 높아지면 즉시 긴장을 발산하도록 작용하여 에너지의 수준을 낮추게 한다. 그리하여 유기체가 고통이 없는 상태를 유지하게 한다. 원자아의 작용에 의한 이와 같은 긴장 감소의 원리를 '쾌락원리'라고 한다.

** id를 '원자아(原自我)'로 옮긴 것은 필자의 말이다. 필자는 ego를 자아(自我), superego를 초자아(超自我)로 옮기는 것이 타당하다면, id를 원자아로 옮기는 것 역시 타당하다고 생각한다. id는 프로이트의 개념에 의하면, 원래(原來)의 자아를 의미하는 것이기 때문이다. 남궁 달화, 『도덕교육론』(1996), p. 12 참조.

원자아는 고통을 피하고 쾌락을 얻기 위해 두 가지 작용을 한다. 하나는 반사행동(反射行動)이다. 이는 생득적인 것으로 자동적이다. 재채기, 눈 깜박거리기 등의 행동이 이에 해당한다. 반사행동은 일반적으로 긴장을 즉시에 감소시켜 준다. 다른 하나는 1차적 작용이다. 이는 긴장을 제거할 수 있는 대상의 심상(心象, image)을 형성함으로써 긴장을 해소하려는 시도다. 배고픈 사람이 음식을 생각하는 것을 예로 들 수 있다. 꿈도 1차적 작용의 예다. 프로이트는 꿈을 소망실현(所望實現, wish-fulfillment)으로 생각한다. 환상, 자폐성적 사고 등도 1차적 작용의 예다. 이들 심상은 원자아가 알고 있는 유일한 실재(實在)다. 그러나 1차적 작용 자체는 실제로 긴장을 감소시켜 줄 수 없다. 결국 자아의 작용인 2차적 작용이 개발되어야 한다.

2) 자 아

유기체가 욕구(欲求, needs)를 충족하기 위해서는 실재인 객관적 세계와 적절한 거래를 해야 한다. 이를 위해서는 의식적인 자아의 존재가 나타나야 한다. 배고픈 사람이 긴장을 해소하기 위해서는 음식을 먹어야 한다. 배고픈 사람은 기억된 심상으로서의 음식과 외부 세계에 존재하는 실제로 지각된 음식을 구별할 수 있어야 한다. 원자아와 자아의 기본적 차이는, 전자는 마음의 주관적 실재만 아는 데 비해 후자는 마음속의 사물과 외부 세계의 사물을 구별할 수 있는 능력이 있다는 데 있다.

자아는 실재원리에 복종하라고 말한다. 2차적 작용을 하라고 말한다. 실재원리의 목적은 욕구를 만족시키기에 적합한 대상을 발견할 때까지 긴장의 발산을 방지하는 것이다. 실재원리는 욕구의 대상을 발견하여 욕구를 만족시킴으로써 긴장이 해소될 때, 결과적으로 쾌락의 원리가 충족되기는 하지만 잠정적으로 쾌락원리를 중지시킨다. 실재원리는 어떤 경험이 사실인가, 아닌가에 관심을 가지는 데 비해 쾌락원리는 경험이 즐거운가, 고통스러운가에 관심을 가진다.

2차적 작용은 일종의 사고 과정이다. 발생된 문제를 해결하는 과정에서 작용하는 실제적 사고다. 2차적 작용에 의해 자아는 욕구를 만족시킬 계획을 세운다. 그리고 그 계획이 욕구를 만족시켜 줄 수 있는지 아닌지에 대해 검토한다. 배고픈 사람은 어디에서 음식을 구할 수 있는가에 대해 생각한다. 그리고 그 장소를 찾아본다. 이것을 실재검증이라고 한다. 자아는 그의 역할을 능률적으로 수행하기 위해 모든 인지적 · 지적 기능을 관리한다.

자아는 행동에 이르는 수단을 통제하고, 그가 반응할 환경의 특징을 선택하며, 어떤 방식으로 욕구를 만족시킬 것인가를 결정한다. 그러므로 자아를 인성의 집행기관이라고 말할 수 있다. 자아는 집행기능을 수행하는 과정에서 원자아와 초자아 그리고 외부 세계의 요구가 갈등할 때 이들을 통합하려는 노력을 한다. 이는 쉬운 일이 아니며 흔히 자아를 긴장시킨다.

자아는 원자아 조직의 한 부분이다. 자아는 원자아의 목적을 추진하기 위해 존재하는 것이지, 좌절시키기 위해 존재하는 것이 아니다. 자아의 모든 힘은 원자아에게서 나온다. 자아는 원자아와 분리되어 존재하지 못한다. 결코 독립적일 수 없다. 자아의 주요 역할은 유기체의 본능적 요구와 환경을 중재하는 일이다. 자아의 주요 목표는 개인의 생명을 존속시켜 종(種)의 재생산을 보는 것이다.

자아는 정보를 평가하고 찬성과 반대를 저울질하며 결정을 내릴 수 있는 이성적 능력의 소유자다. 그러므로 원자아에 반대하는 세력으로 작용할 수 있다. 자아는 원자아의 무의식적 충동들 중에 충족시켜야 할 것과 말아야 할 것을 고려한다. 그러나 자아는 스스로 그러한 일을 해내기에 충분한 힘을 가지고 있지 못하다. 그러므로 프로이트는 원자아의 본능적 욕구에 대항해서 자아를 강화해 줄 수 있는 초자아를 상정했다.

3) 초자아

일부는 의식적이고 일부는 무의식적인 초자아는 부모를 통해 자녀에게 전수되는 모든 문화적 규범과 기대를 내면화(內面化)한 전형(典型)이다. 부모가 자녀에게 전통적 가치와 사회적 이상을 해석해 주고 벌과 보상체제에 의해 그들에게 형성시켜 준 내적 표상(表象)이다. 사회에 의해 형성되는 초자아는 우리에게 해야 할 것과 하지 말아야 할 것을 말해 준다. 개인 내부에 있는 초자아는 주어진 사회에서 그의 삶을 가장 잘 영위할 수 있다고 생각되는 길을 안내해 준다.

이처럼 초자아는 인성의 도덕적 영역이다. 초자아는 실제보다는 이상을 나타내고 쾌락보다는 완전성을 추구한다. 초자아의 주요 관심은 사회 대리인, 즉 부모가 인정한 표준에 따라 행동할 수 있도록 무엇이 옳고 그른지를 결정하는 데 있다.

초자아는 내면화된 심판자다. 부모가 할당하는 벌과 보상에 반응하여 계발된다. 아이들은 벌을 피하고 보상을 받기 위해 부모가 정해 준 방침에 따라 행동하는 것을 배운다. 이러한 초자아는 양심과 자아이상으로 구성된다(양심은 비교적 좁은 의미의 도덕성으로 작용하는 데 비해 자아이상은 비교적 넓은 의미의 도덕성으로 작용한다). 양심은 죄의식을 느끼게 함으로써 개인을 벌한다. 부모가 그르다고 말하고 벌하는 행동은 무엇이든 자녀의 양심 속에 통합된다. 자아이상은 자부심을 느끼게 함으로써 개인에게 보상한다. 부모가 인정하고 보상하는 행동은 무엇이든 자녀의 자아이상 속에 통합된다. 이러한 통합은 투입(投入, introjection)이라는 심리기제에 의해 이루어진다. 아이들은 투입에 의해 부모의 도덕적 표준을 받아들인다. 한편 초자아가 형성됨에 따라 부모의 통제는 자아 통제로 대체된다.

초자아의 주요 기능은 원자아의 충동을 억제하고 실제적 목적을 도덕적 목적으로 대체하도록 설득하며 완전성을 추구하는 일이다. 초자아는 합리성과 무관하다는 점에서 원자아와 같다. 본능을 통제하는 점에서는 자아와 같다. 그러나 초자아는 본능적 만족을 연기하려 할 뿐 아니라 영원히 봉쇄하려는 점에서는 자아와 다르다.

인성을 구성하는 세 체제인 원자아, 자아, 초자아를 인성을 움직이게 하는 인체의 해부모형으로 생각해서는 안 된다. 이들은 다른 체제원리에 복종하는 각기 다른 심리작용에 대한 이름일 뿐이다. 일반적 상황에서 이들 세 체제는 상호 간에 충돌하지도 엇갈린 목적으로 작용하지도 않는다. 오히려 자아의 집행적 지도 아래 하나의 팀으로 함께 작용한다. 인성은 정상적인 경우에 분리된 세 부분으로 기능하지 않고 전체로서 기능한다.

2. 인성의 역동성과 발달 단계

1) 인성의 역동성

프로이트는 인간 유기체를 하나의 복잡한 에너지 체제로 본다. 유기체는 자신이 소비하는 음식물에서 에너지를 이끌어 내어 그것을 순환, 호흡, 근육운동, 지각, 사고, 기억 등과 같은 여러 목적을 위해 사용한다. 그러므로 그는 소화나 호흡을 위한 힘을 공급하는 에너지와 사고나 기억을 위한 힘을 공급하는 에너지를, 형태를 제외하고는 다른 것으로 보아야 할 이유가 없다고 생각하였다. 결국 에너지는 그것이 수행하는 일의 측면에서 정의되어야 한다는 것이다. 그 일이 사고와 같은 정신활동으로 구성된다면, 그러한 에너지 형태를 '정신에너지'라고 부르는 것은 합당하다는 것이다. 신체에너지와 인성(정신)에너지를 이어주는 것은 원자아가 가지고 있는 본능이다.

본능이란 신체 내부의 자극 원천에 대한 생득적인 심리적 표상이다. 이러한 표상을 소망(所望, wish)이라고 하고, 여기에서 생기는 신체적 자극을 욕구라고 한다. 배고픈 사람은 음식을 찾는다. 그러므로 본능은 인성의 추진 요소다. 본능은 행동을 추진시킬 뿐 아니라 발생될 행동의 방향을 결정하기도 한다. 모든 본능은 인성에 이용될 수 있는 정신에너지의 총체를 구성한다. 원자아는 정신에너지의 저장소이고 본능의 중심지다. 원자아는 인성의 다양한 작용을 지속시켜 주는 정신적 힘을 공급하는 발전기와 같다. 물론 이 힘은 신체의 신진대사 작용에서 발생한다.

인성의 역동성은 정신에너지가 원자아와 자아 그리고 초자아에 의해 분배되고 사용되는 방식으로 존재한다. 에너지의 양은 한정되어 있으므로 이용 가능한 에너지를 놓고 세 체제 간에 경쟁이 일어난다. 하나의 체제가 나머지 두 체제를 희생시켜 에너지의 이용을 통제한다. 따라서 하나의 체제가 강해지면 다른 두 체제는 필연적으로 약해진다.

인성의 역동성은 주로 외부 세계의 대상들과의 거래 작용으로 욕구를 만족시켜야 하는 필요성에 의해 좌우된다. 주위 환경은 배고픈 유기체에게 음식을, 목마른 유기체에게 물을 제공한다. 외부 세계는 공급 원천으로서의 역할 외에 인성의 운명을 형성하는 역할도 한다. 환경은 위험 및 불안정의 영역도 담고 있다. 유기체를 만족시킬 수도 있고 위협할 수도 있다. 즐거움을 가져다주고 긴장을 감소시킬 뿐 아니라, 고통을 일으키고 긴장을 증가시키는 힘도 가지고 있다.

프로이트는 아마도 인성의 발달적 측면을 강조한, 특히 인성의 기본적 성격 구조의 형성에서 유아기 및 아동기의 결정적 역할을 강조한 최초의 심리학자일 것이다. 그는 인성은 만 5세경에 거의 형성된다고 생각했다. 그 이후의 성장은 대부분 이 기본 구조를 다듬는 과정에 불과하다고 보았다.

인성은 생리적 성장 작용, 불만, 갈등 그리고 위협이라는 네 가지 긴장 원천에 반응하는 과정에서 발달한다. 이러한 원천에서 발생하는 직접적 긴장 증가의 결과는 개인에게 긴장 해소의 방법을 배우게 한다. 이러한 학습이 바로 인성의 발달이다. 동일시와 전환은 불만, 갈등 그리고 불안을 해소하기 위해 개인이 학습해야 하는 두 가지 주요한 방법이다.

동일시란 한 사람이 다른 사람의 특성을 이어받아 그것을 자신의 통합된 인성의 부분이 되게 하는 방법이다. 개인은 다른 사람의 행동을 본뜸(모방함)으로써 자신의 긴장을 감소시키는 방법을 배운다. 자녀는 부모를 동일시한다. 적어도 아동 초기의 자녀에게 부모는 전능한 존재로 보이기 때문이다. 아이들은 각각의 발달 단계에서 나름대로 특징 있는 동일시 인물을 가지고 있다. 동일시의 대부분은 무의식적 현상이다. 일반적으로 아이들은 그들이 소망하는 목적의 성취를 도와줄 수 있다고 믿고 있는 인물을 동일시한다. 그러나 동일시의 대상은 사람만이 아니다. 동물, 기관, 무생물체, 상상적 인물, 추상적 아이디어 등도 될 수 있다. 중요한 것은 동일시의 대상이 긴장을 감소시켜 줄 수 있느냐 없느냐다.

한편 부모에게 거절당한 자녀들은 부모의 사랑을 되찾으려는 희망을 가지고 부모에 대한 동일시를 더욱 추구하는 경향이 있다. 두려움 때문에 어떤 사람을 동일시할 수도 있다. 벌을 피하기 위해 부모의 금지를 동일시할 수도 있다. 이 같은 종류의 동일시는 초자아 형성의 기초가 된다. 최종의 인성 구조는 생애의 여러 시기에 걸쳐 이루어진 수많은 동일시의 누적을 의미한다.

본능의 본래적 대상 선택이 장애, 즉 반(反)정신에너지의 투자에 의해 접근될 수 없을 때, 강한 억압이 없는 한 새로운 정신에너지의 투자가 이루어진다. 이 새로운 정신에너지의 투자 역시 봉쇄되면, 긴장을 완화시켜 줄 수 있는 대상이 찾아질 때까지 계속해서 새로운 정신에너지의 투자, 즉 대상 선택을 추구한다. 이러한 현상을 '전환'이라고 한다. 인성의 발달을 성립시키는 일련의 전환 과정에서도 본능의 원천과 목적은 그대로 남아 있다. 변화하는 것은 대상뿐이다. 정신에너지의 투자 대상을 대체할 수 있는 능력은 인성의 발달을 위한 가장 강력한 심리기제다. 성인의 인성을 특징짓는 관심, 선호, 가치, 태도, 애착 등의 복잡한 조직은 전환에 의해 형성된다. 정신에너지가 전환되지도 분배되지도 않는다면, 인성의 발달은 불가능하다.

지나친 불안의 압력을 받을 때, 자아는 압력에서 벗어나기 위해 때로는 극단의 조치(措置)를 취한다. 이러한 조치를 방어기제라고 한다. 주요 방어기제에는 억압, 투사, 반동형성, 고착, 퇴행이 있다. 모든 방어기제는 두 가지 특징을 가지고 있다. 하나는 실재를 부인하거나 변조 또는 왜곡하는 것이고, 다른 하나는 무의식적으로 작용하는 것이다.

억압은 지나친 불안을 일으키는 대상 선택이 반정신에너지 투자에 의해 의식에서 밀려날 때 발생한다. 예를 들면, 교란(攪亂) 받고 있는 기억은 의식되지 못할 수 있으며, 어떤 사람은 지각이 억압되어서 눈앞에 있는 것을 보지 못할 수도 있다. 어떤 사람은 성적 충동을 두려워한 나머지 이를 억압한 결과 성적으로 무력한 사람이 될 수도 있다. 억압은 일단 형성되면 없어지기 어렵다. 이 점이 왜 성인이 어린아이 같은 무서움이나 두려움을 가지고 있는가의 이유가 된다. 그러한 성인은 두려움이 전혀 실재에 근거하지 않는다는 사실을 발견할 수 있는 기회를 가지지 못한다.

투사(投射, projection)는 자신의 행동이나 특성을 남의 탓으로 돌리는 심리기제다. 실재적 불안은 대개 신경증적 불안이나 도덕적 불안보다 자아가 대처하기 더 쉽다. 따라서 불안의 원천을 개인 자신의 원시적 충동(신경증적 불안)이나 양심의 위협(도덕적 불안)보다 외부 세계(실재적 불안)로 돌릴 수 있다면, 그러한 불안 상태에 대해 보다 위안을 받을 수 있게 된다. 이처럼 신경증적 또는 도덕적 불안을 객관적 불안으로 전환하는 심리기제가 투사다.

반동형성(反動形成, reaction formation)은 내부의 실제 감정을 외부로 지나치게 부인하는 방어기제다. 이것은 불안을 일으키는 충동이나 감정을 의식 내에서 반대의 것으로 바꾸는 작용을 한다. 예를 들면, '미운 놈에게 떡 하나 더 주기'와 같은 것이다. 즉, 미움을 사랑으로 바꾼다. 본래의 충동이 아직도 존재하고 있으나 불안을 일으키지 않는 것에 의해 감추어 버린다. 일반적으로 반동형성의 특징은 지나친 과시나 억지의 모습을 띤다.

인성은 정상적 발달의 과정에서 일련의 단계를 거쳐 성숙된다. 그러나 새로운 단계는 일정한 정도의 불만과 불안을 수반한다. 만약 그 정도가 지나치면, 정상적 성장이 일시적으로 또는 영구히 정지될 수 있다. 다시 말하면, 다음의 발달 단계에 이르는 것에 대한 불안이 너무 심하면 초기의 어느 단계에 고착(固着, fixation)될 수 있다. 불안은 인성이 독립적으로 되는 방법의 학습을 방해하기 때문이다.

퇴행(退行, regression)은 고착과 밀접하게 관련된 방어기제 유형이다. 심한 정신적 쇼크를 받은 사람이 이전의 발달 단계로 후퇴하는 현상이다. 퇴행의 방향은 대개 개인이 가졌던 이전의 고착에 의해 결정된다. 다시 말하면, 사람들은 앞서 고착되었던 단계로 퇴행하는 경향이 있다. 어려울 때 지나치게 의존적이었던 사람은 그의 불안이 증가하여 견디기 어렵게 되면 다시 의존적으로 되기 쉽다. 그러나 인성이 완전하게 고착되거나 퇴행하는 일은 드물다. 그렇다기보다는 어린아이 같은 언동을 보여 준다. 고착과 퇴행은 인성 발달의 불균형에 기인한다.

2) 인성의 발달 단계

프로이트에 의하면, 아이들은 처음 5년여 동안에 역동적으로 구별되는 일련의 발달 단계, 즉 구순 단계, 항문 단계, 남근 단계를 거친다. 이 발달 단계들은 신체의 특정한 부위에 대한 반응 양식에 의해 정의된다. 그는 이 시기를 인성 형성의 결정적 시기로 본다. 그 후 5~6년간은 잠복기에 이르게 되는데, 이 동안에는 역동성이 비교적 안정적이다. 역동성은 청소년기에 접어들면서 다시 나타나기 시작한다. 그러다가 성인기에 접어들면 다시 안정적으로 된다.

(1) 구순(口脣) 단계(0~1세)

입에서 생기는 쾌락의 주요 원천은 먹고 마시는 것이다. 이는 구강의 감촉 자극과 삼키고 뱉는 행위를 수반한다. 입은 나중에 이가 나면 깨물고 씹는 데 사용된다. 먹고 깨무는 이 두 양식은 나중에 계발될 여러 인격 특성의 원형으로 작용한다. 먹고 마시는 것은 구순 활동에서 생기는 쾌락, 지식의 습득이나 소유물에서 생기는 쾌락 등 다른 양식의 활동으로 대체될 수 있다. 구순 단계는 아이가 생존을 위해 거의 완전히 엄마에게 의존하고 있는 시기다. 그러므로 이 기간에는 의존감이 생긴다. 이러한 의존감은 자아의 발달에도 불구하고 생애에 걸쳐 지속되는 경향이 있다. 불안 및 불안정을 느낄 때마다 표면화되는 경향이 있다. 프로이트는 어머니의 자궁으로 되돌아가고 싶은 욕구를 가장 극단적인 의존적 징후로 보았다.

(2) 항문(肛門) 단계(2~3세)

음식이 소화된 다음에 나온 찌꺼기는 장관(腸管)의 아래쪽 끝에 축적되고, 항문의 괄약근에 가해지는 압력이 일정한 수준에 이를 때 반사적으로 방출된다. 찌꺼기의 제거는 불쾌의 원천을 제거하는 것이고 안도감을 가져다준다. 대개 두 살경에 용변훈련이 시작되면, 아이는 항문의 긴장을 해소하는 데에서 오는 쾌락을 연기하는 것을 배워야 한다. 어머니가 사용하는 특정한 용변훈련 방법과 배변에 관한 어머니의 감정에 따라 이 훈련의 결과는 특정한 가치 및 특성 형성에 지대한 영향을 미칠 수 있다.

(3) 남근(男根) 단계(4~5세)

이 단계에서는 성기관의 기능과 연결된 성적 감정과 공격적 감정이 분명하게 나타난다. 이 단계에서 아동은 수음(手淫, masturbation)을 한다. 이에 수반되는 쾌락과 환상은 아동에게 오이디푸스 콤플렉스(Oedipus Complex)를 겪게 한다. 오이디푸스 콤플렉스는 남아의 어머니(또는 여아의 아버지)에 대한 성적 정신에너지 투자와 남아의 아버지(또는 여아의 어머니)에 대한 적대 정신에너지 투자로 구성된다. 남아는 아버지를 제거하고 어머니를 차지하기를 소망한다. 여아는 어머니를 제거하고 아버지를 차지하기를 소망한다. 이러한 감정은 수음을 하는 동안에 아동의 환상과 부모에 대한 사랑 및 반항적 행동이 교차할 때 나타난다. 3~5세 아동의 행동은 오이디푸스 콤플렉스가 작용하는 특징을 보여 준다. 5세 이후에는 변화와 억압이 있기는 하지만, 오이디푸스 콤플렉스는 생애에 걸쳐 인성의 강력한 요인으로 남아 작용한다. 예를 들면, 이성(異性)과 권위 있는 사람들에 대한 태도는 주로 오이디푸스 콤플렉스에 의해 결정된다.

(4) 잠복(潛伏) 단계(6~11세)

오이디푸스 콤플렉스의 해소 이후 유아의 성욕이나 성적 관심은 줄어든다. 즉, 잠복기가 시작된다. 물론 잠복기의 아동도 성적 관심을 가지고 있기는 하다. 그러나 다른 관심에 의해 성적 관심은 잠복된다. 이 시기의 아동의 리비도(libido) 에너지는 여러 가지 기술의 학습과 가치 및 표준의 개발에 집중된다. 이제 아동은 가족 이외의 다른 사람들과의 접촉 및 생활의 기회가 증가됨에 따라 부모 이외의 다른 사람들에게서도 배우기 시작한다. 이 시기의 소년은 남자들과의 접촉을 추구하고 나이 든 남자들 가운데서 남성적 모델이나 영웅을 찾는다. 소녀 역시 서로 사이좋게 지내며 어머니 이외의 나이 든 여자들을 모방하고 그들에게서 배운다.

(5) 성기(性器) 단계(12세~)

아이들은 청소년기에 이르면 이기적이거나 자아도취적 이유뿐만이 아니라 이타적 동기로 다른 사람을 사랑하기 시작한다. 성적 매력, 사회화, 집단 활동, 직업 및 결혼 계획 등의 모습을 보여 주기 시작한다. 청소년 후기에 이르러 사회화된 이타적 정신에너지의 형성은 끊임없는 전환, 승화, 동일시의 형식 속에서 비교적 안정된다. 그러나 이전 단계들에서의 충동이 성기 단계에서의 충동으로 대체된다고 생각해서는 안 된다. 그렇다기보다는 구순 단계, 항문 단계, 남근 단계의 정신에너지 투자가 성기기의 충동과 함께 혼합되고 종합된다. 성기 단계의 일차적인 생물적 기능은 생식기능이다. 심리적 측면은 어느 정도 안정을 제공함으로써 이 목적을 성취할 수 있도록 돕는다.

프로이트는 인성의 발달 내지 성장을 다섯 단계로 구분했지만, 한 단계에서 다음 단계로의 발달 과정에 분명한 구분이 있다거나 갑작스러운 변화가 있다고 생각하지는 않았다. 인성의 최종 조직은 다섯 단계 모두의 공헌을 의미한다. 이는 다섯 단계 각각에서의 발달이 나름대로 의미 있고 중요하다는 뜻이다.

3. 도덕교육사상

프로이트는 인성의 발달과 도덕성의 발달을 구별하지 않는다. 즉, 인성의 발달이 곧 도덕성의 발달이 된다. 이 절에서는 프로이트의 인성 발달이론에 기초해서 정신분석이론가들이 제시하고 있는 도덕교육이론을 유아기, 아동기, 그리고 청소년기로 나누어 살펴본다.

1) 유아기(0~5세)

출생과 더불어 인간이 유아기에 겪는 모든 경험은 사회적 관계 형성에 영향을 미친다. 동시에 도덕적 영역에 입문하는 방식에도 영향을 미친다. 도덕발달은 유아기에 겪는 분리·개체화 작용과 오이디푸스 콤플렉스의 해소에 기초한다.

(1) 분리·개체화와 도덕성 발달(0~3세)

타이스(Tice, 1980)는 유아의 분리·개체화 현상을 분화, 연습,

화해, 대상 항상성(對象恒常性), 개체성으로 구성된 5단계로 설명한다. 아기는 출생 후 얼마 동안은 자신이 엄마와 미분화된 상태로 존재한다고 의식한다. 그러나 7~8개월이 되면서부터는 자신이 엄마와 분리된 개체라는 사실을 처음으로 의식하기 시작한다. 이러한 현상이 분화다. 이 과정에서 엄마에 대한 경험에 신뢰를 느끼지 못할 때 불안해한다. 아기와 엄마의 초기 신뢰 관계는 이후의 대인관계, 특히 도덕적 관계에 중요하게 작용한다.

연습은 아기가 엄마에게서 분화를 시도해 보는 현상이다. 기는 것과 같은 최초의 이동 능력이 엄마의 주위에서 이루어진다. 1~1.5세가 되면 아장아장 걷기 시작한다. 이때의 유아는 자신의 능력과 자신의 위대성에 도취된다. 그러나 정신적 보급을 위해 항상 엄마에게로 되돌아간다.

유아는 1.5세가 되면서 언어와 놀이의 세계에 입문하기 시작한다. 2세가 되기까지 비교적 활발한 활동을 하며 움직인다. 이때의 유아는 완강하게 "안 돼." 또는 "아니야."라고 말하기도 하고, 때로는 언쟁을 하기도 한다. 그러나 엄마와의 분리는 유아에게 심각한 고통과 불안을 가져온다. 이러한 경우 유아는 엄마를 되찾기 위한 구애 활동을 한다. 삶의 모든 부분을 엄마와 함께 하기를 주장한다. 급속하게 '타인'으로 멀어져 가는 엄마와의 '화해'를 절실히 요구한다.

유아는 2세가 되면서부터 대상 항상성, 즉 물리적 대상이 눈에 보이지 않아도 존재한다는 것을 의식하기 시작한다. 이러한 대상 항상성의 계발은 개체의 강화 현상과 상호 의존적으로 나타난다(Tice, 1980, p. 169). 이 단계의 유아에게는 엄마는 그의 욕구를 만족시켜 주는 사람이고 잠시 그의 주위를 떠나 있어도 그에게로 바로 되돌아오는 사람이라는 신뢰성이 형성된다. 이 시기의 유아는, 안나 프로이트(Freud, 1965)에 의하면, 자아 중심에서 벗어나기 시작한다. 대상 항상성 단계가 끝날 무렵의 유아는 일반적으로 도덕적 영역에 입문할 준비가 되어 있다.

유아는 분화, 연습, 화해, 대상 항상성의 단계를 거치면서 자신이 엄마와 분리된 하나의 개체라는 사실을 심리적으로 의식하게 된다. 즉, 개체성이 형성된다.

분리·개체화 시기의 발달 단계에서, 특히 출생 후 3개월 동안에 유아의 발달이 어떤 식으로든 방해를 받으면 그는 나중에 도덕성의 이해, 도덕적 판단 그리고 도덕적 행동 등 도덕 생활 전체에 어려움을 겪게 된다. 이 시기는 일반적으로 인성 발달의 구순기 및 항문기에 해당한다. 말러 등(Mahler, Pine, & Bergman, 1975)은 유아가 3세경에 겪는 이러한 분리·개체화 현상을 유아의 심리적 탄생으로 본다. 타이스(1980)에 의하면, 인간이 도덕 영역에 효과적으로 입문하는가 못하는가는 개인이 경험하는 분리·개체화 작용에 의존한다. 분리·개체화 시기에 유아가 겪는 모든 발달이 비교적 순조롭게 이루어지면 자아가 형성되고, 후일에 전인적 인격 형성이 가능해진다. 분리·개체화는 또한 후일에 초자아의 구조 및 기능 형성을 위한 전조(前兆)로도 작용한다.

(2) 오이디푸스 콤플렉스와 도덕성 발달(4~5세)

앞에서 언급한 바와 같이 유아는 일반적으로 4~5세경에 오이디푸스 콤플렉스를 경험한다. 이의 해소는 인성 및 도덕성 발달에 중요하게 작용한다. 그것이 완전하게 이루어지든 아니든 유아의 인성 발달에서 주요한 부분을 결정해 준다.

유아는 오이디푸스 콤플렉스를 겪는 동안에 유아로서의 성적 관심이 절정에 이른다. 구순기, 항문기, 남근기의 모든 발달계통이 오이디푸스 시기로 집중된다. 특히 유아가 이 시기에 경험하는 관계 양식의 변화는 그의 도덕성 발달에 크게 영향을 미친다. 유아는 부모와의 관계에서 어머니와 아버지에 대해 각각 다른 관계 양식을 가진다. 오이디푸스 시기 이전의 유아의 양자적 관계 양식이 오이디푸스 시기 이후에는 삼각관계 양식으로 바뀐다. 유아의 체질 구조적 양성(兩性, bisexuality)은 구조적 성향, 앞선 발달의 결정 요소, 해부학적 발견에 부여하는 의미, 관계 양식의 변화 등에 따라 보다 남성적 또는 여성적 입장을 취하도록 작용한다. 유아가 부모에 대해 가지는 긍정적 또는 부정적 태도는 부모와의 동일시 형성에 영향을 미친다.

남아의 경우 오이디푸스 갈등의 중심은 어머니를 독차지하고 싶은 소망에서 생긴다. 그러나 그의 소망은 실현되지 못한다. 아버지의 존재가 장애로 작용하기 때문이다. 유아는 그의 경쟁자요, 라이벌인 아버지를 제거하고 싶지만, 이 또한 불가능하다. 어머니에 대한 유아의 소망은 동시에 아버지에게서 받게 될 벌을 연상하게 하고, 그는 그것에 두려움을 느끼게 된다. 아버지가 그에게 가할지도 모르는 거세(去勢)에 대한 불안과 어머니에 대한 강한 성적 욕구가 수반하는 죄의식은 유아에게 그의 소망을 억제하도록 작용한다. 동시에 아버지를 동일시하도록 작용한다. 결과적으로 이러한 현상은 남아에게 보다 남성다움을 강화시켜 준다. 그리고 어머니와의 관계를 보다 사랑으로 이끌어 준다.

오이디푸스 콤플렉스를 해소하기 위해 계발해야 할 정신 구조는 양심으로서의 초자아다. 초자아는 유아가 의식적으로 또는 무의식적으로 부모의 뜻이라고 믿고 있는 것으로서, 그의 소망과 욕구를 규제 또는 억압하는 작용을 한다.

여아는 남아와 다른 범위의 발달 가능성을 보여 준다. 그러나 타이스(1980)는 그와 같은 발달 범위의 차이에도 불구하고 남녀의 도덕적 능력에는 뚜렷한 차이가 없다고 본다. 정상적 발달의 범위 내에서 여아의 초자아는 남아의 경우와 같이 벌을 피하고 위험한 소망을 억제해야 할 필요성에서 형성된다. 즉, 오이디푸스 시기에 이르기까지 있어 왔던 지시, 비판, 금지, 이상 등에 의해 형성된다.

지금까지 유아의 분리 · 개체화와 오이디푸스 콤플렉스 현상을 중심으로 유아기의 도덕성 발달이론에 대해 살펴보았다. 그러나 이 시기의 이른바 도덕성은 앞으로 계발하게 될 참된 도덕성 형성의 바탕이 될 수는 있으나, 엄격한 의미에서 그 자체를 도덕성으로 보기는 어렵다. 안나 프로이트(1965)는 참된 도덕성은 초자아의 작용에 의해 표준으로 구체화되고, 내면화된 비판이 자신의 잘못에 대한 자아의 지각과 일치할 때 시작된다고 말한다(p. 119). 이는 초자아 기능이 작용할 수 있기 위해서는 실재 검증, 기억, 지각, 개념화, 판단 등과 같은 여러 가지 성숙된 자아 기능이 요구된다는 말이다.

2) 아동기(6~11세)

아동기는 주로 인성 발달의 잠복기에 해당된다. 잠복기는 오이디푸스 콤플렉스가 해소되는 5, 6세부터 11세경까지에 이르는 시기다. 여기서는 잠복기의 특징 및 초자아 기능과 관련하여 아동의 도덕성 발달에 대해 살펴본다.

(1) 잠복기의 특징과 도덕성 발달

아이들은 남근 단계에서 오이디푸스 콤플렉스를 경험할 때 안정되지 못한 모습을 보여 준다. 전 단계로의 퇴행적 유혹을 받기도 한다. 그러므로 불안한 모습이 나타난다. 수면 방해와 가라앉지 않는 불안의 징후가 잠복기의 특징이다. 이 시기의 아이들은 한동안 가만히 있다가 갑자기 흥분하여 무례한 행동을 하기도 한다. 이전의 구체적이고 마술적이던 상징주의와 연상이 추론과 실재를 위한 새로운 시도에 직면할 때 크게 갈등한다.

비교적 안정된 사회에서 생활하는 아동의 잠복기는 관습적인 사회적 가치 및 관행의 전달을 확실케 하고, 세대 간의 문화적 의미를 전달하며, 미래의 계획 및 적응에 필요한 기술을 확립시켜 주는 기능을 한다. 이러한 것이 실현되기 위해서는 평온한 상태, 선한 행동, 적응성, 도야성 등이 마련되어 있어야 한다. 잠복기의 아이들은 꿈이나 백일몽과 같은 환상을 실재와 구별할 수 있다. 그들은 수음을 억제하고 다양한 환경에 보다 의존적으로 행동하며 죄의식을 느낄 뿐 아니라, 이러한 것을 행동 결정에 반영하기도 한다. 하지만 아직 그들에게서 참된 자율성의 모습을 찾아보기는 힘들다.

잠복기의 아이들은 부모와의 동일시, 특히 초기에 부모와의 상호 작용에서 형성된 특징에 대한 동일시가 '내면화' 상태에 이른다. 부모의 지시, 비판, 금지, 이상 등이 자신의 내부의 소리로 들리게 된다. 더 나아가 초기의 동일시를 새로운 경험에 의해 비판 · 수정하기 시작한다. 이러한 현상은 아동에게 그의 부모에 대한 자신의 초기 비판이 자신의 명령을 구성하는 일부가 되도록 작용한다.

중기 잠복기의 아이들은 외부 세계와의 상호 작용을 통해 알게 된 규칙, 가치 등을 열심히 내면화한다. 타이스(1980)는 내면화를 후기 분리 · 개체화 시기에서 초기 잠복기에 이르기까지 순종 및 복종과 함께 아동의 정서적 평형을 수립하는 기본적 방법으로 본다. 내면화를 동일시의 후기 양식으로, 새로운 유형의 동일시로 본다. 그는 내면화를 "어떤 방식에 의해 다른 사람의 존재와 같이 됨으로써 어떤 복지의 상태를 성취(또는 회복)하는 과정(또는 결과)"으로 정의한다(p. 178). 샌들러(Sandler, 1960)는 내면화를 일종의 조직 행위로 본다. 부모의 특정한 측면, 즉 부모의 권위를 받아들이는 동일시로 본다(p. 150). 뢰발트(Loewald, 1973)는 억압은 대상표상과 대상관계를 유아 수준에 머물게 하는 경향이 있는 데 비해, 내면화는 진보적 · 재구조적 기능이 있는 것으로 본다. 잠복기에 아동의 오이디푸스 대상관계는 내면화의 영향으로 포기되고 파괴된다고 본다. 이러한 결과는 더 높은 조직의 대상관계를 개발할 수 있도록 작용한다고 본다(p. 12).

내면화 과정에서 아이들은 도덕적 문제에 대처할 수 있는 능력을 기른다. 즉, 도덕적 행위자가 된다. 그러므로 내면화된 권위, 즉 자아이상을 만족시키는 아동은 자부심 및 존경심을 느끼게 된다. 그러나 그러한 권위의 만족에 실패할 때에는 양심의 가책이나 죄의식을 느끼게 된다. 내면화 과정을 통한 인성의 발달은 자아기능의 수립에도 영향을 미친다. 초자아는 인간 성취를 의미하는 모든 선의 실현을 지지하고, 강화하며, 가능케 하는 수단으로도 작용하기 때문이다.

지금까지 살펴본 바와 같이 내면화는 자녀가 부모의 권위, 즉 가치체제 및 도덕규범 등을 동일시하는 현상이다. 이렇게 내면화된 것이 곧 초자아를 형성한다. 초자아는 규정하고 판단하며 화해하는 기능을 한다.

(2) 초자아 기능과 도덕성 발달

초자아 기능은 도덕성 발달의 본래적 조직기능이다. 타이스(1980)에 의하면, 자아의 구조는 원자아에게서 생성(生成)되고 초자아의 구조는 자아에게서 생성된다. 이들 세 구조의 계속된 상호 관련성은 초자아 기능의 자아이상적 측면을 통해 절정에 달한다. 자아이상적 구조는 일찍부터 자아도취적 요소를 포함하기 때문이다. 물론 자아이상적 구조는 후속하는 대상과 가지게 되는 경험에 의해 변화될 수 있다. 그러나 계속해서 자아 지향적 목적으로 작용한다(p. 182).

후기 잠복기 발달에서 자아이상은 이상적 인격 특성과 도덕 및 가치의 표준으로 작용한다. 자아이상은 다른 사람, 특히 부모와 조부모의 특성 및 이상을 자기의 견해로 내면화함으로써 독특한 구조를 형성한다. 잠복기 이후의 아동은 교사, 또래 등과 상호 작용함으로써 계속해서 자아이상을 형성하고 발전시킨다.

자아이상은 개인이 성장함에 따라 자율성을 띠게 된다. 그러나 자아이상은 결코 자아와 원자아 구조에서 독립적이지 못하다. 누구에게나 출생 초기에는 원자아만이 작용한다. 이를 알 수 있는 방법은 오직 파생물을 통해서다. 그러나 외부 세계를 지각하고 상호 작용을 할 수 있는 능력이 발달하면서 자아기능이 나타나기 시작한다. 잠복기에 나타나는 초자아 기능도 같은 방식으로 계발된다. 이때의 초자아 기능은 밖으로뿐 아니라 내부로도 작용한다. 자아와 초자아의 구조는 원자아 기능에서 생성되어 무의식 수준에서 밀접한 관련을 유지한다. 자아통제가 넓어지면서 원자아 기능도 계속 발달되어 강력한 영향력을 행사한다. 그러나 자아의 경험에 의해 원자아와 자아는 함께 작용하기도 하고, 서로에게 영향을 받기도 한다. 그럼에도 불구하고 이들 모두가 일시에 계발되거나 똑같은 목적으로 계발되지는 않는다. 그러므로 원자아와 자아 내의 요소들 간에 흔히 갈등이 일어난다. 프로이트에 의하면, 이러한 갈등은 꿈, 백일몽, 유머 등에서 증명된다.

리트보와 솔니트(Ritvo & Solnit, 1960)는 자아이상을 부모에 대한 이상화뿐 아니라 자신에 대한 이상화도 내면화함으로써 재조직되는 것으로 본다. 이러한 자아이상은 개인이 사회적 수용 행위의 한계를 인식하고 따르는 것을 돕는다(p. 299). 그 밖에도 환경 및 자신의 한계와 능력에 대한 실재 지식을 사용함으로써 자아이상이 재조직될 수 있다. 이러한 재조직은 자아의식 및 자아존중 측면에 대한 자아도취적 입장이 파괴되지 않고 여타의 관심과 균형을 이루면서 이루어져야 한다.

초기의 자아도취적 소망은 계속되는 각각의 발달 단계에서 새로운 모습을 띠고 나타난다. 이러한 모습들은 결국에는 소망 실현의 힘으로, 그리고 불만 및 환멸 극복의 수단으로 작용한다. 대상관계가 발달함에 따라 자아도취적 소망은 자아존중, 자아관심, 자아 확대뿐 아니라 참된 자아 사랑의 수단이 된다. 이러한 성취는 곧이어 타자 사랑으로 이어진다. 이러한 발달이 진행됨에 따라 개인의 자아표상은 이상적 형태를 취하게 된다. 이렇게 형성된 자아이상은 다른 여러 이상들의 표준으로 작용한다.

후기 잠복기에도 정서적 변화가 일어난다. 이러한 변화는 도덕성 발달에 영향을 미친다. 자아이상을 구성하는 내용은 초기의 자아도취적 이미지에서 이루어진다. 전(前) 오이디푸스 시기의 아동에게 있어서 환상 실현의 성공은 기쁨, 자부심 등으로 작용한다. 그러나 이의 실패는 두려움, 불안과 관련된 우울한 감정을 가져다준다. 이러한 실패는 결국 수치심으로 작용한다. 하지만 이러한 수치심은 잠복기에 이르러 변화한다. 아동은 이제 인정받지 못하는 것에 대해서도 수치심을 느낀다. 또한 내면화된 이상 실현의 실패에 대해서도 수치심을 느낀다. 이제 수치심과 죄의식은 실제적 정서 · 감정으로 작용한다. 이것은 결국에 책임감으로 발전한다.

오이디푸스 시기에 아동의 동기를 유지시켜 주는 것은 이른바 '로맨스' 다. 그러나 이의 실패는 죄의식을 가져다준다. 이러한 정서의 변화와 발달은 지속된다. 그러나 대개의 경우 발달은 환상적 대상보다는 실제적 대상을 지향한다. 발달은 보다 내적으로 확대된 추상적 가치, 이상, 원리를 지향한다. 잠복기 아동의 동기는 새로 형성된 능력인 돌봄, 자선, 효도 등에 의해 유지된다. 이 동기는 형제자매, 놀이 동무, 또래들 사이에서 형성된 우정에 의해서도 유지된다. 자기 사랑 역시 동기로 작용한다.

3) 청소년기(12세~)

여기서는 대략 12세 이후의 청소년들에게 나타나는 정체성, 퇴행현상 그리고 시간 의식의 변화와 관련해서 그들의 도덕성 발달에 대해 살펴본다.

(1) 정체성 및 퇴행현상과 도덕성 발달

정체성의 문제는 아마도 청소년이 성취해야 할 가장 중요한 발달 과제 중의 하나일 것이다. 그러나 정체성의 형성은 잠복기에서 요구되는 발달 과제의 성취를 전제해야 한다. 정체성과 비교적 안정된 자아 통합감은 청소년기에 성취해야 할 주요한 발달 과제다.

청소년기의 아이들은 동일시의 대안으로서 권위자보다는 또래집단에 관심을 가지게 된다. 그들은 비록 퇴행이 있을 수 있으나 사춘기 변화가 시작되기까지 대개 정신적으로 안정되고, 실제적이며, 세계에 대한 의식이 확대되는 모습을 보여 준다. 따라서 그들의 도덕 세계도 넓어진다. 청소년기는 부모 및 또래와의 관계에서뿐 아니라 자신의 신체에 대한 태도에서도 현저한 변화가 일어나는 시기다. 안나 프로이트(1965)는 청소년기는 본질상 평화로운 성장이 방해받는 시기로, 오히려 이 시기에 안정된 평형을 유지하는 것은 그 자체가 정상적이지 않다고까지 말한 바 있다(p. 275). 즉, 이 같은 방해를 경험하지 않고서는 아동기적 속박에서 참된 의미의 해방이 어렵다는 것이다. 타이스(1980)도 이 같은 발달적 욕구 및 자유에 대한 경험 없이는 타인과 사회의 요구에 대한 참된 이해가 이루어질 수 없다고 말한다.

잠복기에 양심보다 더 활발하게 작용하기 시작한 자아이상의 기능은 청소년기에 들어서도 계속된다. 그러나 후기 청소년기에 이르면 양심과 자아이상은 여러 영역에서 점차 통합된다. 하지만 발달이 두 구조의 완전한 통합을 목적으로 진행되지는 않는다. 자신이 원하는 것과 의무로서 요구되는 것의 구별이 바람직하기 때문이다. 자아이상의 발달 특징 중 하나는 영웅의 사용이다. 전 사춘기(前思春期) 아동은 그의 영웅이 실제적 인물이기를 바란다. 대개의 경우 아동의 영웅은 그의 환상이 투영된 인물이다. 개인은 청소년 중기에 이르면 영웅을 내면화하여 보다 추상적 이상이 되게 한다.

영웅에 대한 애착은 때로 퇴행적 모습을 보여 주기도 한다. 이러한 퇴행현상은 후기 잠복기와 청소년기에 집단 및 집단 지도자에 대한 애착에서도 나타난다. 이러한 퇴행은 실재 검증, 충동 통제, 초자아 기능을 약화시킨다. 그러나 타이스(1980)는 집단 경험은 성장과 창조를 위한 적극적 작용을 할 수도 있고, 청소년은 흔히 퇴행함으로써 발달한다고 말한다(p. 186).

변하기 쉽고, 퇴행적이며, 일관성이 없고, 우유부단한 모습이 청소년 전기의 행동 특징이다. 이 시기에는 아동기에 발생했던 모든 문제가 다시 한 번 나타난다. 블로스(Blos, 1967)는 청소년 초기의 특징인 자아도취적 자아이상의 모습을 소극적 오이디푸스 콤플렉스의 유산으로 본다. 소극적 오이디푸스 콤플렉스 단계는 수동적이고 동성애적 태도를 보이는 시기로, 보다 적극적이고 이성애적 태도를 보이는 오이디푸스 시기로 입문하는 하나의 단계다. 블로스는 인간의 양성적 체질로 말미암아 생기는 이 같은 소극적 태도도 인성의 발달에서 중요한 작용을 하는 것으로 본다.

소극적 오이디푸스 콤플렉스는 후기 잠복기와 초기 청소년기에 다시 나타난다. 이와 함께 원시적 자아이상화(理想化)도 다시 나타난다. 이러한 현상은 청소년들이 즉시적 만족을 추구하려 할 때 그들을 쉽게 동요시키고 불안정하게 한다. 청소년기에 이르러서야 자아이상은 통합된다. 이때의 자아이상은 즉시적 만족의 원천으로서가 아닌 열망, 연기(延期), 예상, 노력 등의 기관(器官, organ)으로 작용한다.

로스너(Rosner, 1972)도 청소년기에는 자연적이고 과도기적인 퇴행현상이 있다고 본다. 그런데 이러한 현상을 청소년들에게 특별한 방향을 제공하기도 하고 나중에 이루어질 통합을 위해 필요하다고 본다. 그리고 그러한 퇴행현상을 방해하는 것과 관련된 갈등을 병적(pathological)인 것으로 본다. 그는 그러한 병적 갈등을 제거하는 것을 청소년 중기의 중심 과제로 제시한다. 이러한 제거는 청소년들로 하여금 재조직과 창의적이고 가치 생산적인 활동의 재개를 가능케 해 줄 수 있기 때문이다(pp. 397, 414).

한편 청소년의 주요한 과제 중에는 가치의 습득이 있다. 이 밖에도 평가 및 비교를 위한 사고의 도전과 강화 같은 것이 제시될 수 있다. 그러나 청소년 초기에는 비록 이 같은 활동이 전개된다 하더라도 시작일 뿐이다. 청소년 중기에 이르러야 이 같은 활동은 계속된 성장, 특히 도덕 영역에서 본질적인 것이 된다. 로스너(1972)는 아동기의 희극은 오이디푸스 갈등의 해소에 의해 죄를 발견하는 것으로 끝나는 데 비해, 청소년기의 비극은 덕을 창조한다고 말한다(p. 414).

(2) 시간 의식의 변화와 도덕성 발달

청소년 후기는 발달이 강화되고 미래를 계획하는 시기다. 이 시기에 청소년의 시간 의식의 변화는 도덕성 발달에 영향을 미친다. 물론 시간 의식의 변화는 유아기부터 시작된다. 그러나 초자아 기능이 확립되면서부터 시간 의식의 변화는 현저하다. 초자아 기능은 개인으로 하여금 스트레스성 경험을 참아 내고, 계획에 의한 결정을 할 수 있도록 도와준다. 시간의 준수와 기다림 및 연기를 가능케 해 준다. 청소년들은 이제 과거의 이해와 기억을 부모에게 의존하지 않고 점차 스스로 할 수 있는 능력을 가지게 된다. 이러한 과정은 점차 어느 정도 정돈된 자신의 역사 의식을 형성시켜 준다. 청소년 중기에 이르면 비교적 자아도취적인 자기애 및 이에 수반되는 전능한 환상의 영향이 감소된다. 문제를 외적으로보다는 내적으로 해결하려는 경향성을 보여준다. 이러한 현상과 함께 점차 개인의 역사감(歷史感)이 수반된다(Blos, 1968, p. 257).

블로스(1965)에 의하면, 후기의 청소년은 개인의 역사를 수립할 수 있는 개성 및 정체감과 신체의 소유감을 계발한다(pp. 147-152). 과거에 대한 재조직과 미래에 대한 예상은 도덕성 발달에서 중요하게 작용한다. 청소년 후기는 과거의 가치, 규칙, 원리, 이상 등을 재조직하여 새로운 의미의 구조를 형성하는 시기다. 세톤(Seton, 1974)은 이러한 측면의 성취를 '정신·시간적 적응(psychotemporal adaptation)'이라고 말한다. 그는 이 과정에서 초자아 기능이 주요한 기관으로 역할 한다고 주장한다(pp. 96-103). 이제 자아와 초자아는 이전의 시간 경험 방식과는 양적으로도 질적으로도 다른 시간 경험 능력을 성취하기 위해 협력한다.

청소년 후기에 일어나는 충동적이고 무시간적인 이전 단계로의 퇴행은 초자아 기능의 지연, 금지, 중지 작용에 대한 일시적 반응이다. 타이스(1980)는 이러한 퇴행을 자아와 초자아 구조의 재조직에 기여하는 것으로 본다. 이전의 구조는 문화의 전수를 위해 필요하고 새로 형성된 구조는 문화의 재조직을 위해 필요하다는 것이다.

이러한 재조직 과정은 청소년에게 이전의 대상과의 관계를 끊도록 작용한다. 즉, 상실의 경험을 통해 재탄생을 가능케 한다. 이는 개인으로 하여금 도덕 영역에서 자유롭고 동등한 행위자로 살아갈 수 있도록 작용한다. 도덕 판단을 위한 비교적 독립적인 능력의 형성뿐 아니라 자신의 행동에 대해서도 책임을 질 수 있도록 작용한다. 그리하여 개인적·자율적 생활 유형의 수립을 준비시켜 준다. 이에 의해 개인은 비교적 자유로운 도덕적 행위자뿐 아니라 공헌자도 될 수 있다고, 타이스(1980)는 말한다(p. 190).

이러한 맥락에서 블로스(1968)는 청소년기의 인격 형성의 과제로 ① 유아적 대상관계에서 벗어나기, ② 아동기에 형성되어 남아 있는 상처들을 비교적 안정되고 편안하며 갈등 없는 방식으로 자신의 내부에 수용하기, ③ 역사적 계속감과 완전성 및 불가침성에 대한 주관적 의식의 수립 과정에서 유아적이고 신화적인 생활 태도를 극복하기, 그리고 ④ 성적 정체감 형성하기를 제시한다(pp. 257-259).

4. 요약 및 결론

프로이트에 의하면, 원자아(id)는 철저하게 쾌락원리를 추구한다. 원자아는 리비도(libido)로 불리는 정신·성적 에너지와 투쟁, 소유, 지배, 파괴의 원색적 충동의 저장소다. 충동의 즉시적 만족을 요구하며 순수하게 자아 중심적이고 쾌락을 추구한다. 자아는 실재원리를 추구한다. 원자아를 억제하고 원자아가 분별할 수 없는 물리적·사회적 세계의 실제에 개인의 행동을 제휴(提携)해야 하는 책임이 있다. 만족의 연기와 원자아의 에너지를 안전하고 사회적으로 수용 가능한 방식으로 이끄는 노력을 한다. 초자아는 부모와 문화에 의해 아동에게 내면화된 억제나 이상(理想)에 해당한다. 원자아를 더 억제하고 자아를 감시하는 기능을 한다. 자아가 원자아의 욕구를 너무 쉽게 들어주면 자아에게 죄책감을 느끼게 하고 고통을 가한다. 초자아는 양심과 자아이상으로 구성된다. 양심은 죄책감을 느끼게 함으로써 개인을 벌한다. 자아이상은 자부심을 느끼게 함으로써 개인을 보상한다. 악한 행동을 했을 때는 양심이 작용하여 죄책감을 가지게 한다. 선한 행동을 했을 때는 자아이상이 작용하여 칭찬해 준다.

하지만 초자아의 지시나 명령, 통제 기능이 인성과 도덕성의 발달 과정에서 항상 긍정적으로만 작용하는 것은 아니다. 초자아의 형성을 부모의 권위에 의해 원자아의 욕구가 억제 또는 억압된 상태로 볼 때, 그 과정에서 원자아는 소망실현을 금지하거나 좌절케 하는 부모의 권위에 대해 적대감과 함께 욕구불만을 가질 수 있다. 따라서 무의식중에 그러한 권위를 증오하고 파괴하고 싶어 한다. 이러한 감정은 아이들이 청소년으로 성장하면서 다른 권위적 존재들, 즉 교사, 경찰관, 사회 및 정부 기관 등에게로 전이된다. 이러한 감정은 기회가 주어지면 권위의 대상에 대해 공격적·파괴적 행동을 유발한다.

부모나 교사는 아이들을 지도하거나 억제하는 과정에서 그들을 학대하거나 거부하는 일이 있다. 이러한 일은 그들에게 권위자에 대한 증오와 적대감을 증대시킨다. 이는 부모나 교사와 같은 권위적 존재에 대한 공격적·파괴적 성향을 길러 주는 일이 된다. 학대나 거부는 흔히 아이들에 대한 사랑과 존중의 결핍에서 비롯된다. 이에서 파생되는 아동의 자아존중의 결여 내지 자아 비하감은 억제 또는 억압과 마찬가지로 문제아동을 조장할 수 있다. 아이들에 대한 지나친 간섭과 참견도 그들의 주도권이나 자주정신의 계발에 저해 요인으로 작용할 수 있다.

한편 아이들에 대한 지나친 허용이나 관대에도 문제가 있다. 이는 아이들에 대한 또 다른 유형의 무관심, 학대, 사랑의 결핍으로 볼 수 있기 때문이다. 정신분석이론에 의한 문제아동의 지도, 즉 도덕교육은 부모나 교사가 어느 선에서 적절하게 그들의 욕구를 억제 또는 허용하느냐의 기술 및 방법에 달려 있다. 아이들에 대한 사랑과 신뢰 그리고 존중에 기초한 적절한 통제와 허용은 건전한 초자아와 인성 및 도덕성 발달에 기여할 수 있다.

2 콜스의 도덕지능 도덕교육사상*

콜스(Robert Coles, 1929~)는 미국의 아동 정신의학자다.** 이 장에서는 그의 『아동의 도덕지능(*The Moral Intelligence of Children*)』(1997)을 중심으로 그의 도덕교육사상을 분석 · 정리한다. 그는 이 책에서 '우리는 어떻게 아이들을 선한 사람이 되게 기를 수 있는가.' '우리는 어떻게 아이들에게 그들의 삶을 영위하고 이끌어 갈 수 있는 도덕적 인격과 건전한 가치를 계발시켜 줄 수 있는가.'의 문제를 다룬다. 이 책은 행동, 습관, 인격 등을 중심 개념으로 하여 유아기부터 청소년기에 이르기까지 아이들

* 이 장은 필자의 『현대 도덕교육론』(2008) 제3장 '도덕지능 이론과 도덕교육' (pp. 69-102)에서 발췌 · 요약하면서 일부 수정 · 보완한 것이다.

** Robert Coles는 미국 하버드(Harvard) 대학교 의학부 정신의학 및 의료 인문학 교수이며, 하버드 대학교 보건소의 정신의학 연구원이다. 그의 주요한 도덕교육사상에 관한 저서 중에는 퓰리처 수상작(Pulitzer Prize-winning)인 *Children of Crisis*를 비롯하여 *The Moral Life of Children*, *The Spiritual Life of Children* 등이 있다. 그는 하버드 대학교의 사회윤리학 교수이기도 하다.

의 인격 형성의 과정을 다룬다. 그러므로 이 책은 이른바 '인격교육적' 접근을 하고 있다고 볼 수 있다.

그러나 콜스는 이 책에서 그러한 접근을 정신과 의사로서의 그의 임상 경험과 자원교사로서의 그의 교육 및 상담 경험 등에 대해 사례 중심의 '이야기'식으로 전개했다. 다시 말하면, 이 책은 그의 도덕교육사상의 이론적 체계가 '명시적'으로 제시되었다고 보기는 어렵다. 이러한 이유로 필자는 이 책을 분석하여 콜스의 도덕교육사상을 명시적으로 이론화 또는 체계화하는 시도를 하였다.*

1. 도덕지능의 개념 및 발달의 원리

콜스의 『아동의 도덕지능』은 책의 제목이 말해 주듯이 아동의 도덕적 지능에 관한 책이다. 즉, 어떻게 아이들의 도덕적 지능을 계발시켜 줄 수 있는가에 관한 책이다. 콜스(1997)는 지능의 종류를 인지적 지능, 정서적 지능, 그리고 도덕적 지능으로 분류한다(p. xiv)**. 그의 『아동의 도덕지능』은 이 같은 분류에서 인지

---

* A. G. Lageman은 그의 'The moral lives of children: The thought of Robert Coles' (*Journal of religion and health*, Volume 29, Number 4, 1990)에서 콜스의 도덕교육사상에 대해 "그는 사람들을 이해하고 치료하기 위해 문학의 통찰력과 의학 및 정신의학의 자원을 결합한다. 그는 인격과 개성을 구별하면서 아이들의 적극적인 도덕적 삶을 탐구한다. 그는 가족의 도덕적 목적을 인격의 계발로 본다. 그의 학문적 공헌은 새로운 이론적 접근은 아니다. 그보다는 우리의 도덕적 상상을 불러일으키고 민감하게 하는 문학 자료에 기초한 접근이다."라고 말하였다.

** 이하에서 특별한 언급이 없는 한 인용말의 쪽수 표시는 콜스의 『아동의

적 · 정서적 측면보다는 도덕적 측면에 중심을 두고 전개된 이론이다. 그러나 이 말이 그가 이 책에서 인지적 측면과 정서적 측면을 고려하고 있지 않다는 뜻은 아니다. 마음의 작용에서 정서적 측면과 도덕적 측면의 관계는 밀접하다. 그러나 콜스는 심리적 측면으로 볼 수 있는 정서적 측면의 작용을 가능한 한 도덕적 측면의 작용과 구별하려는 노력을 한다.

콜스는 도덕지능을 다른 사람이 세상을 보는 대로 볼 수 있고, 다른 사람의 눈을 통해 세상을 경험할 수 있으며, 그러한 경험을 통해 습득한 지식을 행동으로 옮길 수 있는 능력으로 본다. 다른 사람들에 대해 말하고, 그들을 고려하는 방식에서 재치 있고 예의 있으며 관대한 마음을 가질 수 있는 능력으로 본다. 이러한 도덕지능은 교실에서 규칙을 암기하고, 추상적인 토의를 하며, 가정에서 순응하는 것에 의해서보다는 세상에서 다른 사람들과 함께 사는 방법의 학습을 통해 발달된다. 도덕지능은 보고 들은 것을 마음속에 받아들여 습득된 학습의 결과로써 발달한다는 것이다. 도덕지능이 발달한 사람은 선(善)한 사람이다. 다른 사람에게 친절하고, 자신을 다른 사람에게로 확대하여 생각할 수 있는 사람이다. 자신과 마찬가지로 다른 사람을 존중하고, 인간의 상호 관계를 깨달으며, 그것을 실천하는 사람이다(pp. 4-5).

콜스는 도덕지능이 도덕적 '상상(想像, imagination)'을 통해 발달한다고 본다(p. 3). 도덕적 상상은 우리가 목격(目擊, witness)한

도덕지능』(1997)을 가리킨다. 즉, 쪽수 표시만 있는 인용문은 이 책을 가리키는 것이고, 더 이상 이 책을 가리키는 말로 'Coles(1997)'를 표시하지 않았다.

과거의 경험을 마음속에서 재생하거나 과거의 경험으로 미루어 새로운 심상(心象)을 만드는 마음의 작용이다. 그러므로 도덕교육은 아동·학생들의 도덕적 상상을 자극해야 한다. 그리고 도덕적 상상을 자극할 수 있는 (또는 불러일으킬 수 있는) 자원(資源)을 제공해야 한다. 이러한 자원에는 도덕적 행동에 대한 목격을 비롯해 영화·문학의 이야기, 실제 생활의 이야기 등이 있다. 콜스는 훈계나 이론적 논의는 도덕적 상상을 자극하는 것으로는 별로 효과가 없다고 본다. 문학작품 등의 이야기나 관찰된 행동, 즉 목격이 도덕적 상상의 자극 효과가 크다고 본다(p. 7).

아이들은 어른들의 도덕적 행동의 목격자다(p. 5). 아이들의 도덕적 상상은 그들이 목격하는 어른들의 행동을 통해서 이루어진다. 아이들의 도덕지능은 그들이 도덕사태에 처했을 때 과거에 목격한 어른들의 행동을 상상함으로써 발달된다는 것이 콜스의 견해다. 그러므로 콜스가 제시하는 도덕지능 발달의 기본원리는 '목격에 기초한 상상'이라고 말할 수 있다. 그 밖에도 그는 도덕지능 발달의 원리로 이른바 '황금률(the golden rule)', 즉 '네가 대접받고 싶은 대로 남에게 행동하라.'를 제시한다. 황금률의 작용에는 감정 이입(感情移入, empathy)과 역지사지(易地思之, role taking)가 수반된다. 목격과 상상도 수반된다. 콜스는 톨스토이(Leo Tolstoy)의 '늙은 할아버지와 손자' 이야기를 빌려 목격, 상상, 황금률이 작용하는 예를 다음과 같이 제시·설명한다.

> 할아버지는 나이가 많다. 그는 걷기가 어려웠고, 눈도 잘 보이지 않으며, 잘 듣지도 못하고, 이[齒牙]도 없는 상태다. 그는 음식을 먹을 때 자주 흘린다. 아들과 며느리는 노인에게 식탁이 아닌 난로 뒤에서 식

사를 하게 했다. 한 번은 노인에게 음식을 컵에 담아 제공했다. 노인은 컵을 옮겨 놓으려다가 떨어뜨렸고, 컵은 깨져 버렸다. 며느리는 집 안을 온통 더럽히고 그릇을 깨뜨리는 시아버지에 대해 불평을 늘어놓았고, 마침내 음식을 개수통에 담아 제공했다. 시아버지는 한숨만 쉴 뿐 아무 말도 하지 않았다. 어느 날 남편과 아내가 집에서 쉬고 있을 때 어린 아들이 마루에서 널빤지를 가지고 노는 것을 보게 되었다. 그는 무엇인가를 만들고 있었다. 아빠는 그에게 "너는 지금 무엇을 만들고 있니?"라고 물었다. 그는 "아빠, 저는 지금 개수통을 만들고 있어요. 엄마와 아빠가 이다음에 늙으시면 이 개수통에 음식을 담아 드리려고요."라고 대답했다. 남편과 아내는 서로를 바라보다가 울었다. 그들은 노인을 지나치게 학대한 데 대해 부끄러워했다. 그 후 그들은 노인이 식탁에 앉아 식사를 하도록 했고, 식사가 다 끝날 때까지 기다렸다 (p. 10).

콜스에 의하면, 도덕교육의 현실은 어른들(부모 또는 교사)이 아이들(자녀 또는 학생)에게 도덕교육을 하고, 아이는 배우는 식으로만 이루어지는 것이 아니다. 도덕교육의 실제는 아이들도 어른들에게 도덕교육을 한다는 것이다. 위에서 인용한 톨스토이의 이야기에서도 우리는 이 같은 도덕교육의 상호성을 엿볼 수 있다.

콜스는 우리가 한 사람에 대해 '그는 어떤 사람인가.' '그는 어떻게 살고 있는가.' '그는 무엇을 하고 있는가.'라는 물음에 대한 대답이 그의 인격을 형성한다고 본다. 콜스에 의하면, 아이들은 어른들이 생활하고, 행동하는 것을 목격한다. 여러 가지 방식으로 서로가 사이좋게 지내는 것을 흡수하고 평가한다. 관찰한 것에 대해 판단을 내리고 모방하며 기억에 남겨 둔다. 어른들이 알게 모르게 그들에게 제공한 특정한 도덕적 조언들을 따른다(p. 7).

여기서 우리는 콜스가 제시하는 도덕지능의 개념은 우리가 일반적으로 사용하는 도덕성과 다르지 않다는 것을 알 수 있다. 그러한 도덕지능은 우리가 다른 사람의 눈을 통해 세상을 보고 경험함으로써 습득하게 된 지식을 행동으로 옮길 수 있는 능력이다. 이러한 능력은 목격에 기초한 상상 속에서 황금률을 적용함으로써 길러질 수 있다.

2. 도덕교육의 내용과 목적

이 절에서는 콜스가 『아동의 도덕지능』에서 제시하는 선한 사람(the good person)과 선하지 않은 사람, 그리고 도덕적 갈림길에 있는 사람을 중심으로 그의 도덕교육의 내용과 목적에 대해 고찰해 본다.

1) 선한 사람과 선하지 않은 사람

콜스는 선(善)한 사람을 예의 바르고, 자비로우며, 동정심이 있고, 다른 사람을 돌보아 주며, 온정적(溫情的)이고, 허세 부리지 않는 사람으로 생각한다. 다른 사람을 동료로 인정하고 협조하기 위해 자신이 하던 일을, 비록 그것이 중요한 일이라 하더라도, 기꺼이 그리고 즉시에 멈출 수 있는 사람으로 생각한다(p. 6). 다른 사람과 접촉하면서 그들을 도와주는 데 관심이 있고, 종교적 믿음과 독립적인 마음, 시민적 책임을 가지고 일과 가정생활에 충실하고 전념하는 사람으로 생각한다(p. 13). 내가 가지고 있는 것을 이를 필요로 하는 다른 사람들과 나누며 같이 기뻐하고 즐거워할 수 있는 사람으로 생각한다. 다른 사람들을 생각하고 배려하며, 그들에게 관용을 베푸는 사람으로 생각한다(p. 15).

한편 콜스에게 있어서 좋은 사람이란 말을 행동으로 옮기는 사람이기도 하다. 관대함, 친절함, 사려 깊음, 민감성, 자비심, 동정심과 같은 명사가 동사가 되는 삶을 사는 사람이다(p. 16). 선의 개념, 선의 바람직함을 진지하게 따르는 것을 배운 사람이다. 황금률에 따라 살고, 다른 사람을 존중하며, 가정 · 이웃 · 국가에 충성을 하는 사람이다. 선을 추상적이기보다는 구체적이고 행동적인 것으로 배운 사람이다(p. 17). 그러나 콜스는 선한 사람이란 이처럼 선을 말로만 하지 않고 실천하는 사람이기는 하되, 그의 선행을 드러내거나 선한 사람임을 내세우거나 선행을 한다고 스스로 만족해하는 사람은 선한 사람의 개념에 속하기 어렵다고 말한다(p. 20).

우리(부모와 교사)는 선한 것이 무엇인가뿐 아니라 선하지 않은 것이 무엇인가에 대해서도 알아야 한다. 콜스는 충동적이고, 지나치게 많은 것을 요구하며, 남의 일에는 관심이 없고, 자기 자신의 일에만 신경을 쓰는 사람, 즉 지나치게 자기중심적으로 살아가는 사람을 선한 사람으로 보지 않는다. 다시 말하면, 지나치게 자신의 일에만 몰두하고 열중하는, 이른바 자아도취적인 사람을 선한 사람으로 보지 않는다(p. 21). 사람들 중에는 자연적인 자아 배려를 넘어서 자신의 일에만 '고립적으로' 전념하는 사람이 있다. 이러한 사람은 다른 사람과 공동체의 의무에 소홀하기 쉽다. 콜스는 이러한 사람을 도덕적으로 선한 사람으로 보지 않는다(p. 22). 지나치게 자아 중심적이고 자신에게 전념하며, 그리하여 자신의 일에만 열중하는 사람은 자신의 마음이 원하는 것에만 반응하는 삶을 살기 쉽다. 다른 사람의 삶, 즉 그가 속한 공동체와 지역사회가 요구하는 의무에는 소홀하기 쉽다.

콜스는 분명하게 무법적이고 파괴적인 아이들은 오히려 큰 문제가 되지 않을 수 있다고 본다. 그러한 아이들은 도덕적 또는 법적으로 처리하면 되기 때문이다. 문제가 되는 아이들은 법이나 규칙을 분명하게 위반하지 않을 뿐 아니라 학교에서 공부도 잘하고, 학교 밖에서도 '성공적'이며, 인기도 있는 아이들로서 지나치게 자기중심적이며, 여러 가지 방식으로 다른 사람에게 냉담한, 즉 '돌 같은 마음씨'를 가진 이기적인 아이들이라는 것이다(pp. 28-30).

2) 도덕적 갈림길에 서 있는 아이들

도덕지능의 개발에 영향을 미치는 방법에는 여러 가지가 있다. 문학작품 등에 대한 독서와 토의, 도덕수업, 주의도 주고 질책도 하는 벌, 형식적이고 명시적인 훈계 등을 예로 들 수 있다. 그러나 콜스는 가장 설득적인 도덕지능 개발의 방법은 본보기(example)에 의한 것이라고 말한다. 본보기로 작용하는 어른들의 행동은 아이들에게 목격되고, 그것은 그들의 도덕적 상상을 자극하여 도덕지능의 발달을 촉진시킬 수 있기 때문이다. 콜스에 의하면, 우리의 자녀와 학생들은 우리 성인이 살아가는 삶의 방식, 즉 다른 사람들과 말하고 함께하며 지내는 방식 등을 목격한 후 서서히 그리고 누적적으로 그러한 것들을 흡수한다. 다시 말하면, 길게 볼 때 아이들의 도덕적 삶에 가장 크게 영향을 미치는 것은 매일매일의 생활 속에서 그들이 목격하는 경험이다 (p. 31).

안나 프로이트(Anna Freud)는 아이들이 제멋대로 하는 등의 문제를 일으키는 것은 그들이 어떤 도덕교육을 받았는가와 직접적인 관련이 있다고 말한다. 아이들이 '말'의 도덕교육은 받았으나 '행동'의 도덕교육을 받지 못했을 때 문제아(問題兒)가 될 수 있다는 것이다(p. 32). 콜스는 아동 · 학생들이 옳지 못한 행동을 하고 남을 해하며 학교의 규칙이나 사회적 관습뿐 아니라 심지어 법을 위반하는 등의 문제는 인지적이거나 정서 · 심리적이기보다는 도덕적인 것으로 보는 것이 타당할 것이라고 말한다. 이어서 그는 오늘날 아이들은 도덕적 위기, 즉 도덕적 갈림길(moral crossroad)에 서 있다고 말한다. 이 길을 가야 할까 저 길을 가야 할까를 선택 또는 결정해야 하는 위기에 처해 있다는 것이다. 그들에게 닥친 것은 무엇이고 삶의 한가운데서 어디로 가야 할까와 관련한 도덕적 갈림길에 서 있다는 것이다 (p. 33).

지금부터는 콜스가 제시하는 도덕적 갈림길에 서 있다고 생각되는 세 가지의 이야기를 소개한 후, 이러한 문제들에 대해 어떻게 대처해야 할까를 논의해 보고자 한다.

(1) 부정행위와 도덕적 갈림길

제인(Jane)은 부모가 모두 변호사인 유복한 집안의 장녀로 명문 사립학교에 다니는 초등학교 4학년 학생이다. 그녀는 학업 성적이 우수

할 뿐 아니라 성격도 활달하고, 운동도 좋아하며, 외모도 단정하고 예쁘며, 가정에서나 학교에서 인정받고 있는 소녀다. 그런데 어느 날 제인이 시험 중 부정행위를 하는 것을 옆자리에 앉아 있던 존(John)이 목격하게 되었다. 존은 처음에는 선생님에게 말씀을 드리지 않고 제인에게 조용히 이야기했다. 그러나 제인은 화를 내면서 혐의를 부인했다. 오히려 자기가 공부를 잘하니까 시기심에서 존이 거짓말을 하는 것이라고 몰아세우기까지 했다. 이런 일이 있은 후 얼마 지나지 않아 존은 제인이 또 부정행위를 하는 것을 목격했다. 제인은 실수로 커닝 페이퍼를 책상 아래에 떨어뜨렸다. 존은 그것을 선생님에게 증거물로 제시하며 진상을 말했다. 그러나 제인은 그 종이는 시험공부를 한 연습지(練習紙)였다고 말했다. 선생님은 제인에 대해 아무런 조처도 취하지 않았을 뿐 아니라 오히려 존에게 역정을 내셨다. 존은 당황했다. 아무런 벌도 받지 않은 제인은 존을 쏘아보는 등 의기양양해 했다. 의기소침해진 존은 시험도 잘 치르지 못해 낙제 점수를 받았다.

(2) 음주, 약물 복용과 도덕적 갈림길

마리(Marie)와 찰리(Charlie)를 두목으로 하는 몇몇의 고등학교 학생들이 있었다. 그들은 스스로의 집단을 '동아리'라고 부르는 비행 청소년들이다. 그들은 학교에서 금지하고 있는 흡연과 약물 복용을 서슴없이 한다. 그러면서도 자신의 행동이 잘못되었다고 생각하지 않는다. 그들은 교사들이 위선자이며 도덕적이지도 않다고 말한다. 교사들이 학생들에게 도덕적이고 양심적인 삶을 살라고 말하지만, 실제로는 교사들의 비도덕적인 행동을 목격한다는 것이다. 마리와 찰리 등은 이러한 교사들의 행동을 지적하며, 자신들의 흡연이나 마약 복용이 뭐가 잘못이냐고 묻는다. 오히려 그들의 행동이 정당하다고 말한다.

(3) 십 대의 미혼모와 도덕적 갈림길

> 델리아(Delia)는 충동적으로 성행위를 하고 폭력을 일삼는 청소년들의 어두운 세계에 살고 있다. 그녀는 어렸을 적에 성폭행을 당한 일이 있었다. 지금 그녀는 아직 십 대지만 여섯 살 된 딸의 엄마다. 한편 그녀에게는 할머니가 한 분 계셨었다. 그런데 할머니는 어느 날 시장에서 돌아오시다가 길가에서 싸우고 있던 갱들이 쏜 유탄에 맞아 돌아가셨다. 할머니는 델리아의 유일한 도덕적 감화자이셨다. 그 후 델리아는 그녀의 인생에서 도덕적 방향감을 잃어버렸다.

부정행위를 하는 제인, 흡연 · 음주 · 마약 복용을 하는 마리와 찰리, 미혼모인 델리아를 어떻게 하면 선하게, 도덕적이게 할 수 있는가? 이들 모두는 잘못된 도덕적 판단, 도덕적 시각으로 방황하고 있다. 도덕적 갈림길에 서 있다. 도덕적 위기에 처해 있다. 거짓과 부정행위, 약물 복용과 다른 사람에 대한 냉소적 행위, 이른 성경험 등으로 외롭고 고독하게 살아가고 있다. 그들은 비도덕적 행동으로 인해 그들 자신을 지역사회와 지역사회의 가치에서 격리시키고 있다. 콜스에 의하면, 속이고 거짓말을 하는 것은 외로워지는 것이다. 약물을 복용하는 것도 외로워지는 것이다. 미혼모가 되는 것도 외로워지는 것이다. 생존과 승리를 위해 총을 쏘는 것은 소름 끼치는 외로움이다(p. 57).

그러나 콜스는 그와 같은 비행 청소년들에게도 그들의 내부에 도덕적인 것이 있고, 그들은 그러한 것을 갈망하고 있다고 말한다. 그들을 구할 수 있는 것은 도덕뿐이며 도덕만이 그들 자신과 다른 사람들을 살아남게 할 수 있다고 말한다(p. 57).

우리는 앞에서 제시한 도덕적 갈림길의 세 가지 예시에서 어떤 공통점을 찾아볼 수 있을까? 각각의 사례에 등장하는 주인공들은 모두 잘못된 도덕적 판단이나 도덕관으로 인해 도덕적 갈림길에서 방황하기도 하고 그릇된 길로 향하기도 한다. 그들은 거짓을 말하고, 다른 사람을 무시하며, 마약을 복용하고, 이른 성경험을 한다. 그러한 결과 그들은 외로움에서 헤어나지 못하고 있다. 이른바 도덕적 갈림길에 서 있는 것이다. 다시 말하면, 도덕적 방향감을 상실한 것이다.

그들은 왜 도덕적 갈림길에 서게 되었을까? 그들에게는 도덕적 어른, 즉 도덕적 행동의 모범을 보여 주고 도덕적 방향을 제시해 줄 수 있는 도덕적 권위자가 존재하지 않기 때문이다. 그들에게는 더 이상 도덕적 행동을 목격할 기회가 없기 때문이다.

우리는 옳고 그름을 부모에게서 배운다. 우리는 무엇을 말해야 하고, 무엇을 행해야 하며, 받아들일 수 있는 것은 무엇이고, 그리고 어떤 환경에서 그래야 하는가를 부모에게서 배운다. 부모는 말이나 일상적인 모범을 통해 자녀들에게 전하기를 바라는 것을 전해야 한다. 그렇지 않고서는 자녀들의 양심이 강하게 그리고 확실하게 형성되지 않는다(pp. 58-59).

콜스에게 있어서 도덕교육의 내용은 지금까지 살펴본 바와 같은 선한 사람을 구성하는 개념 및 특징과 관련된 것이다. 한편 도덕교육의 목적은 선한 사람이 되는 것이다. 그에게 있어서 선한 사람과 도덕지능이 발달된 사람의 의미는 같다. 그러므로 우리는 그의 도덕교육의 목적을 도덕지능을 개발하는 것이라고도 말할 수 있다. 그러나 우리는 도덕교육의 과정에서 선한 사람이 어떤 사람인가에 못지않게 선하지 않은 사람과 이른바 도덕적 갈림길(위기)에 서 있는 사람은 어떤 사람인가에 대해서도 관심을 가져야 한다.

3. 도덕지능의 발달과 도덕교육사상

이 절에서는 콜스가 말하는 도덕지능의 발달과 도덕교육사상을 유아기, 아동기 그리고 청소년기로 나누어 살펴본다.

1) 유아기

인간의 생애에서 이루어지는 최초의 교육은 태교(胎敎)라고 말할 수 있을 것이다. 그리고 태교의 본질은 도덕교육일 것이다. 부모, 특히 엄마는 태어날 아기에게 중요할 것으로 생각되는 가치를 전해 주어야 한다. 임신부는 먹고 마시는 일에도 마음을 써야 한다. 술 · 담배를 해서는 안 되고, 정기적으로 의사도 만나야 한다. 이는 태어날 아기뿐 아니라 임신부 자신을 위한 것이기도 하다. 남편도 태아에게 관심을 가지고 임신한 아내를 위로하며 편안하게 돌보고 애정을 보여 줘야 한다. 콜스에 의하면, 이러한 관심과 배려의 태도는 태아에게도 영향을 미친다. 부모가 태아를 가치 있는 존재로 여기고 최선을 다해 돌보지 않으면 아기는 심리적으로 불안정한 사람으로 성장할 가능성이 높다. 그리고 출생 후에 지나치게 무시되고 홀대받는 신생아는 냉담한 사람이 될 수 있다. 무관심한 세상을 원망하며 등을 돌린 나머지 불안해하고 신경질적이며 제멋대로 행동하는 사람이 될 수 있다(p. 63).

문제는 돌봄을 받지 못하는 아이에게만 있는 것이 아니다. 너무 많은 돌봄을 받는 아이에게도 문제가 있을 수 있다. 부모가 자녀가 원하는 것을 다 들어주고 결코 거부하는 일이 없으면, 부모는 그에게 세상에는 거부되는 것이 없다는 것을 가르쳐 주는 셈이 된다. 이는 아이의 삶을 위해 좋은 준비를 시켜 주는 것이 아닐 뿐 아니라 나쁜 인성을 길러 줄 수 있다. 콜스는 생후 처음 몇 주의 삶에서도 아기들은 도덕적 갈림길에 서 있을 수 있다고 말한다(p. 66). 합리적으로 친절하고 협조적인 아기가 있는가 하면, 어른에게 항상 요구만 하고 화를 내는 등 까다로운 성질의 아기도 있다는 것이다. 엄마 중에는 아기의 욕구는 즉시에 충족되어야 한다고 생각하는 사람이 있는가 하면, 6~7개월 된 아기도 버릇없게 될 수 있으므로 통제해야 한다고 생각하는 사람도 있다. 콜스는 한 엄마가 두 아이를 양육한 경험을 소개한다.

> 나는 첫 아이(아들)의 경우에는 그가 속삭이듯 작은 소리를 내기만 해도 즉시 달려가 그가 원하는 것이 무엇인지를 찾아내 다 들어주고 만족시켜 주었다. 그 결과 첫 아이가 네 살이 되었을 때, 이러한 것이 그의 인성의 일부를 구성하게 되었다. 즉, '누구든 내가 손가락만 움직여도 달려와 나를 돌봐 줘야 돼.' 식의 인성 유형이 형성되어 버렸다. 한편 둘째 아이(딸)의 경우에는 첫 아이의 양육 경험에서 배운 바가 있어 아들의 경우처럼 즉시 달려가 돌봐 주지 않고 때로는 기다리게 했다. 아이에게 인내와 어느 정도의 자아 통제 능력을 기를 수 있도록 양육했다(p. 68).

엄마는 아기의 생후 첫날부터 그에게 엄마가 원하는 것이 무엇인가를 알 수 있도록 말을 해야 한다. 그에게 세상은 전적으로 너를 위해서만 존재하는 것이 아니라는 것, 즉 세상에는 다른 사람들도 있고 그들도 너와 마찬가지로 함께 살아야 한다는 것을 배울 수 있도록 가르쳐야 한다. 콜스는 아기의 인격교육은 생후 첫날부터 시작되어야 한다고 말한다. 아기에게 옳고 그름, 해야 할 것과 하지 말아야 할 것은 무엇이고, 어떻게 해야 하는가를 처음부터 가르쳐야 한다고 말한다(p. 70).

아기가 생후 1~2년이 지나 말을 하게 되면, 그의 삶이 새롭게 시작된다고 볼 수 있다. 아기는 언어의 사용에 의해 기회, 가능성, 책임, 부담을 가지게 된다. 이야기하고, 해석하며, 개념화하는 존재가 된다(p. 73). 이에 따라 도덕적 내성(內省, introspection)이 가능해진다. 이제 부모는 아기에게 '돼(yes).'와 '안 돼(no).'를 사용하는 도덕교육을 해야 한다. 주의해야 할 것은 '안 돼.'를 사용할 때에는 '돼.'의 의미나 행동의 대안을 함께 제시하는 것이 바람직하다. 그러나 '안 돼.'를 너무 자주 사용하는 것은 바람직하지 않다. 아기에게 "안 돼! 안 돼!"라고 말하는 것보다는 "협조해 달라."고 말하는 것이 더 바람직하다(pp. 75-76). 왜냐하면, "협조해 달라."는 말은 결국 아기에게 '안 돼.'의 의미로 전달되어 엄마가 원하고 기대하는 것을 따르게 할 수 있기 때문이다. 우리는 아기에게 어린 시절부터 협조하는 것을 가르쳐야 한다.

부모들은 누구나 '돼.'와 '안 돼.'가 아이들에게 중요하다는 것을 알고 있다. 아기가 일단 이 두 말의 의미를 알고 나면, 그의 도덕교육은 시작된 것이다. 초보자로서 아기는 비록 시험적이고 불안정하기는 하나 선택하는 인간으로서의 여행을 시작한 것이다. 무수한 선택의 누적은 도덕적 삶을 이끌어 줄 수도 있고 그렇지 못할 수도 있다(p. 77). '안 돼.'의 사용은 아이들에게 이른바 규율정신을 길러 주는 방법이 될 수 있다. 그러나 안 되는 이유를 아이들이 이해할 수 있도록 충분한 시간을 가지고 설명해 주어야 한다. 왜 부모가 아이들이 원하는 것에 대해 반대하는가의 이유를 그들이 이해할 수 있도록 설명해야 한다. 왜 그 문제에 대해 두 가지 마음이 있어서는 안 되며, 부모가 양보하지 못하는 이유가 무엇인가를 그들이 이해할 수 있도록 충분한 시간을 가지고 이야기해 주는 것이 바람직하다.

우리는 아이들에게 안 되는 것은 안 된다고 분명히 말하고 가르쳐야 한다. 예를 들면, "교통이 번화한 큰길가에서 놀아서는 안 된다." "다른 사람을 해(害)해서는 안 된다." 등 안 되는 것은 "안 돼."라고 선을 긋듯 분명하게 말해야 한다(p. 80). 이처럼 우리는 아이에게 출생 직후부터 삶에는 어떤 한계가 있다는 것을 가르쳐야 한다. 아기도 그가 원하는 것 중에는 즉시 충족되는 것도 있고, 기다려야 하는 것도 있으며, 때로는 충족되지 않는 것도 있다는 것을 배워야 한다. 세상에는 모종의 계획이 있으며, 즉시적 만족이라는 것은 결코 일상적 삶에서 기대될 수 없다는 것을 처음부터 배워야 한다. 물론 부모는 원칙적으로는 아기의 욕구나 요구를 존중하고 그것에 항상 주의를 기울여야 한다. 콜스는 부모와 자녀의 관계는 주고받는 것이어야 한다고 말한다. 그렇지 않고 부모는 주기만 하고 자녀는 받기만 하는 관계가 된다면, 아이들은 '안 돼.'를 배우지 못하게 되고, 결국 이기적이고 자아도취적인 사람이 될 수 있기 때문이다(p. 84).

아이들이 두서너 살이 되어 언어에 의한 의사소통이 이루어지고 근육 통제 능력도 증가하게 되면, 명시적 도덕교육의 가능성은 커진다. 대개는 무의식적이지만, 부모는 두 살 된 아이에게 언어에 의한 제시, 지시, 설명을 통해 도덕적 지도를 한다. '이것은' 이렇게 하는 것이고, '저것은' 저렇게 하는 것이며, '여기는' 가야 할 곳이고, '저기는' 가서는 안 되는 곳이며, 지금은 '이것을' 해야 할 시간이고, 방금 네가 한 것은 다시는 해서는 안 되며 등의 도덕교육을 한다. 아이들은 경청자가 된다. 그들에게 부과되는 교육을 이해할 수 있게 된다. 콜스는 이 시기의 아이들을 '도덕적 경청자'라고 말한다(p. 86). 이제 아이들은 그들 스스로를 돌보고 자신을 청결하게 하는 방법을 배우게 된다.

육아 유형과 인격 유형은 밀접하게 관련되어 있다. 콜스는 안나 프로이트를 따라 세 가지 유형의 육아 방법과 인격을 비교하여 다음과 같이 설명한다.

- 아기가 배고파할 때 비교적 만족하도록 모유 또는 우유를 먹여 주는 부모가 있다. 그들은 아기가 불만스러워 하면 안아 주며 안심시켜 준다. 그러나 그들은 아기의 훌쩍거리는 작은 소리가 들릴 때마다 쏜살같이 달려가 그의 욕구나 요구를 매번 감격스럽게 만족시켜 주지는 않는다. 이러한 육아 유형은 비교적 원만한 인격을 형성시켜 줄 수 있다. 세상은 내 뜻대로만 되는 것이 아니고, 불만의 순간은 있게 마련이며, 욕구는 기본적으로 만족되어야 하나 때로는 억제되기도 해야 한다는 것을 아는 인격을 형성시켜 줄 수 있다.
- 아기가 원하고 요구하는 것을 비교적 만족시켜 주지 않는 부모가 있다. 이러한 육아 방법은 아기가 어떤 기대를 가질 수 없게 하여 성취적인 인격의 형성에 어려움을 준다. 이러한 아기는 흥분하고, 화내며, 실망하고, 우울하며, 의심 많고, 고질적 불만을 가진 인격

을 형성할 수 있다.

- 아기의 요구에 항상 관심을 가지고 '감격스럽게' 그를 만족시켜 주는 부모가 있다. 그들은 아이에게 무엇이든 주고 또 준다. 과잉 사랑을 베푼 나머지 아이의 요구에, 말하자면 노예가 되어 버린다. 이러한 육아 유형은 아이에게 자존과 이기주의와 과장된 마음을 가지게 할 수 있다. 아이를 우쭐하게, 방종되게, 자아도취적이게 할 수 있다. 아주 작은 거부에도 대처할 줄 모르는 인격의 소유자가 되게 할 수 있다. 세상을 으스대며 활보하는 사람이 되게 할 수 있다. 이러한 양육 유형은 아이에게 그들의 충동을 다스리고, 불만을 참을 줄 아는 인격을 형성시킬 수 있는 기회를 주지 못한다(pp. 86-88).

인격은 경험에 의해 형성된다. 아이들의 인격은 부모의 사랑과 밀접하게 관련되어 있다. 콜스는 아이들의 사랑을 자연적인 것으로 보지 않는다. 자녀의 부모에 대한 사랑, 즉 효도를 부모의 자녀 사랑에 대한 반응이라고 생각한다(p. 89). 자녀는 부모에게 사랑을 받기만 했을지라도 부모에게 사랑을 주는 것을 학습한다. 아기는 그를 위해 애써 준 사람에게 보답하고, 그를 수용해 준 사람을 수용하며, 그를 즐겁게 해 준 사람을 즐겁게 해 준다. 그렇게 함으로써 그 자신도 즐거워한다. 이처럼 부모와 자녀의 관계는 상호적이라고 말할 수 있다. 콜스는 이러한 상호적 감정과 행동을 존경과 배려, 즉 도덕적 상호성의 초기 표현이라고 말한다(p. 94). 도덕적 상호성이란 다른 사람의 눈을 통해 세상을 봄으로써 서로가 서로를 도와주고, 감사하며, 협동할 수 있는 능력이다. 그러나 콜스는 도덕적 상호성은 무의식중에 서서히, 그러나 즐겁게 형성된다고 말한다(p. 94). 사랑은 소유하는 것일 뿐 아니라 억제하고 나누는 것이라고 말한다. 한 살이 되지 않은 아기에게도 욕구를 억제하고, 실망과 불만의 시간을 감수하는 것을 가르쳐야 한다고 말한다(p. 90).

한편, 엄마가 아기의 도덕교육을 잘하기 위해서는 먼저 좋은 엄마가 되어야 한다. 콜스는 위니컷(D. Winnicott)에 따라 좋은 엄마를 다음과 같이 서술한다.

- 좋은 엄마란 완전한 엄마를 의미하는 것은 아니다. 좋은 엄마는 할 수 있는 한 친절하고, 사려 깊으며, 민감하고, 아이와 함께 있어 주며, 양육과 보호와 도움을 위해 시종여일 애쓰는 엄마다. 그리하여 자녀들을 자신 있고, 즐거우며, 합리적인 인간으로 성장하게 하는 엄마다. 매일 사랑할 수 있는 자아, 점점 더 자신 있고 능력 있는 자아임을 확인할 수 있는 아이로 성장하게 하는 엄마다. 이러한 자녀의 성장은 엄마(부모)가 자녀를 사랑하고 교육시킨 모든 것의 결과다.
- 좋은 엄마는 마치 운동선수의 코치와도 같아야 한다. 정확한 순간에 정확한 말이나 제스처를 지시하는 세심하면서도 부드럽고, 헌신적이며, 단호한 의지를 가진 코치와 같아야 한다. 이와 같은 코치의 역할을 해야 하는 부모는 자녀들이 본래 가지고 있는 유아론적(唯我論的, solipsistic) 성격을 억제할 수 있도록 지도해야 한다. '돼.' 와 '안 돼.' 의 차이를 구별할 수 있도록, 특히 '안 돼.' 를 수용하고 이해할 수 있도록 지도해야 한다(pp. 92-93).

부모가 그들의 자녀들이 선한 사람이 될 수 있도록 교육하는 최선의 방법은 부모 자신이 선한 사람이 되는 길이다. 사랑과 도덕의 상호성은 사랑과 선을 입은 사람이 그것을 베푼 사람에게 되돌려 주는 것이기 때문이다.

2) 아동기

안나 프로이트는 아동기를 '양심의 시기'라고 말한 바 있다. 아동기는 양심이 형성될 뿐 아니라 인격이 형성되고 통합되는 시기라는 것이다. 양심이란 우리 내부의 소리다. 그런데 이 소리는 우리가 실제로 들어온(부모를 비롯한) 다른 사람들의 소리다. 콜스에 의하면, 양심은 우리에게 해야 할 것과 하지 말아야 할 것을 작은 소리로 말해 준다. 때로는 큰 소리로 외치기도 한다. 항상 우리의 정서와 사고작용에 압력을 가한다(p. 98).

아동기의 아이들은 책, 음악, 미술, 운동 등을 통해 새로운 세계에 대한 지식과 가능성에 접근한다. 물론 그들은 교사를 통해서도, 수업을 함께 받고 경험을 함께 나누는 급우들을 통해서도 그러한 지식과 가능성에 접근한다. 아동기는 상상의 시기이기도 하다. 세계를 탐구하고 그것의 의미를 이해할 수 있는 마음이 발달하는 시기다. 이 시기는 아이들이 세상을 열심히 그리고 생동감 있게 탐구하는 시기다. 부모나 교사는 그들이 사물에 대해 생각하고 이해하려 할 때, 또는 삶의 옳고 그름에 대해 생각할 때 그들의 탐구와 상상을 따라가기 어려울 수도 있다. 취학을 전후한 이 시기의 아이들은 세상의 사물이나 일에 대해 항상 '왜'라고 묻기 때문이다. 이 시기는 아이들이 다른 사람의 신발을 신어 보려는 마음이 충만한 시기다. 도덕적 상상력이 발달하는 시기다(p. 101).

아이들은 5~6세가 되면서 그들이 속한 사회, 국가와 진지한 관계를 맺기 시작한다. 학교에 입학하면서부터는 새로운 세계에서 사물을 보고, 사고방식을 형성시켜 주는 교사를 만나게 된다. 또래들도 만나게 된다. 언어가 통합되고, 신체의 발달과 함께 손과 발의 통제력도 강화되며, 새로운 세계에 직면할 마음의 준비도 갖추어 간다. 초등학교에 다니는 아이들은 옳고 그름을 분간할 뿐 아니라 이를 행하는 일에도 많은 관심을 가진다. 그들은 여러 가지 점에서 유아학교에 다니는 아이들보다 유능해진다. 그들은 의식적으로 멈춰 서서 세상을 바라본다. 세상에 대한 호기심으로 가득 차 혼자 중얼거리기도 하고, 조용히 생각하기도 한다. 착한 사람이 되려고 노력한다. 또한 착한 것에 대해 생각한다. 선이란 무엇이며 그것이 삶에서 어떻게 표현되어야 하는가를 묻는다.

이제 아이들은 상당히 능숙한 언어 구사 능력을 가지게 되고, 이러한 능력은 의사소통의 목적뿐 아니라 내적 성찰을 위해서도 활용된다. 책을 읽고 다른 사람이 읽는 것을 듣는다. 이는 세계에 대한 그들의 시야를 넓혀 준다. 이제 그들에게 '돼.'와 '안 돼.'를 부과하는 것이 쉽지 않게 된다. 부모와 교사 또한 그렇게 하는 것을 별로 원하지 않는다. 교실은, 비록 초등학교일지라도, 표현과 숙고와 토의로 활발해진다. 진위(眞僞)에 대한 기계적 암기뿐 아니라 세상에서 일어나는 사건의 복잡성, 애매성, 비일관성, 변화 등에 대한 성찰로 활발해진다.

아동기는 아이들이 그들의 의견을 활발하게 제시하는 시기다. 이는 언어 발달에 의해 가능해진다. 아동기는 언어에 의한 내적 성찰이 활발하게 이루어지는 시기다. 콜스가 전하는 내적 성찰에 관한 이야기를 하나 들어 보자.

> 초등학교 3학년인 조앤(Joan)은 수학에 남다른 능력을 가진 소녀다. 담임선생님은 곧 실시될 수학경시대회에 출전할 대표 학생으로 조앤을 추천했다. 선생님은 조앤이 기뻐하고 고마워할 줄로 생각했다. 그러나 웬일인지 조앤은 기뻐하는 기색도 보이지 않았고, 한참을 머뭇거리다가 조심스럽게 추천을 사양한다고 말했다. 선생님은 조앤의 이러한 태도에 당황했다. 처음에 교사는 조앤의 태도에 교사의 권위가 도전받는 것 같기도 해 괘씸한 생각이 들었다. 그러나 조앤이 "저는 제가 다른 학생들보다 공부를 잘한다고 공개적으로 인정받고 주목받는 것을 원하지 않습니다. 제가 수학을 잘한다고 인정을 받는 것은 상대적으로 다른 학생들에게 위축감을 줄 수 있는데, 저는 그러한 것을 원하지 않습니다."라고 말하는 것을 듣고 난 다음에는 조앤이 여러 사람 앞에 잘난 사람으로 나서는 것을 좋아하지 않는다는 것을 알게 되었다. 교사는 이러한 조앤을 조용하게 선을 실현하고 있는, 자신의 뛰어난 능력을 자랑하고 싶어 하지 않을 뿐 아니라 기꺼이 이기적인 것을 억제할 줄 아는 겸손한 아이라고 생각하게 되었다(pp. 107-108).

조앤은 수학을 잘함으로써 다른 사람들에게 박수갈채를 받는 것이 그녀가 추구하는 도덕적 만족에 아무런 도움을 주지 못한다는 것을 알고 있다. 공부를 잘하는 것을 자랑으로 생각하지 않는다. 오히려 자신의 뛰어난 정신 능력이 조금이라도 도덕적 의미가 있는가에 대해 의문을 던지고 있다. 조앤은 머리를 쳐든 채 명사나 승리자처럼 다른 사람들 앞에 으스대면서 걸어 나가 월계관을 받는 데에 관심이 없다. 그녀는 그러한 승리가 자신에게, 다른 사람들에게, 무슨 의미가 있겠는가라고 묻는다(p. 112).

콜스는 "조앤과 같은 겸손은 비록 나이 든 어른이라 하더라도 누구나 쉽게 성취할 수 있는 것이 아니다. 그녀는 초등학교 3학년이지만 내적 성찰을 통해 스스로의 삶의 방향을 발견한 사람이다. 내적 성찰에서 깨달은 것을 기꺼이 성인(聖人)의 말씀과 연결시켜 실천할 줄 아는 사람이다."(p. 111)라고 말한다. 조앤의 어머니 역시 딸의 겸손에 대해 겸손하게 말했다고 한다. 딸은 부끄럼을 많이 타는 아이라서 그렇다는 것이다. 딸의 겸손과 도덕적 성찰 능력을 자랑하기보다는 딸이 수줍음을 많이 타서 그렇다고 말한다. 어머니는 조앤의 취미나 좋아하는 활동에 대한 질문에 "그 애는 집안일을 돌보는 것을 좋아한다."라고 대답했고, 조앤이 집에서 무슨 일을 돌보느냐는 물음에는 "조앤은 해야 할 일이 있으면 그것이 무엇이든 기꺼이 한다."(p. 112)라고 대답했다. 콜스는 조앤을 삶의 의미의 추구와 도덕적 삶의 실현을 위해 결코 공부 잘하는 것을 내세우지 않고, 겸손하게, 말없이 존재의 의미를 찾아 살아가는 아이로 본다(p. 113).

콜스는 어른들이 일상생활 속에서 아이들과 함께 주고받는 모든 대화, 이야기, 행위 등은 아이들의 도덕적 목격과 경험의 일부가 된다고 말한다. 무엇은 문제가 되고, 무엇은 문제가 안 되고, 왜 그런가? 다른 사람들에게 어떻게 말하고, 어떻게 지내야 하는가? 그들에 대해, 자기 자신에 대해 어떻게 생각해야 하고, 왜 그렇게 생각해야 하는가? 등의 경험에서 아이들의 도덕지능은 서서히 발달한다고 말한다.

콜스는 삶의 실재에서 도덕교육의 시간과 장소가 따로 있어야 하는 것은 아니라고 생각한다. 언제, 어디서나 삶이 있는 곳에서는 항상 도덕교육이 가능하기 때문이다. 침실, 식당, 거실, 부엌, 교실, 마당, 운동장 등 어디에서도 삶이 있는 곳이면 도덕이 있게 마련이고, 그러므로 도덕교육이 이루어질 수 있다는 것이다.

비록 의식적이지는 않더라도 말이다. 어른들은 항상 아이들에게 삶이 어떻게 이루어지며, 이루어질 것이며, 이루어져야 한다는 것에 대해 이러저러한 도덕교육을 하는 기회를 마련해야 한다고 강조한다.

그러나 콜스는 어른들(부모)이 아이들(자녀)에게 너무 엄격하고 철저하게 도덕교육을 하는 것도 문제가 있을 수 있다고 지적한다. 마치 세미나에서 의식적으로 무엇을 말해야 하고, 어떤 해석을 해야 하며, 언제 어떤 목소리로 말해야 하고, 어떤 단어를 선택해야 하며 등에 대해 항상 걱정해야 하는 사람처럼 자녀에게 옳은 것을 가르치고 행하도록 너무 엄격하고 철저하게 도덕교육을 하는 부모에게도 문제가 있을 수 있다는 것이다. 아이러니하게도 콜스는 지나치게 엄격하고 철저한 도덕주의자가 되는 것에 대해서 염려한다. 엄격한 도덕주의자는 주위 사람들과 잘 어울리지 못할 수도 있고, 어떤 의미에서는 위험할 수도 있다고 생각하기 때문이다(p. 116).

콜스는 도덕교육의 위험은 다른 것에서도 찾아볼 수 있다고 말한다. 예를 들면, 규칙의 위반은 말할 것도 없고 반항과 저항 등을 하는 이른바 문제아는 가정에서 어머니와 아버지가 보여주는 일치되지 않는 가치 · 도덕으로 인해 발생할 수 있다는 것이다. 부모가 자녀들에게 가치 · 도덕은 물론 의견과 관련해서도 서로 다른 모습을 보여 주면, 아이들은 분열된 가치 · 도덕을 배우게 되기 때문이다. 콜스는 이것을 이른바 '혼합된 도덕적 전언(傳言)'이라고 말한다(p. 129). 그는 혼합된 도덕적 전언은 아이들의 도덕지능 발달을 어렵게 할 수 있다고 경고한다.

우리는 누구나 어렸을 때 부모나 선생님이 한 말을 기억하고 마음속에 새겨 둔다. 특정한 행위, 되는 것과 안 되는 것, 도덕적 행동을 기억하고 있다. 초등학교 시기의 아동에게는 선생님이나 친구 부모의 말과 행동이 가정에서 부모에게 배운 말이나 행동과 관련해서 대안적인 본보기가 된다. 그러한 대안은 보완적 · 보충적인 본보기가 되기도 한다. 그러나 때로는 상충적인 본보기가 되기도 한다. 학교에서 돌아온 아이들은 누구는 이렇게 말했는데, 누구는 저렇게 말했다고 말한다.

콜스는 도덕 또는 인격 교육의 실재는 조직된 학교의 교육과정으로서보다는 가정과 사회에서 비공식적으로 암암리에 이루어지는 '행동하는 인격'을 통해 이루어지고 있다고 강조한다(p. 131). 수업이나 책에서 배운 추상적인 도덕은 쉽게 잊어버리는 데 비해, 일상생활에서 목격을 통해 배운 도덕은 우리의 내부에 남아 있게 된다. 아이들은 삶 속에서 눈으로 볼 수 있고, 귀로 들을 수 있는 도덕교육을 받는다. 그들의 부모가 말하는 것, 그것을 말하는 이유, 그들이 하는 것을 보고 듣고 배운다.

도덕교육에서 우리가 부모 또는 교사로서 아이들에게 덕목에 대해 말하는 것은 중요하다. 예를 들면, 참을성, 사려 깊음, 민감성, 책임, 정직, 규칙 준수, 양심, 친절, 관대 등의 덕목을 아이들에게 주장하여 그들이 이러한 덕목들에 의해 인격을 형성할 수 있도록 도와주어야 한다. 우리는 아이들에게 책을 읽어 줄 때에도 무엇이 가치 있는 것인가를 주장하고, 또 그 이유는 무엇인가에 대해서도 말해 주어야 한다. 이러한 접근은 필요할 때에는 의식적인 도덕교육도 해야 한다는 것을 의미한다(p. 132). 하지만 콜스에 있어서 도덕교육의 기본적 방법과 원리는 일상생활에서 목격과 상상이 작용하는 우연한 '본보기'에 의한 것이다.

3) 청소년기

청소년의 과제와 목표는 독립을 성취하는 것이다. 그러나 그들은 그 과정에서 삶의 고독과 외로움을 느낀다. 비록 친구가 많고 여러 사람들과 함께 있더라도 그러하다. 그들이 독립을 추구하는 과정에서 소외감, 배타심, 반항심 등이 유발될 수 있다. 콜스는 청소년들의 도덕적 소외는 도덕적으로 중요하기도 하고, 위험하기도 하다고 말한다(p. 136). 그들은 어느 때보다도 자신의 삶의 의미와 목적을 찾느라고 애쓴다. 진지하게 도덕적 탐구도 한다(p. 153). 한편 청소년들은 자아의 비난과 함께 자신과 다른 사람 모두를 부인하는 경향이 있다. 이는 그들의 지나친 양심으로 인한 것이며, 그 결과 그들은 지나친 고독과 외로움에 빠진다. 콜스는 이러한 현상을 청소년의 '도덕적 취약성(道德的脆弱性, moral vulnerability)'이라고 말한다(p. 144).

청소년기는 반항의 시기다. 오늘의 십 대들은 도덕적 권위 자체를 문제시한다. 그리하여 어른들의 도덕적 권위에 도전한다. 그들은 흔히 무법적이고, 도덕적 표준도 없이 제멋대로 행동하는 경향이 있다. 그러나 콜스는 다른 한편으로 그들에게서 양심의 소리도 들을 수 있다고 말한다. 그는 청소년들의 반항을 일종의 양심의 작용으로 본다. 이에 대해 대부분의 사람은 이상하게 생각할는지 모르나 그러한 반항은 그들이 사회적으로 독립하려는 데서 생기는 부작용이다. 욕구와 본능이 그들에게 새롭게 영향을 미쳐 어떻게 해야 할지, 무엇을 해야 할지를 잘 모르기 때문에 일어나는 일시적 현상이다. 그러므로 청소년들의 그러한 행동을 무법적이라고 생각하기보다는 일종의 도덕적 불안으로 생각하는 것이 타당하다. 청소년들은 아직도 아동기에 배운 양심인 '안 돼.'를 그들의 내면에 가지고 있다(p. 147).

어른의 도덕적 권위는 존중되어야 한다. 어른은 그들의 도덕적 권위를 주장해야 한다. 부모는 그들이 옳다고 생각하는 것은 자녀들이 동의하지 않을 때에도 그들의 뜻에 따르도록 말하고 지도해야 한다. 콜스는 부모가 자녀들에게 안 되는 것은 안 된다고 말해야 한다고 주장한다. 그는 이것을 부모로서 마땅히 해야 할 일, 즉 의무라고 생각한다. 부모는 그들이 믿고 있는 도덕적 가치를 자녀들에게 말하는 것을 두려워해서는 안 된다(p. 141).

일반적으로 청소년들은 과민하고, 성마르며, 의심 많고, 반항적이며, 인습에 무관심한 편이다. 그들은 회의적이고 냉소적이기도 하다. 어른의 삶에서 흠도 잘 찾아낸다. 이는 콜스에 의하면 그들이 다른 사람들에 비해 '잘 볼 수 있는 눈(super-vision)'을 가지고 있기 때문이다. 그는 청소년들이 냉소적이고 흠잡는다는 것 자체를 의미 있는 것으로 본다. 냉소하고 흠을 잡으려면 나름대로의 어떤 표준이 있어야 하는데, 그들은 그러한 것을 가지고 있다는 것이다. 즉, 그들의 내부에는 양심이 있다. 그렇지 않다면, 다른 사람에 대해 냉소하거나 흠잡는 일에 전혀 관심조차 가질 수 없을 것이다(p. 156).

그러나 청소년들은 냉소적이고 흠잡는 등 비판적이기는 하나, 실제로 어떻게 해야 할지에 대해서는 잘 모른다. 이러한 청소년들의 태도는 흔히 어른들에게 반항하고, 도덕과 법을 위반하는 등의 문제를 일으킨다. 그들은 이러한 문제에 대해 부모나 선생님과 함께 이야기 나누는 것을 꺼리는 경향이 있다. 이러한 청소년들의 심리상태는 어른들과 좋은 관계를 맺는 데 어려움으로 작용한다. 그러나 부모가 자녀에게 '부모는 경찰관이나 판사와 같은 사람이 아니다. 어떤 점에서 부모는 너희들과 같은 사람이다. 적어도 너희들이 경험하고 있는 것, 즉 고독과 외로움을 알고 있는 사람이다. 진정으로 너희들과 접촉하고 화합하기를 원하고 있다. 유용하고 도움되는 방식으로 너희들과 관계를 맺기를 원하고 있다.'는 생각과 태도를 보여 주려 노력한다면, "그들과 좋은 관계를 가질 수 있고, 좀 더 그들을 이해할 수 있으며, 그들도 부모를 보다 신뢰할 수 있을 것"(p. 147)이라고, 콜스는 안나 프로이트의 말을 빌려 이야기한다. 이러한 태도는 결국 청소년들의 문제를 방지하고 해결하는 데에도 도움을 줄 수 있을 것이다.

지그문트 프로이트(Sigmund Freud)는 "인성은 만 5세를 전후해 결정된다. 중요한 모든 것은 5세경에 일어난다. 이후의 삶은 생후 5년간의 것에 대한 재조직일 뿐이다. 어린 시절은 한 인간의 심리적 운명을 결정한다."라고 말했다. 그러나 그의 딸 안나 프로이트는 아버지의 이러한 말을 왜곡해서는 안 된다고 말한다. 즉, 이러한 말은 유·아동기의 중요성을 강조한 것으로 보아야 하며, 그녀의 아버지가 이러한 말을 한 이유, 시대적 배경 등을 이해해야 할 것이라고 말한다. 그녀는 "우리는 성장하면서 계속해서 배운다. 적어도 계속 배울 수 있는 가능성이 있다. 특히 청소년들에게는 새롭고 고양된 심리학적 드라마가 있다. 초자아(양심)의 방어적 자세와 자아의 새로운 본능적 압력에 반응하려는 작용이 있다. 이 같은 초자아와 자아의 대결은 청소년들에게 제2의 기회를 제공할 수 있다."(p. 158)라고 말한다.

청소년들은 어른들에 대해 비판적이고 냉소적인 편이다. 권위자들을 신뢰하려 하지 않는 태도를 보여 준다. 권위자들과 어떤 관계조차도 맺으려 하지 않는 태도를 보여 준다. 그러나 콜스는 청소년들이 그들이 의지할 수 있는 솔직하고 신뢰할 수 있는 성인을 적어도 한 사람이라도 가질 수 있기를 바란다고 말한다(p. 159). 같은 맥락에서 안나 프로이트는 다음과 같이 말한다.

> 나는 십 대들이 성인들을 냉소하는 말을 들을 때마다 그들이 냉소할 사람을 절실히 필요로 하고 있다는 것을 알 수 있다. 아이러니하지만, 만약에 그들이 냉소할 사람을 발견할 수 있다면, 그것은 그들에게 다시 한 번 잘해 볼 수 있는 제2의 기회가 될 수 있을 것이다. 나는 청소년들이 어른은 누구도 믿지 않는다고 말하는 것을 들으면 들을수록, 그들은 누군가와 함께 이야기를 나눌 수 있는 사람을 절실히 필요로 하고 있다는 것을 알 수 있다(p. 159).

청소년들이 성인들을 비판하고 냉소하며 멀리하는 것은 오히려 그들의 생각과 걱정, 관심을 함께 나누어 줄 수 있는 신뢰하는 어른을 원하고 있음을 나타내 주는 반증이 된다는 것이 콜스와 안나 프로이트의 생각이다. 문제아나 비행 청소년들은 일단 그들이 신뢰할 수 있는 성인을 만나게 되면, 언제 반항적이었느냐는 듯이 그들의 희망, 걱정, 가정과 학교에서의 갈등 등에 대해 쉽게 그리고 솔직하게 이야기한다. 이러한 신뢰 관계는 문제아로 하여금 도덕적 삶을 계속할 수 있는 제2의 기회를 제공해 줄 수 있다. 그들의 내부에도 도덕이 있기 때문이다(p. 161).

청소년들은 어떻게 행동해야 하는가, 무엇을 해야 하는가, 왜 해야 하는가에 대해 관심을 가지고 나름대로 열심히 노력하고 있다. 그들은 스스로가 신뢰하는 도덕원리를 찾는 데에도 관심이 있다. 그들에게 신념이 되고, 신뢰할 수 있으며, 가치 있는 방향을 지시하는 일련의 가치관을 형성하는 데에도 관심이 있다. 그러나 콜스에 의하면, 청소년들은 그들과 어른들의 초자아 간의 협력을 원한다. 말하자면, 그들은 한두 사람의 어른들과 일종의 도덕적 동료관계를 원한다. 그 어른이 부모이든 교사이든 친척이든 동등한 수준에서 도덕적 동료가 될 수 있는 성인을 원한다(p. 166).

콜스는 문제아나 비행 청소년은 흔히 가정에서 가족 간의 불화로 인해 발생하기 쉽다고 말한다. 이러한 문제도 부모 또는 교사가 아동 · 학생들과 심리적 · 도덕적 · 인간적 동료관계를 형성하여 지도하면, 그들의 의심이나 불신을 해소하는 데 많은 도움을 줄 수 있다(p. 167).

청소년의 도덕지능의 발달 과제는 독립의 추구다. 그러나 그들은 독립을 추구하는 과정에서 고독과 외로움을 느낀다. 지나친 양심으로 인해 자신들을 비난한다. 자신과 다른 사람들을 부인한다. 어른들을 비판하고 냉소적이기도 하다. 그 과정에서 그들은 이른바 문제아나 비행 청소년이 되기도 한다. 콜스에 의하면, 이들을 지도할 수 있는 가장 좋은 방법은 어른들이 그들과 도덕적 동료가 되는 것이다. 청소년들은 그러한 도덕적 동료를 원하고 있기 때문이다.

4. 요약 및 결론

도덕지능은 다른 사람의 입장에서 세상을 볼 수 있고, 그러한 경험을 통해 습득한 지식을 행동으로 옮길 수 있는 능력이다. 도덕지능이 발달한 사람은 선한 사람이다. 선한 사람은 친절하고, 예의 바르며, 자비롭고, 동정심이 있으며, 돌보아 주고, 온정적이며, 허세 부리지 않는 사람이다. 도덕교육은 이러한 선한 사람을 기르는 과정이다.

도덕지능은 도덕적 사태에서 과거에 목격한 도덕적 행동을 기억하고 상상하는 과정에서 발달된다. 그러므로 아이들이 그들의 도덕지능을 개발하기 위해서는 그들이 목격하는 어른들의 행동이 도덕적으로 모범이 되어야 한다. 아이들은 본 대로 배우고 행동한다. 어른들의 삶과 행동이 아이들에게 도덕적으로 모범이 되지 않고서 아이들이 도덕적 인간으로 성장하기를 바랄 수는 없다.

콜스가 제시하는 또 다른 도덕지능 개발을 위한 방법은 문학작품 등의 이야기를 활용하는 것이다. 문학작품은 읽을거리로 제공될 수도 있고, 부모나 교사가 들려줄 수도 있으며, 영화 등을 통해 제공될 수도 있다. 도덕지능 개발을 위해 이야기를 활용하는 것은, 그러한 이야기는 목격을 대신하여 아이들의 도덕적 상상을 자극하는 효과가 있기 때문이다. 이야기를 활용하는 방법에는 이야기를 들려주거나 읽게 하거나 영화 등을 감상케 한 다음에 그러한 이야기에 대해 토의하고 논의하며 글 쓰게 하는 것 등이 있다.

유아기의 아이들은 목격과 상상이 작용하는 '돼.'와 '안 돼.'를 배워야 한다. 아동기의 아이들도 목격과 상상을 통해 다른 사람과 사이좋게 지내는 방법을 배워야 한다. 청소년기의 아이들도 목격과 상상을 통해 새로운 능력과 열망을 가지게 되는 그들의 몸을 어떻게 대할 것인가에 대해 배워야 한다. 친구, 광고, 배우, 아나운서, 가수, 운동선수 등에 의해 항상 그들에게 부과되고 있는 여러 가지 관심과 선호와 태도를 어떻게 대할 것인가에 대해서도 배워야 한다.

콜스의 도덕교육은 한마디로 '목격에 기초한 상상을 통해 다른 사람(들)이 세상을 보는 대로 볼 수 있는 능력, 즉 도덕지능을 개발하는 일'이다. 여기서 '상상하고' '다른 사람(들)이 세상을 보는 대로 보는' 데서 인지적 측면이 일부 작용한다고 볼 수도 있다. 그러나 콜스가 말하는 도덕지능 개발의 기본적 원리는 '목격에 기초한 상상'이다. 그러므로 무엇보다도 중요한 것은 '무엇을 목격했는가.'다. 목격의 대상은 구체적인 사실, 즉 행동이다. 일상생활 속에서 아이들은 어른들의 도덕적 행동을 목격한다. 그리고 그들이 도덕적 사태에 처하게 되면, 과거에 목격했던 어른들의 행동을 상상하여 그 행동을 따라 한다. 여기서 작용하는 기본원리는 결국 행동의 모방이다. 이러한 맥락에서 콜스는 부모나 교사가 할 수 있는 최선의 도덕교육은 아이들에게 도덕적 행동의 모범을 보이는 것이라고 말한다.

3 행동주의의 사회학습 도덕교육사상*

사회학습이론은 행동주의 심리학에서 개발된 학습이론의 산물이다. 사회학습이론은 프로이트 등에 의해 관찰된 발달현상의 일부를 행동주의의 학습이론으로 설명함으로써 학습이론을 연장·확대하는 인간발달이론의 체계화를 시도했다. 시버(Sieber, 1980)는 이처럼 행동주의의 학습이론이 연장·확대된 인간발달이론을 사회학습이론으로 본다(p. 130). 이러한 사회학습이론은 고전적 조건화와 조작적(도구적) 조건화를 중심으로 하는 학습이론의 기본 개념과 용어를 그대로 사용하여 행동주의 도덕교육사상을 수립했다.

* 이 장은 필자의 『현대 도덕교육론』(2008) 제4장 '사회학습 이론과 도덕교육' (pp. 103-136)에서 발췌·요약하면서 일부 수정·보완한 것이다.

1. 조건화 이론

이 절에서는 고전적 조건화 이론과 조작적 조건화 이론을 콜레스닉(W. B. Kolesnik)의 『학습: 교육에의 적용(*Learning: Educational Applications*)』(1976)에서 발췌·요약하여 살펴본다.

1) 고전적 조건화 이론

고전적 조건화는 본질적으로 자극과 자극을 짝지어 양자 사이에 특정한 연상(聯想)이 이루어지게 하는 일이다. 이 이론의 원형은 조건반사에 관한 파블로프(Ivan Pavlov)의 실험 연구다.

(1) 파블로프와 그의 개

파블로프는 1904년에 노벨 의학상을 받은 러시아의 생리학자다. 그는 동물의 소화과정에 관한 연구를 하던 중 실험실에 있는 개에게 '음식'을 가지고 접근했을 때 개가 '침을 흘리는 것'을 발견했다. 이러한 자극(음식)과 반응(침 흘림)은 행동 심리학적 용어로 말하면 '무조건적'이다. 그는 개에게 음식을 제시하기에 앞서 두어 번 종소리를 울렸다. 이때 개는 음식에 대해서는 침을 흘렸으나 종소리에 대해서는 침을 흘리지 않았다. 음식의 제시와 함께 종소리를 십여 차례 들려준 다음에 음식의 제시 없이 종소리만 제시했다. 이때 개는 종소리에 대해서도 침을 흘렸다. 개는 종소리라는 조건자극에 타액 분비라는 조건반응을 보였다. 즉, 개에게 학습이 이루어졌다.

콜레스닉(1976)은 파블로프의 조건반응에 관한 발견은 동물실험에서 이끌어진 것이기는 하나, 그 원리가 인간의 학습에도 적용될 수 있다고 생각한다. 특정한 반응과 관련해서 중립적이던 자극이 그 반응을 이끌어 내는 자극과 자주 연합되면, 본래 중립적이던 자극 자체가 그 반응을 이끌어 내게 된다. 그러므로 그 원리는 연상, 조건반응, 행동학습이론에 대한 하나의 초석(礎石)이 되었다(p. 49). 조건반응이 일어난 다음에 조건자극이 새로운 조건반응을 일으키는 무조건 자극으로 작용할 수 있다. 예를 들면, 개가 음식의 제시 없이 종소리와 같은 청각자극에 반응하여 침을 흘리는 것이 학습된 다음에, 검은 네모꼴과 같은 시각자극을 보여 줌과 동시에 종소리를 울린다. 이 같은 짝짓기 제시를 여러 차례 반복하면, 그 검은 네모꼴도 처음에 음식이, 그다음에 종소리가 이끌어 냈던 것과 똑같은 타액 분비 반응을 이끌어 낸다. 아마도 그 개에게는 다음에는 녹색 네모꼴에, 그다음에는 녹색이라는 말에 그리고 그다음에는 "침을 흘려라."라는 명령에 반응해서 침을 흘리는 조건화가 이루어질 수 있을 것이다.

한편 파블로프는 무조건 자극(음식)의 제시 없이 조건자극(종소리)만 여러 차례 제시하면 개의 타액 분비가 감소되는 것과 이를 십여 차례 이상 계속하면 전혀 타액 분비 현상이 일어나지 않는 것도 발견했다. 이것이 바로 조건반응의 소거(消去) 현상이다. 그는 또한 비슷한 자극에 일반화 반응을 보이고, 상이한 자극에 변별반응을 보이는 조건화도 발견했다.

파블로프의 기본적 원리는 왜 개가 먹이 깡통을 따는 깡통 따개의 소리만 들어도 침을 흘리는가를 설명해 준다. 어떻게 개가 여러 종류의 음식, 소리, 음성 또는 그 밖의 자극에 다르게 반응하는 학습을 할 수 있는가를 설명해 준다. 이는 개나 다른 동물들에게 특수한 명령을 수행할 수 있게 하는 교수방법을 시사해 준다.

그렇다면 파블로프의 기본적 원리와 인간의 학습의 관계는 어떠한가? 이를 위해서는 왓슨(J. B. Watson)의 연구를 살펴볼 필요가 있다.

(2) 왓슨과 그의 쥐

1920년대 초 왓슨은 파블로프의 원리를 인간의 정서학습에 적용하기 시작했다. 행동주의 심리학의 창시자로 불리는 왓슨은 11개월 된 유아 앨버트(Albert)에게 쥐를 두려워하게 하는 조건화 실험을 시행했다. 앨버트에게 처음으로 쥐를 주고 함께 놀게 했을 때, 그가 쥐에 대해 보여 준 반응은 중립적이었다. 그는 이 실험에 앞서 앨버트가 시끄러운 큰 소리에 갑자기 노출되었을 때 놀라 '불평하듯 울먹이는 것(whimpering)'을 관찰한 일이 있었다. 물론 이러한 놀람은 학습되지 않은 무의식적인 반사적(反射的) 반응이었다. 왓슨은 실험의 일환으로 앨버트가 쥐를 만지려는 순간에 망치로 쇳조각을 두들겼다. 이 같은 일을 여러 차례 반복했을 때 앨버트는 쥐에 대해서도 불평하듯 울먹이는 반응을 보였다. 즉, 왓슨은 앨버트에게 쥐를 두려워하게 하는 학습을 가능케 했다.

이러한 '교수' 가능성과 방법을 실험한 후, 왓슨은 같은 방법으로 아이들이 무엇이든 두려워하도록 조건화시킬 수 있다고 생각하게 되었다. 이처럼 아이들이 어떤 것을 두려워하도록 조건화시킬 수 있다면, 같은 방법으로 어떤 것을 미워하도록, 거절하도록 또는 접근하도록 조건화시킬 수 있다는 것이 왓슨의 생각이었다. 다시 말하면, 왓슨은 이러한 방법에 의해 그것이 무엇이든 원하는 대로 조건화시킬 수 있다고 생각했다. 콜레스닉(1976)은 우리는 좋아하든 싫어하든 파블로프의 개가 종소리에 반응하여 침을 흘리고, 앨버트가 쥐를 두려워하게 되는 식으로 학습한다고 말한다(p. 51).

(3) 정서학습

고전적 조건화는 좋아함이나 싫어함, 두려움이나 불안 등과 같은 정서적 색조를 띤 학습 현상을 설명해 줄 수 있다. 예를 들면, 우리는 어떤 노래를 좋아하거나 싫어할 수 있다. 이는 그 노래 자체가 가지고 있는 어떤 질적 특성 때문이기보다는 그 노래로 인해 연상되는 어떤 즐거움이나 불쾌한 경험 때문일 수 있다. 마찬가지로 어떤 사람 또는 어떤 부류의 사람들에 대한 우리의 긍정적이거나 부정적인 태도도 주로 조건화된 연합에 의해 획득된 것일 수 있다. 예를 들면, 우리는 X유형의 사람은 선한 사람, Y유형의 사람은 악한 사람으로 관련지어 생각하도록 교육받았을지도 모른다. 또는 주로 자신의 경험에 기초해서 그러한 연합을 형성했을지도 모른다. 어떻든 간에 우리는 Y유형의 사람을 볼 때, 심지어 이름만 들어도 악이나 회피자극에 반응하듯 반응하는 경향이 있다.

또 다른 예로, 그 자체로서는 전혀 해롭지 않은 어떤 대상이나 사태, 즉 우리가 뱀을 보고 놀라 물러선다든가 무서워하는 것은 모방을 통해 학습된 반응이다. 해가 없다고 알고 있는 뱀을 보고 도망을 간다든가 비명소리를 내는 것은 비록 그것이 모방된 것이라 하더라도 여전히 조건반응의 예가 된다. 우리에게 그러한 행동을 하게 하는 것은 뱀 자체가 아니라 뱀을 보고 도망가는 사람들에 대한 우리의 회상 때문이다.

대부분의 두려움이 조건화를 통해 학습되는 것과 같이 역조건화(逆條件化), 즉 둔감화(鈍感化, desensitization)를 통해 두려움을 극복하거나 적어도 완화할 수 있다. 역조건화는 소거하려는 행동과 양립할 수 없는 방식으로 행동하도록 조건화하는 과정이다. 둔감화는 두려워하고 있는 사물에 대한 노출과 내성(耐性, tolerance)을 점차 증가시킴으로써 어떤 대상이나 사태에 대한 두려움이나 불안을 약화시키는 과정이다. 예를 들면, 뱀을 두려워하는 사람에게 처음에는 상당한 거리를 두고 뱀을 보여 준다. 이어서 그가 긴장을 풀고 다른 점에서 편안해하며 무엇인가 즐거워하고 있는 동안에 점차 단계적으로 보다 가까이에서 뱀을 보여 준다. 이러한 방법은 뱀을 두려워하는 사람이 서서히 뱀에 접근하는 상상을 할 수 있게 해 준다.

왓슨의 제자 중의 한 사람은 아이에게 토끼를 두려워하도록 조건화한 후, 토끼를 두려워하지 않게 역조건화하는 데 그치지 않고 좋아하게도 역조건화했다. 이 실험에서는 토끼의 제시에 수반되는 크고 갑작스러운 시끄러움 대신에 아이가 토끼에게 더 가까이 접근할수록 사탕을 주었다. 같은 원리에 기초한 비슷한 방법이 두려움이나 공포 극복의 학습에 비교적 성공적으로 사용되었다. 이 원리와 방법은 일부의 사람들에 의해, 그들이 원하는 것을 다른 사람들이 원하도록 또는 거부하도록 '만드는' 일을 직업으로 하는 사람들에 의해서도 사용되었다(Kolesnik, 1976, p. 53).

2) 조작적 조건화 이론

조작적(도구적) 조건화 이론과 밀접하게 연상되는 사람은 스키너(B. F. Skinner)다. 그의 심리학 체계는 조작적 조건화 개념에 기초하고 있다. 그는 다른 어떤 사람보다도 이 개념을 보급하는 데 기여했다. 그러나 그는 그 과정에서 많은 사람들에게 반감을 샀다. 그의 철학은 인간의 자유와 존엄성을 부인하는 것으로 해석될 수 있을 뿐 아니라 미래의 문명도 인간이나 인간의 행동을 '프로그래밍(programming)'이라는 조작적 조건화 기술에 의해 어떻게 체계적으로 조작·통제하느냐에 달려 있다고 해석되기 때문이다. 그러나 콜레스닉(1976)은 대부분의 인간 학습이 조작적 조건화의 결과라는 점을 인정하는 것과 인간본성에 관한 스키너의 철학적 가정을 받아들이는 것은 별개의 문제로 보아야 한다고 말한다(p. 55).

스키너 학파는 모든 학습은 조작적 조건화와 관련해서 설명될 수 있다고 주장한다. 그러나 우리의 학습된 행동 모두가 조작적 조건화에 의해 설명될 수 있다고 보기는 어렵다. 콜레스닉(1976)은 조작적 조건화가 모방, 시행착오, 고전적 조건화 등과 함께 사용되면 인간 학습의 많은 부분을 설명해 줄 수 있을 것이라고 말한다. 형식적이고 의도적인 교수활동에서는 더욱 그러할 것으로 생각한다. 그는 또한 여러 가지 학습 방법 중에 조작적 조건화 접근이 가장 널리 적용될 수 있을 뿐 아니라 교사의 과업과 관련해서도 가장 밀접하게 관련되어 있다고 본다(p. 55).

(1) 자발적 행동

고전적 조건화는 우리가 학습한 여러 가지 자동적·비자발적 반응을 설명해 준다. 고전적 조건화는, 예를 들면 '거북선'이라는 말을 들을 때마다 '이순신'을 생각나게 하는 현상을 설명해 준다. 이에 비해 조작적 조건화는 자발적 행동을 설명하는 데 보다 유용하다. 즉, '임진왜란'에 관한 책을 읽고 이순신을 훌륭한 사람이라고 말한다. 다른 사람이 '한산대첩'에 대해 말할 때 경청한다. 또는 한산도를 직접 방문한다. 그렇게 함으로써 보상을 받을 수 있다고 기대하기 때문이다. 또는 과거에 이 같은 행동으로 인해 보상을 받은 일이 있기 때문이다. 그것이 예상된 것이든 기억된 것이든, 실제의 보상은 내가 하고 있는 일을 왜 하고 있는가와 그것을 어떻게 학습했는가를 설명해 준다.

'조작적'이라는 말은 강화를 이끌어 내기 위해 환경에 작용하는 어떠한 행동에도 해당된다. 이 말은 한 사람의 단순 반사행동에 대비되는 그의 자발적 행동을 의미한다. 어떤 사람이 그의 이름을 쓰고, 책을 읽으며, 피아노를 치고, 2+5=7이라고 말하는 등 의도적으로 하는 어떤 행동도 조작적일 수 있다. 조작적 조건화의 기본원리에 의하면, 학습의 필요조건은 두 가지 뿐이다. 반응이 있어야 하고, (그 반응에 이어) 적극적 강화가 수반되어야 한다. 고전적 조건화는 '특정한 반응을 왜 그리고 어떻게 하게 되는가.'를 설명해 주는 데 비해, 조작적 조건화는 '그러한 반응을 왜 지속하게 되는가.'를 설명해 준다.

(2) 원하는 행동과 원하지 않는 행동

우리가 학습한 것들 가운데 대부분은 체계적이고 의도적인 교수의 결과다. 우리가 학교 교사이든, 교사의 역할을 하는 부모이든, 또는 광고주나 신문 기고가(寄稿家)이든, 우리는 이러저러한 방식으로 사람들의 행동을 변화시키려 노력한다. 사실상 가르친다는 것은 행동수정을 위한 실제의 노력으로 볼 수 있다. 학생들의 행동을 변화 또는 수정하려는 노력으로서의 교수 개념의 측면에서 볼 때, 이러한 행동의 종류에는 두 가지가 있다. 하나는 '원하는 행동(반응)'이다. 교사는 그의 학생들이 공부를 잘하기를 바라고 원한다. 하지만 이러한 행동은 학습자가 원하고 바라는 것이기보다는 교사가 원하고 바라는 것이다. 다른 하나는 '원하지 않는 행동(반응)'이다. 이는 교사나 부모가 제거하기를 원하는(적어도 감소시키기를 원하는) 행동이다. 이러한 행동에는 실수나 오해, 반사회적 행위, 나쁜 습관, 불건전한 태도, 자신이나 타인에게 해로운 것 등이 있다.

조작적 조건화의 기본원리는 보상을 함으로써 원하는 행동을 하도록 학습하게 하고, 보상을 하지 않거나 벌을 줌으로써 원하지 않는 행동을 하지 않도록 학습하게 하는 것이다.

(3) 효과의 법칙

조작적 조건화는 고전적 조건화뿐 아니라 효과의 법칙에도 상당할 정도로 기초하고 있다. 효과의 법칙은 20세기 초에 손다이크(E. Thorndike)에 의해 수립되었다. 효과의 법칙이란 즐거운 결과가 수반되는 행동은 반복되기 쉽고 그리하여 학습되는 반면, 불쾌한 결과가 수반되는 행동은 회피되기 쉽고 그리하여 학습되지 않는다는 것이다. 이러한 효과의 법칙은 유인(誘因), 반응, 보상체제 등 학습의 필수조건으로서의 유용성을 설명해 준다. 이 법칙은 결과에 의해 행동이 형성되는 행동수정의 기본 원리에 기초되어 있다. 효과의 법칙은 즐거운(유쾌한) 결과를 가져다주는 경험(행동)은 그렇지 않은 것보다 새로 학습된 행동의 촉진에 있어서 훨씬 더 도구적임을 설명해 준다.

(4) 적극적 강화

적극적 강화(positive reinforcement)는 조작적 조건화의 중심 개념이다. 이는 조작적 조건화와 고전적 조건화를 구별해 주는 중심 개념이기도 하다. 적극적 강화는 원하는 행동의 반복 가능성을 증가시키는 특정한 행동의 결과, 즉 효과를 가리킨다. 적극적 강화는 모종의 보상을 함의한다. 고전적 조건화에서 행동의 결과는 그 행동의 학습에 관해서는 관계도 없고 필요하지도 않다. 이에 비해 조작적 조건화에서는 행동의 결과가 중요하다. 콜레스닉(1976)은 반응에 후행하는 강화자극이 선행하는 변별자극보다 훨씬 더 강하다고 본다(p. 58).

강화가 실제로 어떻게 작용하는가를 살펴보자. 당신이 난생처음 어떤 일을 해냈다고 생각해 보자. 그 이유는 문제가 되지 않는다. 당신은 세종대왕이 훈민정음을 제정했다고 말했다. 또는 6×7=42라고 말했다. 또는 어떤 사람에게 친절했다. 또는 축구 경기를 보러 갔다. 아마도 당신은 모방으로 인해 이러한 행위를 했을 수도 있다. 또는 시행착오를 통해 했을 수도 있다. 그러나 그것이 모방이냐 시행착오냐 또는 조건화냐는 문제가 되지 않는다. 문제가 되는 것은 어찌 되었건 '결과가 유쾌했는가 또는 보상받았는가.'다. 그리하여 그러한 행위를 '다시 했는가.'다. 중요한 것은 당신의 행동이 '적극적 강화를 받았는가.' 그리하여 특정한 행위 방식이 마침내 '습관이 되었는가.'다.

아마도 우리는 이 같은 방식으로 정신 운동적 · 지적 기술, 언어 능력, 태도 · 가치 · 신념 · 관심 그리고 지식 및 그 밖의 것들을 학습했을 것이다.

(5) 강화인의 다양성

학습 이론가들에 의하면, 대부분의 인간 행동은 학습된 것이다. 그리고 대부분의 학습 형태에서 가장 중요한 요소 중의 하나는 강화 내지 강화인(强化因, reinforcers)이다. 하지만 주어진 사태에서 특정한 강화인의 본질이 정확하게 무엇인가가 항상 분명한 것은 아니다. 일반적인 예로는, 음식 · 돈(또는 돈으로 살 수 있는 것), 부모 · 교사 · 친구 · 고용주 등에게서의 인정 · 칭찬 · 관심 · 배려, 긴장 · 불안의 감소나 제거, 힘 있거나 중요하다는 느낌, 온화한 내적 기쁨 등을 들 수 있다. 학생의 과업과 관련해서는 좋은 점수나 성적표, 여러 가지 상(賞) 등을 들 수 있다.

강화인은 크게 일차적인 것과 이차적인 것으로 구별할 수 있는데, 일차적 강화인은 무조건적인 것으로 생명 유지 자체에 본질이 되는 음식이나 물과 같은 것이다. 이 같은 생리적 자극으로서의 강화력은 학습된 것이기보다는 자연적인 것이다. 그러나 대부분의 강화인은 이차적, 즉 조건화된 것이다. 이차적 강화인은 강화력을 일차적 강화인과의 연합이나 대체에 의해 습득한다. 엄마가 아기에게 젖을 먹일 때 젖은 일차적 강화인으로 작용하는 데 비해 미소는 이차적 강화인으로 작용한다. 고전적 조건화 절차를 통해 말[言語]이 미소로, 태도나 대상이 말로 대체될 수 있다. 이론상으로는 개인에게 가치 있는 것은 그것이 무엇이든 이차적 강화인이 될 수 있다.

교사(부모)의 가장 중요한 기능 중의 하나는 적절하고 때맞춘 강화다. 그러나 콜레스닉(1976)에 의하면, 한 사람에게 강화로 작용하는 것이 항상, 반드시, 그리고 같은 정도로 다른 사람에게 강화로 작용하는 것은 아니다.

(6) 소극적 강화

조작적 조건화 개념에서 교수는 본질적으로 원하는 행동(반응)을 이끌어 내고, 원하지 않는 행동(반응)을 감소 또는 제거하는 일이다. 이러한 행동 변화를 이끌어 낼 수 있는 기본적 방법에는 적극적 강화, 소극적 강화, 그리고 벌이 있다.

적극적 강화와 마찬가지로 소극적 강화(negative reinforcement) 역시 다른 사람이 원하는 행동을 자발적으로 함으로써 그것의 확률을 증가시키는 대상, 사건, 사태와 관련된다. 그러나 소극적 강화는 불쾌한 결과의 회피, 즉 혐오자극을 종식시키는 것이 목적이다. 그러므로 소극적 강화는 혐오사태에서의 회피(해방)가 강화로 작용한다. 예를 들면, 어떤 사람이 무더운 여름에 시가지를 걸어가다가 더위를 피하기 위해 냉방이 잘된 극장에 들어가서 영화를 본다면, 그를 기분 좋게 하는 것은 영화 감상이기보다는 불쾌한 더위에서의 회피다.

소극적 강화는 벌이나 벌의 위협과 함께 때로 혐오 통제에 해당된다. 소극적 강화는 주로 우리가 직접 행하지는 않았으나 실제로 발생한 사실인 어떤 불쾌한 결과를 회피하기 위해 하는 행동을 설명해 준다. 소극적 강화는 두 개의 혐오자극 가운데 혐오가 더 적은 것을 선택하는 것과도 같다. 예를 들면, 어떤 아이가 식후에 이를 닦지 않으면 엄마에게 꾸지람을 듣는다. 그는 꾸지람을 회피하기 위해 이를 닦는다. 엄마의 꾸지람인 혐오자극에서의 해방이 강화로 작용하기 때문이다. 고등학교 3학년 학생이 열심히 공부한다. 공부하는 것이 즐거워서라기보다는 대학 입학시험에서의 불합격이 가져다주는 불쾌를 회피하기 위해서다.

(7) 벌

행동심리학적 용어로 사용되는 벌(罰, punishment)은 콜레스닉(1976)에 의하면 일반적으로 사용되는 벌의 의미와 같지 않다(p. 62). 전자의 벌은 일탈되거나 원하지 않는 행동을 변화시키는 방법으로서의 의미이므로 보복이나 복수의 의미가 내포되어 있지 않다.

소극적 강화와 벌의 경계는 다소 미묘하다. 전자는 반응의 확률을 증가시키고 후자는 감소시킨다는 점에서는 차이가 있으나, 양자 모두 혐오자극의 회피를 목적으로 한다는 점에서는 같다. 소극적 강화는 불쾌한 결과를 회피하기 위해 무엇인가를 하는 행동과 관련되는 데 비해, 벌은 불쾌한 결과를 회피하기 위해 특정한 방식으로 하지 않는 행동과 관련된다. 일반적으로 불쾌한 결과는 어떤 유형의 신체적이거나 심리적인 고통, 즉 혐오자극이나 적극적 강화인의 취소, 유보, 박탈 등을 수반한다.

벌이 일상생활에서 어떻게 작용하는가를 살펴보자. 예를 들면, 당신이 지금까지와는 달리 이제부터 사람들에게 친절해야겠다고 다짐한 후, 만나는 사람에게마다 친절하게 "안녕하세요."라고 인사를 한다고 하자. 그러나 당신의 친절한 인사에 사람들이 친절하게 답례를 하기는커녕 당신의 인사가 무시되거나 당신을 이상한 눈초리로 쳐다보거나 심지어 욕을 하는 사람도 있다면, 당신은 사람들에게 계속해서 "안녕하세요."라는 인사를 하기 어려울 것이다. 즉, 당신은 무시받는 등의 불쾌한 결과를 회피하기 위해 더 이상 그들에게 "안녕하세요."라는 특정한 방식의 행동을 하지 않을 것이다. 여기서는 당신의 친절한 인사에 대한 사람들의 무시, 이상한 눈초리 등이 벌로 작용한 것이다.

다른 예로, 영국의 수도가 어디냐는 교사의 질문에 한 학생이 로마라고 답했다고 하자. 이러한 틀린 답에 대해 그는 모욕을 당했고, 바보라는 소리를 들었으며, 어떤 유형의 고통이나 박탈을 경험했다. 이로 인해 그에게는 유사한 혐오자극을 회피하기 위해 다시는 그러한 특정의 잘못을 하지 않을 것이 기대되었다. 하지만 그가 나중에 또 영국의 수도가 어디냐는 질문을 받게 되면, 그는 파리 또는 모스코바라고 답할는지 모른다. 실제로 그가 할 수 있는 이러한 잘못된 대답은 끝이 없을 것이다. 이는 벌에 의해서는 원하는 반응의 학습이 이루어질 수 없음을 뜻한다.

어떤 학생에게 불쾌한 결과를 회피하기 위해 정답을 제시하는 학습이 이루어졌다면, 그것은 벌이 아닌 소극적 강화가 작용한 것이다. 그러나 보상을 받았거나 보상이 기대되기 때문에 원하는 태도의 반응을 보였다면, 그 학습은 적극적 강화가 작용한 것이다. 하지만 이러한 구별은 지극히 이론적인 면이 있다. 구체적인 사태에서는 적극적 강화, 소극적 강화, 그리고 벌이 모두 수반될 수 있다. 학습의 촉진 방법으로 가장 효과적인 것은 적극적 강화다. 그다음이 소극적 강화이고, 벌은 효과가 가장 적다.

(8) 소거

고전적 조건화에서 살펴본 바와 같이 조건자극과 조건반응 사이에 연합이 이루어졌다고 해서 그것이 영원히 지속되는 것은 아니다. 조건반응이라 하더라도 무조건 자극의 제시 없이 조건자극만 제시되면, 그러한 조건반응이 사라지는 소거(消去, extinction) 현상이 일어나기 때문이다. 조작적 조건화에서도 반응에 강화가 수반되지 않으면 소거 현상이 일어난다. 예를 들면, 어떤 학생이 교사(부모)가 원하지 않는 행동을 했으나 오히려 그러한 행동이 동료나 교사에게 주의를 끌거나 관심의 대상이 되었다면, 이러한 것이 실제로 적극적 강화로 작용하는 경우가 있다. 하지만 그러한 그의 행동이 더 이상 동료나 교사에게 관심을 받지 못하고 무시된다면(강화를 받지 못한다면), 그의 행동은 지속되기 어려울 것이다.

물론 잘못된 행동을 무시하는 것이 항상 가능하거나 바람직한 것은 아니다. 더욱이 교사는 잘못된 행동을 하는 아동이 그의 또래들에게서 받는 강화를 통제할 수 없을지도 모른다. 이 경우 우리는 그가 원하지 않는 행동을 하지 못하도록 그에게 어떤 유형의 벌의 위협을 가할 필요가 있다. 하지만 벌이나 위협이 아이들의 행동을 바로잡는 데 반드시 필요하고 바람직하거나 효과적인 것은 아니다. 그리고 영원한 소거가 일어나는 것도 아니다. 콜레스닉(1976)은 원하지 않는 행동을 감소시킬 수 있는 보다 효과적인 방법은(비록 소거시킬 수는 없다 하더라도) 원하는 행동을 보상하거나 원하지 않는 행동과 양립할 수 없는 종류의 행동을 강화하는 것이라고 말한다(p. 65).

(9) 일반화와 변별화

조작적 조건화나 고전적 조건화 또는 양자의 결합을 통해 학습된 행동은 일반화와 변별화 과정을 통해 이루어진다. 이러한 과정은 우리가 특별히 교수를 받은 일은 없지만 여러 가지 알고 있는 사실을 설명해 줄 수 있다. 특정한 자극에 특정한 방식으로 반응하는 것을 학습한 사람은 비슷한 자극에도 같은 방식으로 반응하는 경향이 있다. 아버지를 '아빠'라고 부를 때 강화 받은 아이는 모든 성인 남자를 '아빠'라고 부르는 경향이 있다. 독사에 놀란 일이 있는 사람은 모든 종류의 뱀에 겁먹는 반응을 보이는 경향이 있다. 이처럼 우리가 경험하는 자극, 보여 주는 반응, 그리고 이러한 반응에 수반되는 유쾌한 또는 불쾌한 결과는 새로운 사태에 전이될 수 있다. 이러한 것이 바로 일반화 현상이다.

변별화는 일반화와 대비되는 현상이다. 아이는 선별적 강화를 통해 마침내 그의 아버지와 다른 남자들을 구별하는 것을 학습한다. 아이들은 운동장에서 뛰고 공을 차는 것은 보상받지만, 교실에서 그렇게 하는 것은 허용되지 않는다는 것을 발견(학습)한다. 시행착오, 모방과 함께 주로 변별적 강화를 통해 '모든 뱀이 다 위험한 것은 아니다.' '어떤 사람은 다른 사람보다 더 신뢰할 수 있다.'는 것을 학습한다.

2. 도덕교육사상

사회학습이론은 사람들이 사회 환경에서 어떻게 새로운 행동방식을 학습하는가를 예측하고 설명하는 데 필요한 모든 개념과 현상을 다룬다. 그러나 일차적으로는 학습 현상을 다룬다. 이러한 사회학습이론이 유용한 도덕교육이론이 되기 위해서는 자극을 중재하고 반응을 일으키는 인간 유기체의 여러 가지 특성들, 즉 상징적 · 언어적 활동, 인성 특성, 신체적 · 생물적 · 기질적 특성, 신체적 · 심리적 발달 단계 등을 설명할 수 있어야 한다(Sieber, 1980, p. 130).

1) 정서 발달의 원리와 도덕교육사상

신생아의 정서는 단 한 가지 차원에서 변화가 있을 뿐이다. 즉, 평온하다가 흥분하고, 흥분하다가 또 다시 평온해진다(Bridges, 1930). 유아는 생후 6개월이 되어서야 두려움을 개발하기 시작한다. 이때쯤이면 다른 사람의 정서 상태, 즉 웃음과 찡그림의 차이에 민감해한다. 9개월쯤이면 누가 그의 부모인가를, 즉 누가 돌보아 주는 사람인가를 알게 된다. 또한 낯선 사람을 두려워하기 시작한다. 유아가 부모나 다른 사람을 의식하고 반응을 보이는 정도는 그가 받는 돌봄과 관심의 양에 달려 있다(Gibson, 1969).

학대받는 아이나 고아원에 있는 아이들은 6개월쯤 되면 돌보아 달라고 또는 관심을 보여 달라고 울지도 않을 뿐 아니라 표정도 없고 수동적이 된다(Spitz & Wolf, 1946). 이러한 아이들은 사람들을 보고도 본 체도 하지 않으며 낯선 사람을 두려워하지도 않는다. 이들은 불만에 화도 내지 않고 반응하며, 저항 없이 운다. 이들은 언어 발달에서도 지연(遲延) 현상을 보인다(Provence & Lipton, 1962).

이와는 달리 애정 어린 돌봄과 관심을 받는 아이는 엄마와의 관계에서 강력한 정서적 애착을 개발한다. 이러한 아이는 음식,

안락, 다정함, 양육 등이 엄마와 연합되어 있음을 알고, 엄마가 보이지 않으면 그의 고통을 분명하게 표시한다. 사랑받는 아이는 그의 욕구가 충족되도록 요구하는 효과적인 방법을 학습한다. 책임 있는 부모는 그러한 요구를 충족시키는 합리적이고 신뢰하는 방법을 발견한다. 이러한 아이는 그의 욕구 표현이 무시되지도 벌 받지도 않는다(Sieber, 1980, pp. 132-133).

유아는 두 살이 되면서부터 다른 사람들과 접촉하기 시작한다. 유아가 다른 사람과 새로운 사태에 접촉할 수 있도록 그에게 적절한 정도의 자유를 허용할 뿐 아니라, 그에게 욕구가 발생하면 그것을 만족시켜 주기 위해 부모가 항상 곁에 있다고 그를 안심시켜 주는 부모는 그에게 자신감, 자발성, 자율성 등과 관련된 정서적 기초를 형성시켜 줄 수 있다. 유아가 다른 사람들의 정서와 감정을 의식하고, 사랑과 인정 있는 성인을 관찰하며 모방하는 기회는 도덕성 계발에 기초가 된다. 자녀들이 부모의 사랑에 기꺼이 머물 수 있도록 부모가 그들에게 베푸는 너그러운 일관성은 도덕성 계발에 필수적이다. 이러한 부모의 태도는 자녀들이 잘못을 후회할 때 마음의 상처 없이, 그리고 지체 없이 부모의 사랑으로 쉽게 되돌아갈 수 있게 해 준다.

정서적 애착이 보다 넓은 형태의 욕구 및 행동으로 발전할 때, 이를 '의존'이라고 한다. 의존은 일차적 보호 관리자인 부모는 물론 그 밖의 사람들에게서 양육 · 도움 · 보호 · 안락 · 사랑받기를 원하는 욕구다. 두 살 된 건강한 아이는 일반적으로 주위의 성인들에게서 관심 · 도움 · 인정 · 안심 · 애정 등을 추구한다. 성인과의 분리에 저항한다. 그러나 유아가 추구하는 성인에게서의 관심은 성인의 입장에서 볼 때는 귀찮고 불편한 것일 수 있다.

시버(1980)는 이 경우에 유아의 행동을 합리적으로 처리하는 것이 바람직하다고 말한다. 정서적 의존 자체를 벌하는 것은 유아에게 해로울 수 있기 때문이다. 유아는 그의 의존성이 무시되거나 벌을 받으면 의존적 행동을 억압하는 경향이 있다. 한편으로는 불안을 경험한다. 이러한 불안 경향성은 생애에 걸쳐 지속되기 쉽다. 특히 성취가 기대되는 사태에서 더욱 그러하다(p. 133). 시어즈, 맥코비, 레빈(Sears, Maccoby, & Levin, 1957)에 의하면, 아동의 의존성이 먼저 벌을 받고 그다음에 결국 요구된 관심이나 도움이 주어지는 것 역시 바람직하지 않다. 이 경우에는 의존성의 수준이 더 높아지기 때문이다.

시버(1980)는 안정되고 능력 있는 사랑을 가진 부모는 자녀들이 습득하기를 원하고 관찰하기에 즐거운 여러 가지 특성을 가지고 있다고 말한다. 아이들은 따뜻하고 능력 있으며 애정 있는 부모를 쉽게 동일시한다. 자녀들은 부모를 관찰하고 모방한다. 그들은 이러한 관계와 모방에서 안정감을 얻는다. 나중에 그들은 이러한 과정에서 습득한 기술을 독립적으로 사용함으로써 자신감을 얻는다(p. 134).

2) 행동 통제의 내면화와 도덕교육사상

시버(1980)는 해로운 행동을 억제하고 이로운 행동(타인의 복지)을 촉진하는 것을 도덕적 행동으로 본다. 그러므로 도덕성이란 행동 통제가 내면화된 상태다. 행동 통제가 내면화된 행동적 증거는 강화인의 제시 없이도 반복된 통제를 보여 주는 것이다. 예를 들면, 다섯 살 된 오빠가 부모의 부재 시에도 세 살 된 동생과 계속해서 사탕을 나누어 먹으면 행동 통제가 내면화된 것으로 볼 수 있다.

그러나 내면화된 통제들 간에도 상충이 일어나는 이른바 도덕적 딜레마가 발생할 수 있다. 예를 들면, 거짓말을 해야 할까, 아니면 정직하게 사실을 말함으로써 타인의 감정을 상하게 해야 할까 같은 경우다. 아이들이 성장함에 따라 내면화해야 하는 것에는 통제뿐 아니라 이에 우선하는 그리하여 딜레마의 해결을 지시하는 도덕원리도 있다.

시버(1980)는 내적 행동 통제와 외적 행동 통제를 엄격하게 구별하기보다는 연속적인 것으로 본다(p. 138). 하트숀, 메이, 셔틀워스(Hartshorne, May, & Shuttleworth, 1930)에 의하면, 도덕적 지식 및 의견에 관한 아동들의 시험점수는 그 시험이 어디에서, 즉 집, 교회 또는 학교에서 실시되느냐에 따라 달라진다. 아동들은 일정하게 일반화된 도덕규범을 가지고 있지 않으며, 그 의견은 상황에 따라 달라진다(pp. 107-108). 그러나 시버(1980)는 행동 통제가 내면화된 사람은 사회·도덕적 행위에 대해 환상을 가지는 사람이 아닌 사고의 능력을 가진 사람이며, 사회·도덕적 규범을 단순히 지지만 하고 행동은 하지 않는 그러한 사람이 아닌, 실제로 다른 사람에게 이익이 되도록 행동하는 사람이라고 말한다(p. 139).

이제 도덕적 행동의 습득, 즉 도덕적 행동 통제의 내면화가 어떻게 이루어지는가에 초점을 두고 양육 및 규율과 도덕교육사상에 대해 살펴보자.

(1) 양육과 도덕교육사상

사회학습이론은 인간의 대부분의 행동은 그가 경험하는 자극과 강화 유형에 의해 통제되며 어린 시절 인간 행동의 대부분은 부모의 통제 아래에 있다고 가정한다. 유아는 그를 일관성 있게 양육해 주는 사람에게 정서적 애착을 가지게 된다. 자녀에게는 부모의 양육과 '함께 있음'이 가장 큰 보상과 만족이 된다. 이에 비해 부모의 부재는 혐오가 된다. 유아에게는 부모가 자신을 보상할 수도 벌할 수도 있다는 심리기제(心理機制, mechanism)가 형성된다. 부모의 '함께 있음'은 적극적 강화로, 부재는 소극적 강화로 작용한다. 부모의 '함께 있음' 또는 양육과 연합된 말이나 웃음, 표정 등은 유아에게 적극적 강화인으로 작용한다. 강화의 철회에 선행되는 꾸지람, 찡그림, 큰소리, 그리고 부모의 부재는 혐오로 작용한다.

여기서는 학습의 초기 단계에서 발생하는 것이 무엇인가를 살펴보고자 한다. 이는 나중에 불쾌한 결과를 회피하도록 작용하는 규칙 및 규칙 준수(즉, 규율학습)의 기초를 수립하기 위해서다. 시버(1980)에 의하면, 규칙 및 규칙 준수의 실제 학습을 위해서는 반응의 강화 이외에 관찰학습(모델링), 형성과정(形成過程, shaping), 대체행동(代替行動, substitute behavior)과 같은 학습 심리기제가 요구된다. 관찰학습은 다른 사람의 행동을 모방할 때 이루어지는 학습이다. 형성과정은 원하는 행동에 가까워진 행동에 대해 보상하는 것이다. 형성과정은 유아가 언어를 배움에 따라 기대되는 행동의 종류에 대한 토의 및 시사에 의해 촉진된다. 대체행동의 개발은 원하지 않는 행동은 벌하고, 그 대신 수용 가능한 대체행동이 무엇인가를 일러 주며, 이어서 대체된 행동을 강화함으로써 이루어진다. 대체행동의 개발은 중요한 기술이다. 벌에 의한 행동의 억압은 일시적 효과밖에 없기 때문이다 (p. 139).

시버(1980)는 자녀가 어린 시절에 부모에게서 받은 '사회화의 종류'와 '규율에 대한 반응'과 '행동 통제의 내면화' 사이에는 밀접한 관계가 있다고 본다. 아기가 생후 1년여 동안에 부모와의 관계에서 만족스러운 정서적 애착이 이루어지지 않거나 그 애착이 유아시절을 통해 지속되지 않으면, 도덕적 가치의 내면화는 어렵기 때문이다(p. 140). 매코드와 매코드(McCord & McCord, 1956)는 대부분의 정신병적 질환을 가진 사람들은 부모에게 무시와 학대를 받은 경험이 있다고 본다. 심프슨(Simpson, 1976)은 비도덕적이고 잔인한 행위를 하는 사람은 세상을 믿을 수 없는 것으로 보고, 미워하며 거부하는 경향이 있다고 말한다. 시버(1980)는 아동 초기의 양육(애착)과 도덕적 행동의 개발 간에 인과적 관계를 수립하기는 어렵지만, 경험적으로나 직관적으로 볼 때 양자 간에 관계가 있음은 분명하다고 말한다 (p. 140).

양육이 어떻게 내면화를 이끄는가, 그리고 도덕적 가치의 내면화를 심화시키기 위해서는 양육이 어느 정도로 요구되는가에 대해서는 이견이 있다. 프로이트를 중심으로 하는 전통적인 정신분석이론에 의하면, 유아를 양육하는 부모는 유아에게 사랑을 받는다. 유아는 부모를 돌봄, 애정, 인정(認定) 등과 연합하기 때문이다. 부모의 자녀에 대한 양육이 크면 클수록 부모는 더욱더 자녀의 사랑의 대상이 된다. 부모와 '함께 있음'은 그들에게 유쾌함을 주기 때문이다.

그러나 시버(1980)는, 정신분석이론이 제시하는 견해는 벌의 효과, 아동의 자아비판적 경향성, 그리고 위반에 대한 아동 내부에서의 내면화된 반응을 일으키는 모종의 단서에 대해 현재까지 밝혀진 사실들을 설명할 수 있기에는 제한점이 많다고 말한다. 내면화가 이루어지기 위해서는 양육이 필요하나 그것이 내면화를 위한 전부일 수는 없다는 것이다(p. 141).

버튼, 맥코비, 앨린스미스(Burton, Maccoby, & Allinsmith, 1961)는 양육을 많이 받는 아이들이 적절한 양육을 받는 아이들보다 책임감이 더 적고 더 많이 속이는 경향이 있다는 이유를 제시하면서 '부모가 양육을 많이 하면 할수록 자녀가 부모의 도덕적 가치를 더 내면화한다는 견해'를 지지하지 않는다. 자녀들에게 지나치게 관대하여 어떠한 요구나 억제도 부과하지 않는 부모는 그들의 마음속에 위반에 대한 불안감을 거의 심어 주지 못하는 경향이 있기 때문이다.

그러나 시버(1980)에 의하면, 양육과 특정한 도덕규칙의 학습은 다른 문제다. 그녀는 도덕발달을 위해서는 양육이 먼저 실시되어야 하나, 특정한 행동 통제는 아이들이 그것을 학습하고 이해할 수 있는 준비가 됨에 따라 점차적으로 실시해야 한다고 말한다(p. 140).

(2) 규율과 도덕교육사상

도덕적 행동 통제의 내면화를 위한 부모의 기술 및 역할로서 양육과 함께 규율(規律, discipline)을 생각해 볼 수 있다. 규율은 강화와 벌의 한 양상(樣相)이다. 사회학습이론에서 강화와 벌은 학습이 어떻게 이루어지는가를 설명해 준다. 자녀의 행동 통제를 위해 부모가 취하는 규율은 크게 '애정 지향적(love-oriented)' 유형과 '벌 지향적(severe-oriented)' 유형으로 나누어 볼 수 있다. 애정 지향적 유형은 일상생활에서 자녀의 행동에 대한 추론·설명·논의·언어적 부인 등에 의해 가치를 전달한다. 자녀의 동기에 대해 조사하고 교정행동을 제시하며 강화한다. 애정 지향적 유형에서 사용되는 벌의 종류는 애정의 일시적 철회, 무시, 일시적 격리 등이다. 이 유형의 부모는 체벌, 큰소리, 비웃음, 공개적 모욕 등을 사용하지 않는다. 벌 지향적 유형은 자신의 행동에 대해 반성적 사고를 하도록 작용하기 어렵다. 도덕원리에 대한 새로운 지식의 이해를 제공하기도 어렵다. 이에 비해 애정 지향적 유형은 자녀들에게 부모의 구체적인 언어적 평가가 전달되고 이해된다. 행동 통제를 내면화하고 적용할 수 있는 새로운 개념을 제공한다.

시버(1980)는 애정 지향과 벌 지향 간의 중요한 차이점을 '불안의 위치(locus of anxiety)'와 관련해서 설명한다. 애정 지향에서는 부모가 자녀에게 회피해야 할 행동의 종류, 이유, 그러한 행동이 바람직하지 못한 상황 등에 대해 사전에 폭넓게 예고하고 훈계한다. 훈계에 따르는 대화와 토의는 자녀들에게 도덕원리에 함의된 추상적 개념을 보다 분명하게, 그리고 잘 이해시켜 줄 수 있다. 단지 복종하게 하기보다는 도덕적 판단을 하도록 도와준다. 이 유형 아래에 있는 자녀들은 도덕의 규칙이나 원리를 위반하면 부모의 애정이 철회될 수 있다는 점을 이해하고 있다. 그러므로 위반하려는 생각을 할 때 부모의 애정 상실을 예상할 수 있고, 이는 그들에게 불안을 초래한다. 이러한 불안 예상은 동시에 그들로 하여금 위반의 고려를 철회시키는 작용을 한다.

예를 들면, 다섯 살 된 오빠가 세 살 된 동생을 때리는 경우를 생각해 보자. 이 경우 애정 지향 유형과 벌 지향 유형이 보여 주는 모습을 다음과 같이 서술할 수 있다. 애정 지향 유형에서의 자녀(오빠)는 동생을 때리려고 생각할 때, 그러한 생각만으로도 불안을 경험한다. 동생을 때리면 부모의 애정이 철회될 것이라는 예상을 할 수 있기 때문이다. 그러므로 불안 해소의 방법으로 위반행동을 하지 않는다. 바버와 한(Barber & Hahn, 1964)은 상상된 벌의 사태도 실제의 벌이 일으키는 것과 아주 비슷한 정서 반응을 일으킬 수 있다고 말한다. 이에 비해 벌 지향 유형에서의 자녀(오빠)는 동생을 때리려고 생각할 때, 불안의 원천인 부모가 보이지 않으면 위반행동을 감행한다. 즉, 동생을 때린다. 이 경우 오빠는 위반행동에 대한 생각이나 위반 자체에 대해 불안을 경험하기 어렵다. 그러나 위반행동 후에 부모가 나타나면 그때서야 불안을 느끼고, 이를 해소하기 위해 결국은 부모를 회피한다.

위반행동이나 어떤 과업에서의 부정(不正)은 아동의 성취 욕구와 직접적인 관계가 있다. 예를 들면, 시험에서의 부정행위는 부모가 자녀의 좋은 성적을 성공으로 크게 보상하는 아이들에게서 가장 심하다(Pearlin, Yarrow, & Scarr, 1967). 그러나 보상을 받은 행동이라고 해서 효과적으로 억제될 수 없는 것은 아니다. 시버(1980)는 만약에 사회 대리인(부모)이 아동이 한 행동을 벌하고 그와 함께 수용 가능한 대체행동을 형성하여 그 대체행동을 보상하면, 그 대체행동은 두 가지 보상가의 원천으로 작용할 수 있다고 말한다. 즉, 대체행동 자체가 직접 보상되고, 금지행동을 하려 할 때 발생되는 불안을 감소시킨다(p. 144). 이러한 절차와 방법에 의해 보상된 행동도 억제시킬 수 있다는 것이다.

대체행동의 형성은 애정 지향 규율의 중요한 부분이다. 자녀에게 부모의 애정을 회복할 수 있는 선택의 자유와 기회를 주면서 애정의 철회를 유보한다. 그리고 구두(口頭)로 그것을 해결할 수 있는 문제와 방법을 일러 준다. 이어서 자녀가 수용 가능한 해결을 할 수 있도록 도와준다. 이러한 과정을 통해 아동이 충분히 만족스러운 대체행동을 체득하게 되면, 바람직하지 않은 행동은 소거된다(Sieber, 1980, p. 144). 호프만과 살츠스타인(Hoffman & Saltzstein, 1967)은 애정을 회복할 수 있는 방법과 선택의 기회를 자녀에게 부여하면서 수반되는 애정의 철회는 내면화 과정에서 단지 애정만을 철회하는 것보다 더 효과적이라고 말한다. 그러나 이 같은 문제해결 및 대체행동의 형성은 벌 지향적 규율에서는 발생하지 않는다.

애정 지향 유형의 부모는 자녀들에게 바람직하지 않은 행동을 억제 또는 대체하게 함으로써 불안을 통제하도록 가르친다. 이에 비해 벌 지향 유형의 부모는 자녀들에게 부모를 회피하게 함으로써 우연히 불안을 통제하도록 가르친다. 이처럼 벌 지향 규율 아래에 있는 자녀들의 불안은 부모가 사태에 출현하고 있는가의 여부에 의존하는 데 비해, 애정 지향 규율 아래에 있는 자녀들의 불안은 부모의 출현 여부에 의존하지 않는다.

그렇다고 애정 지향 유형 아래에 있는 자녀들이라고 해서 항상 위반행동을 하지 않는 것은 아니다. 하지만 그들의 위반행동에 따른 불안의 발생 및 해소 방법은 벌 지향 규율 아래에 있는 아이들의 것과 다르다. 벌 지향에서는 불안이 외부 감독자(부모 등)의 출현에 의해 발생하는 데 비해 애정 지향에서는 위반행동

자체로 인해 발생한다. 그러므로 벌 지향에서는 부모 등을 회피함으로써 불안을 해소한다. 이에 비해 애정 지향에서는 자아비판, 자백 또는 배상이나 보상 등을 함으로써 불안을 해소한다.

한편 시버(1980)는 유혹에의 저항이 도덕적 인간의 유일한 특징일 수는 없다고 말한다. 어떤 사람이 위반행위 이후에 자아비판, 배상이나 보상, 자백 또는 고백 등을 한다면, 그는 여전히 도덕적 행위자라고 볼 수 있다는 것이다. 아이들의 도덕성 함양을 위해서는 애정 지향 규율이 이루어질 수 있는 조건의 형성이 중요하다. 시버가 제시하는 조건은 추론적이고 관심 있는 성인이 아동과 많은 시간을 같이하는 것과 아동이 그 성인에게 정서적으로 애착심을 가지는 것이다(pp. 145-146).

규율의 방식은 사회계층 간에 차이가 있다. 중산층 가정은 노동자 계층의 가정보다 구두 지향적 경향성이 크다. 중산층은 자녀들의 행동 및 의도에 대한 추론능력에 관심을 가지는 등 노동자 계층보다 더 충실한 지도 · 관리를 한다. 노동자 계층은 자녀에 대한 충실한 지도 · 관리나 폭넓은 대화를 하기에는 생계를 위한 활동에 너무 바쁘다. 그들은 주로 자녀의 가시적 위반행동에 관심을 보이는 편이다. 그들이 자녀들에게 주는 벌은 대개 가혹하고 신체적이며 설명 없이 제공된다.

그러나 아론프리드(Aronfreed, 1968)에 의하면, 벌 지향적 규율을 비효과적이게 하는 것은 벌의 가혹성 그 자체 때문이기보다는 자신의 행동에 대해 추론할 수 있는 체계의 결여 때문이다. 보헴(Boehm, 1962)은 일반적으로 노동자 계층의 아이들은 그들의 행동을 추론할 때 의도 및 원리의 문제에 대해서는 별 관심을 보이지 않는 편이라고 말한다. 그들은 당국에 대해서도 정보의 원천 등이라기보다는 벌의 원천으로 생각한다는 것이다.

시버(1980)는 도덕적 가치의 내면화 효과는 벌 지향적 규율을 받는 아이들보다 애정 지향적 규율을 받는 아이들에게서(비교적 지능이 높은 아이들에게서) 더 크다고 말한다. 애정 지향 유형에서의 학습은 주로 지능과 관련된 기술인 관찰 및 추론에 의해 이루어지기 때문이다(p. 146).

(3) 공격성과 도덕교육사상

골드파브(Goldfarb, 1945)에 의하면, 고아원과 같은 공공시설에서 성장하고 다양한 부모상을 가진 아이들은 가정에서 성장하고 한 사람의 부모상을 일관성 있게 가진 아이들보다 공격성에 대한 통제력이 약하다. 애정 지향 접근은 일관성 있는 부모상을 요구한다. 즉, 아동과 시간을 같이하면서 그의 활동을 충실하게 지도·관리할 수 있는 부모여야 한다. 이러한 부모는 실제로 자녀들의 행동을 통제하는 만큼 사회적으로 금지된 공격성의 형태도 통제할 수 있다. 시어즈 등(1957)은 공격성 사회화의 두 가지 중요한 차원을 지적한 바 있다. 하나는 부모가 자녀들을 공격적이게 놔두는 '공격의 허용'이고, 다른 하나는 공격적 행동을 했을 때 그에 대한 '엄격한 벌'을 주는 것이다.

허용이 위반행동에 대해 불안을 일으키는 어떤 단서도 제공하지 못한다면, 허용적 부모의 자녀들이 비허용적 부모의 자녀들보다 더 공격적일 것으로 생각된다. 벌은 자녀의 위반행동 이후에 이루어지는 부모의 행동이다. 한편 벌은 행동을 억제시키므로 자녀의 위반행동에 대해 부모가 벌을 많이 주면 줄수록 그들은 공격성을 더 회피할 것이라고 생각될 수 있다. 그러나 시어즈

〈표 3-1〉 양육 방법과 공격성의 관계

집단 \ 공격성	남		여	
	%	참여 수	%	참여 수
A(낮은 허용/낮은 벌)	3.7	27	13.3	30
B(낮은 허용/높은 벌)	20.4	51	19.1	47
C(높은 허용/낮은 벌)	25.3	81	20.6	63
D(높은 허용/높은 벌)	41.7	36	38.1	22

등(1957)이 부모의 자녀 양육 방법과 자녀의 공격성 정도에 관해 연구한 바에 의하면, 그러한 생각은 부분적으로 부정확한 면이 있다. 그들의 연구결과를 표로 제시하면 〈표 3-1〉과 같다.

〈표 3-1〉에서 보는 바와 같이 높은 허용인 C집단 부모의 자녀들은 낮은 허용인 B집단 부모의 자녀들과 공격성의 정도에서 별로 차이가 없는 것으로 나타났다. 공격성의 정도가 낮은 자녀의 부모, 즉 A집단은 자녀들에게 허용도 별로 하지 않을 뿐 아니라 벌도 별로 주지 않는 유형이다. A집단의 부모는 공격성은 나쁜 것이며 허용될 수 없다는 태도를 취한다. 그들의 이러한 태도는 부지불식간에 자녀들에게 전달된다. 이러한 태도는 애정 지향적 부모의 양육 유형에서 찾아볼 수 있다. 공격적 자녀를 가진 D집단의 부모는, 공격은 나쁜 것이며 허용될 수 없다는 태도를 자녀들에게 표현하거나 전달하지 않는 편이다. 마치 모든 행동이 다 허용될 수 있다는 태도를 취한다. 그러나 자녀가 공격적 행동을 했을 때에는 가혹하게 벌한다.

시어즈 등의 연구를 통해 우리는 부모의 낮은 허용적 태도가 자녀의 공격성을 억제시키는 데 중요하다는 것을 알 수 있다.

또한 공격에 대한 사전 경고와 설득은 행동에 앞서 내면화된 불안을 일으키게 하여 위반을 억제하는 작용을 하는 것도 알 수 있다.

벌은 왜 효과가 적은가 또는 없는가. 이에 대해 시버(1980)는 벌은 그것이 가혹할 경우 아이들에게 적대감을 일으켜 그들의 공격성을 심화시킬 수 있으며, 벌을 주는 부모 자체가 공격성의 모델로 작용할 수 있기 때문이라고 말한다. 그녀는 높은 벌을 주는 부모의 자녀들이 낮은 벌을 주는 부모의 자녀들보다 훨씬 더 공격적이라고 말한다. 공격적 부모와 자녀의 공격적 경향성 간의 관계는 공격적 부모에게는 쉽게 인식되지 않을 수 있다. 일반적으로 자녀들은 부모의 면전에서는 그들의 공격성을 억제시킬 수 있기 때문이다. 그러나 그들은 부모가 보지 못하는 곳에서는 보통의 벌을 받는 아이들에 비해 더 공격적인 것으로 알려져 있다.

3. 요약 및 결론

사회학습이론은 대부분의 행동을 조건화에 의해 이해하고 설명한다. 조건화 유형에는 고전적 조건화와 조작적 조건화가 있다. 고전적 조건화는 정서 · 감정적 학습의 일부가 어떻게 이루어지는가와 언어 연합의 대부분이 어떻게 형성되는가를 잘 설명해 줄 수 있다. 이에 비해 조작적 조건화는 자발적 행동을 설명하는 데 더 유용하다.

아이들의 행동을 변화시키기 위해 부모나 교사가 해야 할 주요한 일은 우리가 원하는 행동을 아이들이 보여 줄 때 그들을 체계적으로 강화하는 것이다. 적극적 강화는 다른 사람이 원하는 행동을 자발적으로 함으로써 보상을 받고, 그것에 수반되는 유쾌한 결과가 강화로 작용하여 원하는 행동의 빈도수(확률)를 증가시키는 조건화다. 소극적 강화 역시 다른 사람이 원하는 행동을 자발적으로 함으로써 그것의 빈도수를 증가시키는 조건화다. 그러나 소극적 강화는 불쾌한 결과의 회피를 목적으로 이루어진다.

벌은 일반적으로 신체적 또는 심리적 고통과 적극적 강화인의 취소와 같은 박탈감을 수반한다. 벌이 가혹하기만 하고 이유 같은 것이 제시 또는 수반되지 않으면, 오히려 위반행동의 빈도수를 증가시키고 그 정도를 심화시키는 작용을 할 수도 있다. 벌을 주는 성인이 공격적 행동의 모델로 작용할 수 있기 때문이다. 또한 벌은 아이들에게 바람직하지 않은 행동을 회피하는 것이 중요하다는 인식을 심어 줄 수는 있으나, 규칙에 따라 행동하는 것이 중요하다는 인식과는 다르게 '힘 있는 사람'의 편에 서는 것이 중요하다는 인식을 심어 줄 수도 있다.

소극적 강화와 벌의 구별은 다소 미묘하다. 양자가 모두 혐오자극의 회피를 목적으로 하는 점에서는 같지만, 소극적 강화는 행동(반응)의 확률을 증가시키는 것을 목적으로 하는 데 비해 벌은 감소시키는 것을 목적으로 하는 점에서는 다르다. 전자는 혐오자극을 회피하기 위해 원하는 행동을 자발적으로 하는 것인데 비해, 후자는 불쾌한 결과를 회피하기 위해 '특정한 방식으로 행동하지 않는 경우'에 적용된다. 그러므로 벌에 의해서는 원하는 행동을 학습시킬 수 없다.

사회학습이론에서는 해로운 행동을 억제하고, 이로운 행동을 촉진하는 행동의 통제가 내면화된 상태를 도덕성이 함양된 것으로 본다. 행동 통제에서 작용하는 주요 심리기제는 강화와 벌이다. 아이들이 부모나 교사가 원하는 행동을 보여 줄 때 그것이 보상(강화)되면, 그 행동의 반복 가능성은 높아진다. 그들의 행동이 바람직한 것이 아닐 때 그것을 벌하면, 그 행동의 반복 가능성은 낮아진다. 아동이 위반행동을 할 때마다 그에게 벌이 주어지면, 그는 벌이라는 혐오자극을 회피하기 위해 그 같은 행동을 반복하지 않게 된다. 위반행위를 하면 벌이 뒤따를 것이라는 생각만으로도 그에게 불안이 조성되고, 그는 불안을 회피하기 위해 위반행동을 하지 않게 된다.

이처럼 사회학습이론은 도덕적으로 원하거나 이로운 행동은 강화에 의해 촉진하고, 원하지 않거나 해로운 행동은 벌에 의해 억제하여 마침내 행동 통제가 내면화된 상태를 도덕성이 함양된 것으로, 즉 도덕적 습관이 형성된 것으로 본다. 여기서 강화와 벌의 대상이 되는 것은 결국 부모나 교사가 가지고 있는 사회적 가치 및 규범 등이다.

뒤르켕의 도덕적 사회화 도덕교육사상 *

뒤르켕(Emile Durkheim, 1858~1917)은 프랑스의 사회학자다. 이 장에서는 그의 도덕성 요소에 기초한 도덕적 사회화 도덕교육사상에 대해 고찰한다. 그는 도덕을 한 사회의 도덕적 실재(實在, reality)를 반영하는 행위규칙의 체계라고 했다. 사회가 다르면 도덕도 다르다고 했다. 비록 같은 사회라 하더라도, 사회가 변하면 그에 따라 도덕도 변한다고 했다. 이러한 그의 도덕의 개념은 구성원들에게 도덕적 사회화를 요구한다.

1. 도덕성의 3요소와 도덕적 사회화 도덕교육사상

뒤르켕에 있어서 도덕적 사회화는 그가 제시하는 도덕성의 3요소, 즉 규율정신, 사회집단에 대한 애착 그리고 자율성의 계

* 이 장은 필자의 『현대 도덕교육론』(2008) 제8장 '도덕적 사회화 이론과 도덕교육' (pp. 265-308)에서 발췌 · 요약하면서 일부 수정 · 보완한 것이다.

발에 의해 이루어지고 촉진된다.

1) 규율정신

뒤르켐(1973)은 규율정신을 도덕성의 제1요소로 본다. 규율정신은 규칙성과 권위로 구성된다. 그는 도덕이란 행동을 미리 정한 행위규칙의 체계라고 했다(p. 24). 그러므로 그에게 있어서 도덕적이란 사회에 의해 미리 정해진 행위규칙으로서의 도덕규칙을 준수한 행동이다. 그러나 그는 도덕규칙의 준수가 규칙적이지 못하면, 도덕성이 형성되었다고 보지 않는다. 이는 도덕성이 규칙성을 요구한다는 뜻이다.

뒤르켐에 있어서 규칙성이란 도덕규칙을 일관성 있게 준수하는 행위자의 성향을 뜻한다. 규칙성은 단지 시간적 차원에서의 일관성에 그치지 않고, 내용과 조건이 비슷한 문제라면 장소와 환경의 차이에 크게 관계없이, 즉 공간적 차원에서도 일관성을 유지하는 것을 뜻한다. 이때 규칙성의 작용을 가능케 해 주는 힘은 무엇인가. 뒤르켐에 의하면 그 힘은 도덕규칙이 지니는 '권위'의 힘이다. 그는 개인과 사회 모두를 의식을 가진 정신적 존재로 본다. 그러나 그는 개인의 정신을 사회의 정신이 개인에게 내면화된, 즉 사회화된 것으로 본다. 개인이 함양하고 있는 도덕성 역시 사회화 과정에서 사회규칙으로서의 도덕규칙이 개인에게 내면화된 것으로 본다. 이러한 내면화 또는 사회화를 사회의 도덕규칙이 지닌 권위의 작용에 의해 이루어지는 것으로 본다. 뒤르켐(1973)은 도덕규칙에 권위가 형성되는 과정을 다음과 같이 설명한다.

> 권위란 존재들의 관계에서 어느 한 존재가 다른 존재들이 가지고 있지 못한 월등히 우월한 힘을 가지고 있을 때, 다른 존재들에 의해 그 존재에게 자연스럽게 주어지고 인정되는 어떤 신비스러운 힘이다. 이때 그 존재와 그 힘이 실제적이냐, 상상적이냐는 별로 중요하지 않다. 그와 같은 탁월한 힘을 가진 존재가 있다고 주위의 다른 존재들이 믿고 있는 것만으로 충분하다. 이 믿음에 의해 그 존재는 존경되고 그에게는 권위가 형성된다. 이와 같이 생각할 때, 권위는 어떤 외적이고 객관적인 사실 자체에 속한다기보다는 그러한 사실에 대하여 사람들이 가지는 관념에 속하는 것이다. 그러므로 권위는 여론의 문제라고 말할 수 있다. 여론은 집단적인 것이고 집단의 판단이다. 권위는 결국 여론에 의해 형성되고 그것의 원천은 사회다(p. 91).

뒤르켕(1973)은 도덕성을 사회적 요구에 의해 역사적으로 발전되어 온 실천적 명령의 체계로 본다(p. 34). 이는 도덕규칙의 본성은 '명령적'이라는 뜻이다. 예를 들면, '거짓말하지 마라.'는 우리에게 명령을 한다. 명령은 힘의 상징으로 그것에 따르게 하는 영향력이 있다. 우리가 도덕을 준수하는 것은 그 규칙이 작용하는 명령의 힘에 의해서다. 이처럼 도덕규칙의 권위는 그것의 명령하는 힘의 의해 형성된다.

뒤르켕은 도덕규칙을 한 사회의 선(善)의 가치체제가 반영된 것으로 본다. 그러므로 도덕규칙은 사회구성원의 존경의 대상이 된다. 도덕규칙이 권위를 가지는 것은 바로 그것에 대한 사람들의 존경과 신뢰 때문이다. 만약에 우리가 도덕규칙을 존경하지 않는다면, 그것을 준수하지 않게 될 것이다. 이는 도덕적인 사람이 될 수 없을 것이라는 뜻이다. 우리는 비도덕적으로 살기를 바라지 않고서는 도덕규칙의 명령을 거역할 수 없을 것이다.

뒤르켕은 도덕규칙이 우리가 비도덕적 측면에서 가질 수 있는 어떤 충동이나 의지를 굽히게 하는 힘, 즉 권위를 가지고 있다고 주장한다. 이 권위는 어떤 개인, 집단, 기관 또는 다른 규칙이 가지지 못하는 우월한 힘으로 작용한다. 우리가 도덕규칙의 명령에 복종하여 그것을 준수한다는 것은 이러한 도덕규칙의 힘을 인정하고 신뢰하며 존경함으로써 이루어지는 일이다. 만약에 도덕규칙에 이와 같은 권위가 없다면 누가 그것을 따르겠는가? 권위 없는 도덕규칙은 더 이상 도덕규칙으로서의 기능을 하지 못할 것이다. 이처럼 뒤르켕은 규율정신이 도덕규칙을 준수하는 행위의 규칙성과 도덕규칙에 대한 존경에 의해 형성된다고 본다.

그러나 도덕규칙의 명령에 따르는 도덕적 행동은 인간의 자유로운 삶을 규제하고 제한하는 경향이 있다. 따라서 그러한 행동은 인간의 본성에 어긋나는 것이 아니냐는 문제가 제기될 수 있다. 이에 대해 뒤르켕(1973)은 인간의 행위는 규제될 필요가 있다고 말하면서 이를 유기체의 규제적 기능에 비유하여 다음과 같이 설명한다.

> 유기체는 환경과의 상호 작용에서 그것의 보존과 생존을 위해 특별히 중요하게 요구되는 규제기능을 가지고 있다. 그리고 이것은 미리 정해져 있다. 만약에 유기체에 그러한 기능이 없다면, 환경에서 자극이 있을 때마다 이에 반응하는 적절한 행동을 처음부터 일일이 찾아야 한다. 그럴 경우 유기체는 통합되기 어렵고, 생존 자체에도 위험이 따를 수 있다. 그러나 규제기능은 미리 정해져 있으므로 유기체의 행동을 고정하고 규정하며 주기적이게 함으로써 환경과의 관계에서 자신

의 보존과 생존을 가능케 해 준다. 이와 마찬가지로 사회에 의해 미리 정해진 도덕규칙의 규제적 기능도 개인과 집단과의 관계에서 그로 하여금 건전한 사회생활, 즉 도덕적 삶을 살도록 이끌어 준다. 도덕규칙 역시 개인에게 그의 행동을 고정하고 규정하며 규칙적이게 해 주기 때문이다(pp. 34-37).

이와 같이 뒤르켕은 도덕성으로서의 규율이 인간의 행동을 제한하거나 방해하므로 인간의 본성에 어긋난다는 주장을 받아들이지 않는다. 오히려 그는 규율을 인간의 삶을 가능케 해 줄 뿐 아니라 자유와도 양립할 수 있는 것으로 본다. 양자의 양립 가능성에 대해 그는 폭군이나 독재자의 행위를 예로 들어 다음과 같이 설명한다.

절대군주로 군림하는 폭군이나 독재자는 개념상 모든 외적 규제에서 자유로운 존재다. 어떤 외부의 힘도 그를 규제할 수 없다. 그러므로 그의 욕망은 정의상(定義上) 방해받지 않는다. 우리는 그러한 독재자를 참된 의미에서 자유롭고 전능하다고 말할 수 있는가? 독재자는 모든 것을 그의 뜻대로, 욕망대로 할 수 있는 힘과 자유를 가지고 있다. 그러나 자신의 욕망을 제어할 수 있는 힘과 자유는 가지고 있지 못하다. 오히려 욕망이 자신을 통제함으로써 주인이 되고, 자신은 욕망을 통제하는 스스로의 주인이 되지 못한다. 그러므로 한 사람에게 있어서 욕망이 아무런 제약도 없이 전적으로 자유롭게 되고, 그것을 규제하는 어떤 외적 힘이 작용할 수 없게 되면 그의 첫 번째 노예는 바로 그 자신이다(Durkheim, 1973, p. 44).

우리는 자신을 억제하고 규제할 수 있는 힘과 자유가 아닌, 자신이 원하고 바라는 대로 할 수 있는 힘과 자유를 진정한 의미의 힘과 자유라고 말할 수는 없을 것이다. 뒤르켐(1973)은 인간은 도덕규칙을 준수함으로써 자아를 규제하고 지배할 수 있는 통제력을 기를 수 있고, 이러한 힘이야말로 자유의 실제라고 말한다(p. 54). 이는 진정한 자유의 조건은 규율에 있다는 뜻이다.

인간은 그의 생활 영역이 아무리 넓다 하더라도 제한된 세계에 살 수밖에 없다. 인간은 그의 생존을 위해 그러한 한정된 물리적 · 사회적 환경과 조화를 이루어야 한다. 이를 위해 인간의 삶은 제약되어야 한다. 그러므로 뒤르켐(1973)은 우리의 행동이 사회규칙이나 도덕규칙에 의해 규제받는 것은 인간의 본성에 위배되는 것이 아닐 뿐 아니라, 이는 인간의 행복의 조건이 되기도 한다는 점을 다음과 같이 말한다.

> 인간의 본성은 규율적이지 않고서는 그 자체일 수 없다. 행동의 규제는 인간의 본성을 파괴시키는 것이 아니라 오히려 그것을 정상적으로 실현시켜 주는 길이 된다. 만약에 우리가 인간을 한계를 가진 제약된 존재로 의식하지 못한다면, 우리는 만족에 대한 희망을 가질 수 없을 것이다. 따라서 행복해지기도 어려울 것이다. 이 점에서 규제는 행복의 조건이 된다고 말할 수 있다(pp. 48-51).

무엇보다도 규율정신은 사회 · 환경 속에서 자아의 한계를 인식하고 다른 사람들과의 관계에서 자아의 욕구를 억제하는 행동규제의 원리라고 볼 수 있다. 이 같은 맥락에서 뒤르켐은 교육은 인간의 최초의 본성을 극복하게 해 주는 것이라고 했다(이종각 역, 1987, p. 95).

한편 이러한 규율정신의 개념은 금욕주의적 요소가 함유된 것으로 볼 수 있는 여지가 있다. 그러나 뒤르켕의 규율정신에 함유된 자아 억제나 규제의 개념은 금욕주의자들의 생각과는 근본적으로 다르다. 그에 의하면 공리주의자들은 규율이 인간의 본성에 어긋난다고 생각한다. 그러나 그들은 그러한 본성에의 위배를 악이라고 생각하지 않는다. 즉, 선이라고 생각한다. 왜냐하면 그들은 인간의 본성을 악이라고 생각하기 때문이다. 즉, 본성인 악에 위배되는 것은 곧 선이 된다고 생각하기 때문이다. 그러나 이와는 달리 뒤르켕에 있어서 우리가 규율적이 된다는 것은 그 자체가 인간의 본성이므로, 이는 본성의 실현임과 동시에 도덕적이 되는 것이다.

한편 미리 정해진 도덕규칙을 준수하는 행동을 도덕적이라고 할 때, 그렇다면 도덕규칙의 비판이나 거부는 불가능한 것인가? 이에 대해 뒤르켕은 다음과 같이 말한다.

> 도덕규칙이 사회에 의해 시인되었다는 이유만으로 정당화될 수는 없다. 도덕규칙은 그 자체가 사회생활 속에서 상호 신뢰, 존경, 평화 그리고 협동에 의한 사회적 결속을 촉진시킬 수 있을 때, 비로소 정당화될 수 있는 것이다. 그러므로 기존의 사회 · 도덕 규칙을 무조건 받아들여야 하는 것은 아니다. 다음과 같은 세 가지 조건, 즉 ① 사회가 더 이상 사회적 결속을 촉진하지 못하는 전통적 행위규칙을 지속하려 할 때, ② 사회가 사회적 결속에 절대적으로 필요한 도덕원리를 간과할 때, ③ 새로 형성되는 도덕규칙이 시행되어 온 기존의 것보다 사회적 결속을 더 촉진할 수 있는 것일 때에는 도덕규칙에 대한 비판이나 거부가 정당화될 수 있다(Wallwork, 1985, p. 94).

그러나 뒤르켕(1973)은 기존의 도덕규칙을 비판하거나 거부할 때 다음과 같은 점에 유의해야 한다고 말한다.

> 기존의 도덕규칙이 사회적 결속의 촉진 기능을 상실하고 있다면, 그와 관련된 특정한 규칙을 비판하거나 거부해야지 모든 규율의 원리 자체를 비판하거나 거부해서는 안 된다. 우리가 도덕규칙에 도전하거나 반대할 때, 바로 그때가 어느 때보다도 도덕규칙의 필요성을 더 느끼고 도덕규칙이 없이는 살아갈 수 없다는 점을 깨달아야 할 때다(p. 54).

뒤르켕에 의하면, 규율정신은 인간의 행동을 규제하고 규칙적이게 하여 우리의 도덕적 삶을 가능케 해 준다. 인간은 욕망을 통제하지 않고서는 결코 행복해질 수 없기에 규율은 개인의 복지와 행복을 위해서 유용하다. 질서와 협동이 없이는 사회집단의 결속과 발전을 기대하기 어려우므로 규율은 사회를 위해서도 유용하다. 그러므로 도덕규칙의 명령을 일관성 있게 준수하는 삶의 태도인 규율정신은 도덕성의 요소가 된다는 것이다.

2) 사회집단에 대한 애착

뒤르켕(1973)은 도덕규칙의 권위를 존경하여 그것의 명령에 따르는 태도 또는 마음의 자세를 규율정신이라고 했다. 그러므로 도덕규칙에 따르는 행동이면 그것이 무엇이든 도덕적이 된다고 하였다. 이 점에서 규율정신은 도덕성의 형식적 측면이다(p. 54). 그러나 행동이 어떠한 것인가에 대해서는 살펴보지 않았다. 그에 의하면, 도덕적이란 사회집단에 대한 애착심을 가지고 도덕규칙에 따르되 사회집단의 이익을 내용으로 하는 행동이다. 그러므로 사회집단에 대한 애착은 도덕성의 내용적 측면이고, 그는 이를 도덕성의 제2요소로 본다.

(1) 행위의 비개인적 목적과 도덕적 가치

뒤르켕(1973)은 인간의 행위는 그것이 지향하는 목적에 따라 두 가지 종류가 있다고 본다. 하나는 개인(個人, person)을 위한 것이고, 다른 하나는 비개인(非個人, imperson)을 위한 것이다(pp. 55-56). 개인이 개인을 위하는 행위의 일반적이면서도 대표적인 것은 자신의 보존과 관련된 것이다. 이 같은 행위는 누구나 하는 것이고 개인의 보존과 생존을 위해 누구에게나 절대적으로 필요하다. 그러나 뒤르켕(1953)은 개인의 보존만을 위한 행위는 도덕적인 것으로 볼 수 없다고 말한다(p. 50). 여기서 우리는 그가 말하는 비개인적 목적이 구체적으로 무엇인가를 올바르게 이해하는 것이 중요하다.

일반적으로 우리는 개인이 자신의 이익, 복지, 건강만을 위하는 행위는 도덕적이라고 보지 않는다. 이에 비해 다른 사람을 위하는 행위는 이타적 행위이므로 도덕적이라고 생각한다. 그러나 뒤르켕은 다음과 같은 이유로 그러한 이타적 행위마저 도덕적으로 보지 않는다.

> 나의 '나 개인'을 위한 행위가 도덕적 가치를 가지지 못한다면, '다른 사람인 개인'을 위한 행위에도 역시 도덕적 가치가 부여될 수 없다. 나의 이익을 위한 행위가 무도덕(無道德, amoral)하다면, 똑같은 행위인데 그것이 나 아닌 다른 사람을 위한 행위라고 해서 도덕적 가치를

> 가질 수 있겠는가? 그러한 행위 역시 도덕적이지 못하다. 나 또는 다른 '개인'을 위한 행위가 무도덕하다면, 여러 다른 '개인(들)'을 위한 행위 역시 무도덕할 수밖에 없다. 왜냐하면 '0'의 합은 그 수효가 아무리 많다 하더라도 '0'일 수밖에 없기 때문이다. 그러므로 비개인적 목적을 위한 행위만이 도덕적 가치를 가진다(Durkheim, 1973, pp. 58-59).

그렇다면 도대체 뒤르켐이 말하는 비개인은 무엇인가. 그것은 개인(들) 이외에 다른 존재, 즉 '초개인'(超個人, supra-individual)을 말한다. 그가 말하는 초개인은 개인(들) 밖의, 개인(들) 위의, 개인(들)을 초월하는 개인들의 연합에 의해 형성되는 집단, 즉 사회다. 사회만이 비개인이요, 초개인이다(Durkheim, 1973, pp. 59-60). 그러므로 그에게 있어서는 행위의 목적이 사회집단을 위한 것일 때 비로소 도덕적 가치를 가진다. 그렇다면 여기서 이러한 문제가 제기될 수 있을 것이다. 도덕적 행위가 사회집단을 위한 것이라면, 사회집단은 다른 사람들이므로 그들을 위한 행위는 도덕적인 것이 아닌가?

그러나 뒤르켐에게 있어서 사회집단은 이를 구성하는 구성원들의 단순한 집합이 아니다. 그에 의하면, 사회는 개인과 마찬가지로 감각과 의식을 가진 살아 있는 실체로서 구성원들과는 다른 나름대로의 독특한 성격과 사고, 감정, 행동양식을 지닌 정신적 존재다(Durkheim, 1973, p. 59). 그는 살아 있는 의식적 존재로서의 사회를 유기체에 비유하여 다음과 같이 설명한다.

> 세포의 구성은 생명 없는 무기물 분자로 구성되어 있다. 그러나 그들 무생물의 결합은 살아 있는 세포를 형성한다. 더 나아가 이들의 결

합은 유기체로서의 생명체를 탄생시킨다. 이와 마찬가지로 집단의 구성원인 개인들의 결합은 그들과 다른, 독특한 개성과 감각 및 의식을 지닌 사회라는 유기체를 형성한다. 부분이 결합하면 그들 사이에는 상호 작용 현상이 일어나고, 이는 결합 이전에는 볼 수 없었던 전혀 새로운 현상을 나타낸다. 즉, 개인의 상태에서는 찾아볼 수 없었던 새로운 관념과 감정이 나타난다(Durkheim, 1973, pp. 61-62).

이상에서 살펴본 바와 같이 뒤르켕은 사회를 개인들의 단순한 합(合)과는 다르다고 본다. 그러한 까닭에 개인들을 위한 행위가 곧 사회와 집단을 위한 행위이므로 도덕적이라는 전통적인 도덕의 개념을 거부하고, 비개인인 사회를 위한 행위만을 도덕적인 것으로 본다.

한편 뒤르켕은(1973)은 도덕적 행위자인 개인과 사회와의 관계에 대해 다음과 같이 말한다.

개인이 도덕적 행위자가 되기 위해서는 사회와 유기적인 관계를 형성해야 한다. 이를 위해 개인은 사회와의 연대(連帶)에 관심을 가지고, 연대를 위한 노력을 해야 한다. 만약에 개인이 그러한 노력을 하지 않는다면, 그는 사회와 멀어지게 되고 이기적 생활 태도에 빠질 가능성이 크다. 이기적인 사람은 사회와 상호관계를 맺으려 하지 않고, 자기에게는 오직 자신만이 필요하며 충분하다고 생각한 나머지 자신이 전부인 것처럼 생각하고 살아가지만, 그의 이기적 목적 역시 사회에서, 사회를 통해, 그리고 사회에 의해 이루어진다. 그러므로 개인이 사회와 관계를 맺어 사회에 애착할 수 있기 위해서는 개인과 사회가 합병(合倂)하여 하나가 되어야 한다. 그 과정에서 사회가 희생을 요구하면 개인은 자신의 본성을 억제해야 함은 물론, 포기까지도 하는 노력을

> 해야 한다. 그런데 사람들 중에는 개인과 사회의 관계를 적대적으로 보는 사람들도 있다. 그들은 그러한 행위는 인간의 존재를 사회 속에 말살(抹殺)시켜 버릴 뿐 아니라, 개인의 희생 없이는 사회의 발달이 불가능하다고 생각하여 사회를 위한 개인의 포기는 인간의 본성에 위배된다고 생각한다(pp. 66-67).

그러나 여기서 뒤르켕(1973)이 말하는 사회를 위한 개인의 포기는 그 결과 개인이 소멸되는 것이 아니다. 개인적 존재가 도덕적 존재인 사회적 존재로 되어 가는 과정에서 요구되는 과도기적 현상에 불과하다. 즉, 개인적 존재의 포기는 사회적 존재의 탄생을 위한 진통으로 보아야 할 것이다. 우리는 인간으로서의 자신의 본성을 조금도 포기하지 않고 완전히 소유하려 할 때, 오히려 자아를 잃을 수 있다. 인간은 사회와 관계를 맺고 사회적 존재로 살아가는 한, 자신의 본성을 충분히 실현할 수 있고 참된 의미에서 그 자신일 수 있다. 그러므로 사회적 존재가 되기 위해 개인이 사회와 관계하는 과정에서 요구되는 그와 같은 포기는 겉으로 보기와는 달리 본성의 위배라기보다는 오히려 그것의 실현이라고 보아야 할 것이다. 이 점은 규율정신이 얼핏 보기와는 달리 인간의 본성에 위배되는 것이 아니라 본성 그 자체라고 논의한 것에 비교될 수 있다(p. 67).

자기 자신의 본성을 포기하면서까지 사회와 결합한 개인은 이제 더 이상 개인적 존재가 아닌 사회적 존재다. 이러한 개인은 이전에는 지니지 못했던 어떤 정신 상태를 그의 안에 가지게 된다. 그러한 정신 상태가 바로 사회성이다. 사회는 우리 밖에서 우리를 둘러싸고 있다. 그러나 사회적 존재가 된 개인의 안에는 이미 사회가 들어와 곳곳을 차지하고 있다. 이제 우리의 본성을 구성하는 주요한 요소로서의 사회성이 우리 내부에 형성된 것이다. 그러므로 지금까지 생물학적 유기체로서의 생존과 보존을 위해 밖에서 섭취하던 물질적 영양분만으로는 사회적 유기체로서의 생존과 보존이 어려워진다. 정신적 존재인 사회적 존재로서의 인간은 그의 생존과 보존을 위해 사회적 관념 · 감정 · 관습 등의 정신적 영양분을 사회에서 섭취해야 한다. 그러할 때 개인은 사회와 결합된 사회적 존재가 된다. 도덕적 존재는 개인이 사회적 존재가 됨으로써 비로소 가능해진다. 이러한 개인은 자신과 그가 속한 집단을 동일시할 수 있는 안목을 형성하고 사회집단에 대한 애착심을 가질 수 있게 된다.

뒤르켕은 인간의 본성에서 가장 중요하면서도 선한 부분을 도덕성으로 보는데, 이러한 도덕성이 바로 사회화의 산물이다. 그는 도덕과 사회의 관계에 대해 다음과 같이 말한다.

> 도덕은 공동생활인 사회생활에서 연유된다. 자신만의 생활에서 탈피하고, 자신만의 이익보다 타인의 이익에 동조하게 해 주는 것이 바로 사회다. 우리가 감정과 본능을 통제하고, 이 통제를 위해 법률을 제정하며, 개인 자신을 억제하고 희생하여 개인적 목적보다 높은 차원의 목적에 순응하도록 해 주는 것도 바로 사회다. 외적으로든 내적으로든 우리에게 규율과 도야에 대한 관념과 정서를 계속 갖게 하는 표상체제는 바로 사회가 우리의 양심에 형성시켜 준 것이다(이종각 역, 1987, p. 79).

뒤르켕(1953)은 도덕은 한 집단의 구성원이 되면서부터 시작된다고 말한다(p. 37). 도덕은 사회생활이 시작될 때, 그리고 시작되는 바로 그곳에서 시작된다고 말한다(Durkheim, 1973, p. 19). 이러한 말들은 모두 도덕과 사회의 밀접한 관계를 말해 준다. 개인을 위해 살지 않고, 자신을 사회에 바침으로써 자신 안에 사회가 스며들도록 허용하는 사람은 도덕적인 사람으로, 그는 사회에서 개인의 목적만을 추구하려는 사람보다 더 풍요롭고 활력 있는 삶을 살아갈 수 있다는 것이 뒤르켕이 말하는 도덕적으로 사회화된 사람이다.

(2) '규율정신'과 '사회집단에 대한 애착'의 관계

지금까지 도덕성으로서의 규율정신과 사회집단에 대한 애착을 따로 살펴보았다. 그 결과 우리가 준수해야 할 규율과 헌신하고 애착해야 할 사회집단이 별개의 것으로 생각될 수 있는 인상을 주었다. 그러나 뒤르켕(1973)에 의하면 두 요소는 하나의 실재의 두 측면이다(p. 85). 이 두 요소를 하나의 실재이게 하는 것은 무엇이고, 어떻게 하는가? 다시 말하면, 두 요소의 결합은 가능한가? 이에 대한 대답은 다시 한 번 도덕규칙이 가지는 권위의 형성과정이 어떻게 이루어지며, 그것이 어디에서 유래하는가를 살펴봄으로써 가능하다.

도덕규칙은 누가 만들었는가? 개인인가, 사회인가? 도덕규칙을 개인이 만들었다면, 그것이 어떻게 주인인 개인의 의지를 굽히게 하는 막강한 힘, 즉 권위를 가질 수 있는가? 뒤르켕(1973)에 의하면, 도덕은 사회에 의해 만들어진 사회적 산물이다. 이는 사회가 다르면 도덕도 다르다는 사실에서도 설명된다. 즉, 사회나 국가의 유형 또는 구조가 다르면 다른 만큼 그것들이 반영된 도덕성의 측면도 다르다. 이는 마치 유기체의 생물학적 유형이나 구조가 다르면 다른 만큼 그것을 보존하는 신경체계가 다른 것에 비유될 수 있다(p. 87).

앞에서도 언급된 바와 같이, 권위는 결국 사회적 여론에 의해 형성되고 그것의 원천은 사회다. 사회에 의해 확립된 도덕규칙 역시 사회에 의해 부여된 권위를 가진다. 도덕규칙의 권위는 인간의 의지에 작용하여 그것을 굽히게 함으로써 우리로 하여금 도덕규칙을 일관성 있게 준수토록 하는 규율정신을 형성한다. 도덕규칙의 권위는 그것이 지시하고 명령하는 바를 개인으로 하여금 준수토록 하는 영향력을 행사한다. 이는 곧 사회라는 권위가 구성원들에게 지시하고 명령하는 것을 의미한다. 사회는 우리의 행위를 한정하고 억제시킴으로써 규칙의 위반을 막아 주는 기능을 한다. 뒤르켕(1973)은 우리는 사회의 그러한 권위적 기능에 대해 일종의 종교적 권위의 감정을 느낀다고 말한다(p. 92).

뒤르켕은 사회를 어머니에 비유하여 말한다. 사회는 우리를 보호해 줄 뿐 아니라 우리에게 자선을 베푸는 힘의 존재인 바, 이는 마치 자녀를 양육하는 어머니에 비유될 수 있기 때문이다. 그는 우리의 도덕적 · 지적인 모든 정신적 영양의 질료가 사회에서 온다고 생각한다. 그러므로 우리에게는 사회에 대해 감사하는 마음은 물론 애착해야 하는 의무감마저 생긴다는 것이다. 사회는 그 자체가 바람직한 이상적 존재이고, 선의 실체이기 때문이다.

한편 뒤르켕(1973)은 우리가 '어떻게 행동해야 하는가.'를 생각할 때, 우리에게는 "그렇게 하는 것이 당신의 의무다."라고 말해 주는 어떤 소리가 들린다고 말한다. 의무를 수행하지 못했을 때는 비난의 소리가 들린다고 말한다. 전자와 후자의 소리는 같은 것으로, 우리는 그 존재를 직접 볼 수는 없으나 명령적 어조로 말하는 그 존재가 우리보다 우월한 권위적 존재임을 분명히 느낄 수 있다고 말한다. 그는 그 소리를 양심의 소리로 본다(pp. 89-90).

흔히들 도덕적이란 양심에 따르는 판단과 행동이라고 생각한다. 우리의 지향하는 행위가 옳고 선하지 못할 때, 우리의 안팎에서 말하는 "양심에 따르라."는 소리는 우리에게 압력으로 작용한다. 이때 우리는 양심을 거역할 수 있는 다른 어떤 힘이 없으며, 양심의 소리는 결국 우리의 그릇되고 악한 의지를 굽혀 버리는 막강한 힘으로 작용한다. 아마도 인간의 도덕적 행위에 양심보다 더 우월한 힘으로, 그리고 우선적으로 작용하는 요소는 없을 것이다. 양심은 신비스럽기조차 한 초월적 존재로서 도덕적 권위의 상징이다. 그러므로 우리는 양심을 따르지 않을 수 없다.

뒤르켕(1973)에 의하면, 우리의 양심이 말하는 것은 인간 내부에 있는 사회가 말하는 것이고, 이러한 양심은 사회적 산물로서 사회를 반영한다. 그러므로 사회는 도덕의 권위자인 동시에 모든 권위의 전형이며 원천이다(p. 90). 결국 개인의 도덕적 행위의 표준인 양심은 사회다. 도덕규칙 역시 사회에 의해 만들어지므로 그것이 권위를 가지는 것은 당연하다는 것이 뒤르켕의 생각이다.

지금까지 도덕규칙의 권위가 어떻게 형성되는가에 대해 살펴보았다. 그 과정에서 규율정신의 형성을 가능케 하는 도덕규칙의 권위는 사회에 의해 부여된 것일 뿐 아니라 도덕규칙은 사회의 관념과 의식체제의 반영이라는 사실도 살펴보았다. 또한 사회는 우리의 지적 · 도덕적 영양분을 제공해 주는 존재일 뿐 아니라 행위의 목적이 되는 바람직한 존재라는 사실도 살펴보았다. 그러므로 도덕적 행위는 개인(들)이 사회집단에 애착을 가지고 그것의 이익과 목적을 위해 규율정신에 입각하여 사회가 설정한 도덕규칙을 일관성 있게 준수할 때 비로소 가능하다고, 뒤르켕은 말한다. 이는 그가 제시하는 도덕성 요소인 규율정신과 사회집단에 대한 애착이 사회의 두 측면이고 사회라는 하나의 실재로 결합되는 방식을 설명해 준다.

(3) 선과 의무의 관계 및 통합 가능성

뒤르켕은 '규율정신'과 '사회집단에 대한 애착'을 일반 도덕가들이 말하는 '선'과 '의무'의 개념에 비유하여 말하기도 한다. 하지만 의무와 규율정신의 개념을 일치하는 것으로 보지는 않는다. 선과 사회집단에 대한 애착의 개념도 일치하는 것으로 보지 않는다. 단지 유사한 개념으로 볼 뿐이다(Durkheim, 1973, p. 96). 따라서 그는 전통적 도덕가들이 말하는 선과 의무의 개념을 어디까지나 비판적 입장에서 본다. 즉, 그들이 말하는 선과 의무는 그의 두 요소에 있어서처럼 하나의 실재로 통합된 모습을 보여주지 못하는 추상적이고 혼란된 개념이라는 것이다. 그가 선과 의무를 그같이 보는 것은 둘 중 어느 하나가 다른 하나에서 추론된다는 아리스토텔레스, 스피노자 등 일부 도덕철학자들의 주장에 대한 비판인 셈이다.

그들에 의하면, 도덕성의 기본 개념은 선이고 의무는 선에서 추론되고 파생되는 개념이다. 즉, 규정된 행위는 선이기 때문에 그 규칙을 준수해야 할 의무가 있다는 것이다(Durkheim, 1973, p. 97). 이 말은 선한 것에는 의무가 자동적으로 수반된다는 가정이 전제되어 있다. 그러나 의무란 그 자체가 인간의 성향에 저항하는 성질을 가지고 있으므로 선한 행위나 규칙이라고 해서 행위자에게 자동적으로 의무감을 불러일으킬 수는 없다는 것이 뒤르켕의 입장이다. 사회집단과의 연대관계에서 길러진 규율정신이 형성되어 있지 않은 행위자에게 어떤 것이 선하다는 이유만으로 의무감이 수반되기를 기대하기는 어려울 것이다. 이처럼 의무가 선에서 이끌어진다는 주장은 결국 의무의 개념을 뒷전으로 밀어내는 결과가 된다.

한편 칸트, 프라이스(Price) 등 다른 학파에 의하면, 도덕성의 기본은 의무다. 이들은 의무에서 선이 추론된다고 본다. 즉, 선이란 의무를 다하는 데 있다고 본다. 이에 대해 뒤르켕(1973)은 다음과 같이 말한다.

> 그러한 주장은 행위자로 하여금 그의 감정을 자극하여 행동을 자발적으로 이끌 수 있는 어떤 열정을 사라지게 하고, 엄격하고 강제적인 명령만을 남기게 한다. 요구되는 행위가 의무라는 이유만으로 그 행위를 수행하는 사람은 거의 없다. 우리는 그 행위가 의무일 뿐 아니라 적어도 어떤 점에서 선이라고 생각될 때, 비로소 그 행위를 할 감정이 자연적으로 유발되어 의무를 수행하게 된다. 도덕성의 기본 개념을 의무로 보는 입장도 결국 선의 개념을 뒷전으로 밀려나게 한다(pp. 98-99).

이처럼 선과 의무 중 어느 하나에서 다른 하나를 추론하는 접근은 결국 어느 하나를 버릴 수밖에 없으므로 양자의 통합에 실패한다는 것이 뒤르켐의 비판이다. 그러나 그는 규율정신과 사회집단에 대한 애착을 사회라는 한 실재의 두 측면으로 보아 양자의 결합을 이끌어 낸 것과 같이 선과 의무를 하나의 행동을 달리 표현한 두 형태로 본다면, 선과 의무의 통합 또한 가능할 수 있을 것으로 본다. 즉, 의무가 우리에게 규칙을 명령하고 우리의 자연적 성향을 억제시켜 주는 한 우리는 의무를 사회로 볼 수 있다는 것이다. 한편 유기체적 존재로서의 개인이 그의 보존을 위해 물질적 영양분인 음식물을 먹고 살듯이 정신적 존재로서의 개인은 그의 보존을 위해 정신적 영양분인 사회정신을 먹고 산다. 그러므로 개인 안에는 사회가 퍼져 있다. 개인 내부에 있는 이 사회가 바로 사회성이고 도덕성이며 양심이다. 그러므로 사회를 선으로 볼 수 있다는 것이다. 그는 이와 같은 방식으로 규율정신과 사회집단에 대한 애착을 통합할 수 있듯이 선과 의무를 통합할 수 있다고 본다.

그러나 우리가 수행해야 할 사회집단의 목적으로서의 선은 개인적 목적과는 달리 우리를 초월하는 것이므로, 비록 우리의 내부에 사회성이 있다 하더라도 우리보다 훨씬 우월한 사회적 목적을 달성하기 위해서는 그것을 달성할 수 있을 만큼의 집단의 수준에까지 우리 자신을 끌어올리는 노력을 하지 않으면 안 된다고, 뒤르켐은 말한다. 그 노력이란 의무감을 불러일으키는 노력이다. 이처럼 사회적 목적, 즉 선은 우리가 그것을 마땅히 수행해야 한다는 의무감이 함께 작용하지 않고서는 달성하기 어렵다. 선과 의무의 개념을 사회와 연결하여 통합하려는 그의 이론은, 다른 도덕철학자들에게 있어서처럼 어느 하나를 다른 하나에서 연역하는 추론적 접근으로, 결국에는 어느 하나를 뒷전으로 밀어내게 하는 접근방법과는 다르다. 뒤르켕(1973)에 의하면, 도덕적 행위는 선에 의해서만 이루어지는 것도 아니고, 그렇다고 의무에 의해서만 이루어지는 것도 아니다. 도덕적 행위의 실제에서 두 요소는 항상 다른 한 요소를 수반한다. 적어도 보조적 또는 보완적 요소로 수반한다(p. 99).

지금까지 살펴본 바와 같이 뒤르켕은 그의 도덕성 요소, 즉 규율정신과 사회집단에 대한 애착이 사회라는 하나의 실재의 두 측면이고, 이들의 결합이 가능한 것처럼 선과 의무도 이와 같은 방식으로 결합이 이루어질 수 있을 때 비로소 우리의 도덕적 삶을 이끌어 주는 요소가 될 수 있다고 본다.

3) 자율성

우리는 앞에서 뒤르켕의 규율정신은 한 측면에서 보면 밖에서 부과되는 외적 요소로서 개인은 그가 만들지 않은 도덕규칙에 의해 통제되는 피동적 · 타율적 존재로 전락한 모습으로 보일 수 있다는 인상을 주었다. 그러나 다른 측면에서 보면 아무리 그것이 도덕규칙이라 하더라도 미리 정해진 것을 임의로 부과하려 할 때, 우리의 도덕적 성향은 그것을 선뜻 받아들이려 하지 않는다. 뒤르켕(1973) 역시 자발적으로 받아들일 수 없는 규칙이나 개인의 자율성에 위배되는 규제는 도덕적이라고 보기 어렵다고 말한다(p. 107).

이 같은 맥락에서 뒤르켕은 이른바 도덕성의 제3요소로서 자율성을 제시한다. 그런데 이 자율성의 개념은 규율정신의 기본 개념과 비교해 볼 때, 상호 대립 또는 모순되는 부분이 있어 보인다. 자율성이란 개념의 본질상 합리성을 전제하므로, 뒤르켕에 있어서 자율성을 도덕성 요소로 정당화하기 위해서는 그리고 동시에 규율정신과 자율성 사이에 존재하는 것으로 보이는 모순을 해결하기 위해서는, 그의 도덕이론이 얼마만큼이나 합리성에 기초하고 있는가를 밝힐 필요가 있다.

한편 뒤르켕은 합리성에 기초한 그의 도덕성 이론을 밝히는 과정에서 도덕의 실재를 신이 부여한 것으로 보는 종교적 도덕성 이론과 비교하여 자신의 이론을 세속적 도덕성 이론으로 본다. 종교적 도덕성에서 인간이 내부에 도덕성을 가지고 있다는 것은 인간성의 한 부분이 신성(神性)으로 구성되어 있다는 뜻이 된다. 그리고 인간이 도덕성을 실현할 수 있다는 것은 신이 그의 뜻을 인간을 통해서 실현한다는 말이 된다. 종교적 도덕성에서 신은 인간의 삶의 이상이고 목적이며 모델이다. 인간의 도덕적 삶의 추구는 동시에 초개인적 존재인 신의 목적을 추구하는 것이 된다. 도덕이 신에 의해 주어졌다면, 신은 인간이 지닌 도덕규칙의 입법자이며 관리자가 된다. 그리고 신에 대한 의무는 도덕규칙에 대한 의무가 되기도 한다. 그러므로 신은 인간의 도덕 생활을 구속한다. 그러나 구속은 비록 그것이 신에 의한 것일지라도 도덕적 자율성의 본질적 개념에 위배된다. 이는 종교적 도덕성의 본질은 세속적 도덕성의 본질적 개념과 모순된다는 뜻이다. 이와 관련해서 뒤르켕(1973)은 다음과 같이 말한다.

> 만약에 도덕성이 영원 · 불변하는 신의 법칙이라면, 그것은 신과 같이 영원 · 불변하는 것일 수밖에 없다. 그러나 참된 의미의 도덕성, 즉

> 사회적 도덕성은 비록 그것이 지속성을 지녀야 하는 것이기는 하나, 영원 · 불변하는 것일 수는 없다. 또한 도덕성이 신의 본성의 표현이라면, 이는 인간의 이해를 초월하는 것이므로 도덕성을 이해하려는 인간 정신의 노력을 좌절시키고 인간의 권리를 부인하는 것이 된다. 그러므로 자연적 · 사회적 현상으로서의 도덕성 탐구를 위한 합리적 · 과학적 접근을 불가능케 한다. 이는 불경(不敬)이 되기 때문이다. 이처럼 수세기에 걸쳐 종교체제와 도덕성을 동일시한 결과는 도덕성을 마술적 속성(魔術的 屬性, magic quality)이 되게 하였다. 이러한 종교적 도덕성은 과학적 · 합리적 접근에 의해 도덕성 본래의 권위를 상실시키지 않는 세속적 도덕성이 가능할 때, 도덕성으로서의 자리를 잃게 된다(p. 121).

이처럼 뒤르켐의 도덕성 개념은 신이라는 초월적 존재에서가 아닌 관찰 가능한 실재인 사회적 사실에서 이끌어진다. 앞에서도 언급한 바와 같이 뒤르켐에 있어서 사회는 곧 인간의 양심이다. 이 양심은 종교적 도덕성에서 말하는 신성과 기능 면에서 다르지 않다. 그렇다면 신성을 사회정신의 상징적 표현으로 보고 그것과 대체하는 것이 가능하다고, 뒤르켐은 말한다.

종교적 도덕성이 세속적 도덕성으로 대체된다면, 전자가 가지는 도덕성 개념으로서의 비합리적 문제가 해결될 수 있을 것이다. 왜냐하면 사회는 영원 · 불변하는 것도 아니고, 사회적 도덕성 또한 종교적 도덕성처럼 영원 · 불변하는 것이 아니기 때문이다. 다만 상대적 영원성과 상대적 변화성만이 있을 뿐이다. 그리고 사회는 관찰 가능한 실재이므로 인간에 의한 이해가 가능하다. 한편 사회적 도덕성은 종교적 도덕성에서처럼 어떤 마술적 속성을 띠지도 않는다. 즉, 세속적 도덕성은 종교적 상징주의가 밝히기 어려웠던 도덕성 요소의 제 특징을 밝힐 수 있다. 또 사회는 개인보다 우월한 존재이므로 사회에 의해 만들어진 도덕규칙은 권위를 가진다. 그러므로 도덕규칙은 우리에게 명령을 하고 우리는 그것을 준수할 의무를 지닌다. 이처럼 종교적 도덕성이 세속적 도덕성으로 대체된다고 해서 전자가 지녔던 도덕성의 권위가 상실되거나 도덕적 실재가 빈곤해지는 것도 아니라고, 뒤르켕은 말한다. 더욱이 인간은 사회를 구성하는 부분이므로 도덕이 사회에 의해 만들어졌다는 것은 그 과정에 인간이 함께 참여했다는 뜻이다. 이 점이 도덕을 인간과 사회가 함께 만든 합작이라고 볼 수 있는 근거이고, 종교적 도덕성과 세속적 도덕성의 차이이며, 후자에 대한 과학적 탐구를 가능케 하는 동시에 자율성의 개념이 이끌어질 수 있는 합리적 도덕성을 가능케 해준다(Durkheim, 1973, p. 121).

지금까지 자율성 요소를 확보하기 위한 전제로 종교적 도덕성의 합리적 도덕성으로의 대체 가능성에 대해 살펴보았다. 그러나 자율성이 뒤르켕의 도덕성 요소에서 모순 없이 받아들여질 수 있으려면, 외적 요소로서의 도덕규칙이 명령하는 바에 따른 구속의 문제가 해결되어야 한다. 이 문제의 해결이 그의 도덕성 이론에서 자율성을 확보할 수 있는 관건이 된다. 뒤르켕(1973)은 인간이 사물 및 세계와의 관계에서 그의 자율성을 형성하는 과정을 다음과 같이 설명한다.

> 인간이 어떤 점에서 자유롭다면, 그것은 과학의 힘에 의해서다. 우리가 사물에 대한 완전한 지식을 가지게 되면, 세계를 적절하게 표상하는 체제가 우리 내부에 형성되므로 세계는 더 이상 우리 밖의 존재

> 가 아니다. 그러므로 물리 세계가 어떠하며 그것에 어떻게 적응해야 하는가를 알기 위해 더 이상 외부 세계를 내다볼 필요가 없이, 내부 세계를 들여다보면서 다루는 대상의 관념을 분석하는 것만으로도 충분하다. 이는 마치 수학자가 기하학의 크기를 알려 할 때, 외부 세계를 직접 관찰하지 않고 단순히 (정신적) 계산에 의해 그것을 결정하는 것에 비유될 수 있다(pp. 114-115).

이는 우리가 사물에 대한 지식을 가지게 되면, 우리의 행동을 명령하기 위해 더 이상 외부 세계에 의존하지 않고, 사려 깊은 사고와 의식에 표상되어 있는 관념을 충분히 깨닫는 것만에 의해서도 자율적이 될 수 있다는 뜻이다. 즉, 인간은 자연 세계의 입법자는 아니지만, 과학을 통해서 사물의 법칙과 그것의 존재 이유에 대한 이해까지도 할 수 있으므로 자율적이 될 수 있다는 뜻이다.

그러나 뒤르켐(1973)은 자연에 관한 인간의 지식이 가설적임을 인정한다. 왜냐하면 인간이 가지는 그러한 지식은 완전한 것도 아니고, 결코 완전해질 것으로 기대할 수도 없기 때문이다. 그럼에도 불구하고 자연에 관한 지식을 기정사실로서 다루는 이유는, 그것이 점근선적(漸近線的, asymptotically)으로 접근하는 이상적 한계가 되기 때문이다. 이제 인간은 과학이 그 자체를 형성하는 정도에 따라 물리적 우주와의 관계에서 점점 더 인간 자신에 의지하게 된다. 인간은 과학적 이해를 통해서 자신을 해방시킬 수 있다. 그러므로 과학은 자율성의 원천이다(p. 116). 이와 같이 뒤르켐은 자연 세계에 대한 과학적 접근에 의해 형성되는 자율성의 개념을 도덕 세계에 그대로 적용한다. 도덕성은 자연 세계인 사회본성의 표현이기 때문이다. 한편 뒤르켕(1973)은 도덕 과학의 가능성에 대해 다음과 같이 말한다.

> 인간은 도덕 세계를 창조하지는 않았다. 그러나 과학을 통해 그것의 이해는 물론, 존재 이유까지도 알 수 있게 되었다. 도덕 과학적 입장에서 볼 때, 도덕질서는 더 이상 인간의 외적 존재가 아니다. 도덕질서는 우리의 의식에 분명하고 확실한 관념체제로 표상되어 있다. 그러므로 우리가 그것을 의식하는 순간부터 인간은 도덕 세계의 주인이 된다. 이제 우리는 도덕질서가 사물의 본성, 즉 사회의 본성에 기초하여 반영해야 할 바를 얼마만큼이나 제대로 반영하고 있는가를 조사해 볼 수도 있다. 사회적 실재 이외에 다른 것을 나타내는 도덕질서를 원한다면, 그것은 자유의지의 구실하에 난센스를 말하는 것에 지나지 않는다(p. 117).

이러한 뒤르켕의 말은 우리가 도덕규칙의 이유, 기능 등에 대한 지적 이해에 기초하여 그것에 따르기로 동의하고 원함으로써 이루어지는 행위는 더 이상 구속당하는 것이 아닌 자율적 행위라는 뜻이다. 자유롭다는 것은 사람이 쾌락을 즐기는 것이 아니라 극기하고 이성적으로 행동하며 의무를 이행할 줄 아는 것이기 때문이다(이종각 역, 1987, p. 100).

우리가 자율성의 개념을 이와 같이 이해한다면, 지적 이해에 기초해서 도덕규칙을 자발적으로 따르는 순간부터 도덕성의 명령적 성격은 사라져 버리는가? 다시 말하면, 자율성을 확보하기 위해서는 도덕성의 명령적 성격은 희생되어야 하는가? 이에 대해 뒤르켕(1973)은 그렇지 않다고 말한다.

> 사물은 우리가 그것의 이유를 안다고 해서 그 자체이기를 멈추는 것이 아니다. 우리가 어떤 것이 명령되고 있다는 사실과 그 내용의 유용성을 알게 될 때, 우리는 그것을 거부하기는커녕 오히려 자발적으로 따르게 된다. 즉, 우리의 행위가 외부의 어떤 힘에 의해 규제되어야 한다는 사실을 알게 되면, 우리는 그것을 자유롭게 받아들일 수 있다. 어떤 사실을 알기 때문에 그것에 동의하여 따르는 행위는 더 이상 굴욕도 아니고, 구속도 아니다. 그러한 행위는 자연스러울 뿐 아니라 선이기도 하다(p. 118).

인간은 유한한 존재이므로 우리의 행위는 제한받을 수밖에 없다. 그러므로 도덕규칙의 명령에 복종해야 하는 피동성이나 타율성을 피하기 어렵다. 그럼에도 인간은 과학적 · 합리적 접근에 의해 그것의 존재 이유를 지적으로 이해하여 자발적으로 그것에 따르는 능동적 · 자율적 행위를 동시에 할 수 있다. 이러한 종류의 행위만이 뒤르켕이 도덕적 가치를 부여하는 도덕성이다.

이러한 자율성은 자연에서 이미 만들어져 있었던 것도 아니고, 우리가 태어날 때부터 이미 지니고 있었던 특성도 아니다. 그것은 사물의 완전한 지식을 성취하는 정도에 따라 우리 스스로가 만들어 내는 것이다. 인간이 어떤 점에서 자연의 산물이라 하더라도, 우리는 우리에게 영향을 미치는 자연은 물론 그 영향까지도 통제할 수 있는 방법을 과학적 지식을 통해 확보할 수 있다. 이와 같은 방법으로 인간은 다시 그의 주인이 될 수 있다(Durkheim, 1973, p. 119).

도덕적 행위는 규율을 존중하고 집단에 헌신하는 것만으로 충분한 것이 아니다. 이성에 기초해서 행위의 이유를 가능한 한 분명하고 완전하게 깨달아야 한다. 그러한 깨달음과 그것에서 비롯되는 지식은 우리로 하여금 자율적 도덕성의 실현을 가능케 해 준다. 이 점에서 뒤르켕은 이성은 도덕성의 한 요소가 된다고 말하기도 한다(Chazan, 1985, p. 18).

2. 도덕성의 계발과 도덕적 사회화 도덕교육사상

이 절에서는 앞서 살펴본 도덕성의 3요소를 학생들에게 어떻게 계발시켜 줄 수 있는가와 관련해서 뒤르켕의 도덕적 사회화 도덕교육사상에 대해 고찰해 본다.

1) 벌의 사용과 규율정신의 계발

규율정신은 우리가 도덕규칙을 존경하는 데서 작용하는 마음이다. 이러한 마음은 규칙에 권위를 형성시켜 준다. 규율정신의 계발로서의 도덕교육은 도덕규칙이 지닌 이러한 권위의 감정을 학생들에게 길러 주는 일이다. 그들에게 도덕규칙의 권위를 심어 주는 일은 결국 교사에 의해 이루어진다. 이것이 가능한 것은 교사가 도덕규칙을 존경하고 있을 뿐 아니라 그것을 전하는 그의 과업의 위대성을 학생들이 알고 있기 때문이라고, 뒤르켕은 말한다.

모든 규칙에는 제재(制裁, sanction)의 개념이 함의되어 있다. 뒤르켕은 제재가 없이는 규칙이 있을 수 없다고 말한다. 제재는 어떤 방식으로든 규칙의 기능에 작용한다. 그리고 제재에는 벌의 개념이 함의되어 있다. 이는 규칙을 준수하지 못했을 때에는 벌이 개입된다는 뜻이다. 그러므로 규율정신의 계발을 위해서는 벌의 기능 및 본질이 무엇이며, 이것이 어떻게 작용하는가를 알아볼 필요가 있다.

벌에는 일반적으로 예방기능과 속죄기능이 있다. 규칙이나 법을 위반했을 때 가해지는 벌에는 위반자에게 위반된 행동과 벌을 연결함으로써, 특히 벌에 수반되는 고통을 연상케 함으로써 더 이상 규칙을 위반하지 못하게 작용하는 예방기능이 있다. 하지만 뒤르켕(1973)은 예방기능은 도덕적 행동과 관련해서 볼 때 벌의 본질적 기능이 되지 못한다고 본다. 벌은 밖에서 가해지므로 위반자의 도덕적 삶의 근원에 별로 영향을 미치지 못하기 때문이다. 벌의 위협 작용은 행동을 제지하는 일시적 효과는 있으나 위협 자체만으로는 행동의 개선에 별로 기여하지 못하기 때문이다(p. 161).

이와는 달리 뒤르켕은 위반된 행동에 따르는 악을 상쇄시켜 주고 위반된 행동을 지워 주는 벌의 속죄기능은 위반된 행동을 무효화하여 원래의 상태로 회복시켜 준다고 본다. 그러나 그는 이러한 속죄기능도 벌의 본질적 기능이 되지 못한다고 생각한다. 그가 이처럼 벌의 예방과 속죄기능을 본질적 기능으로 보지 않는 것은 이러한 기능은 위반자에게 도덕규칙에 대한 존경과 권위의 감정을 계속해서 유지시켜 주는 데 효과적이지 못하다고 보기 때문이다. 뒤르켕(1973)은 도덕규칙의 위반과 권위의 관계에 대해 다음과 같이 말한다.

> 도덕적 권위는 공공(公共)의 인정(認定)의 산물이다. 도덕적 권위가 힘을 가지는 것도 이러한 인정에 의해서다. 학교의 규칙이 권위를 가

> 지는 것도 규칙에 대해 가지는 학생들의 감정에 의해서다. 규칙은 위반해서는 안 되고 신성하다는 감정에 의해서다. 규칙의 위반은 그것의 권위를 상실케 하고 신성불가침성에 대한 믿음을 감소시킨다(p. 165).

이처럼 아이들은 모든 사람들이 규칙에 복종하는 것을 보면서 규칙에 권위가 있다는 것을 알게 된다. 그러나 규칙이 위반되는 것을 보면 그것에 대한 권위의 감정을 잃게 된다. 이 점이 바로 도덕성 계발의 저해 요인이다. 그렇다면 위반된 행동을 바로잡기 위해서는 어떻게 해야 하는가? 이에 대해 뒤르켕(1973)은 다음과 같이 말한다.

> 어떤 규칙이 위반되었더라도 그 규칙은 여전히 규칙이라는 점을 입증해 보이는 것이 중요하다. 위반이 있었음에도 그 규칙은 여전히 권위(힘)를 잃지 않았음을 입증할 수 있어야 한다. 이는 위반에는 벌이 따라야 한다는 뜻이다. 규칙이 위반되었는데도 교사의 합당한 제재 조치가 따르지 않는다면, 이는 위반이 허용될 수 있음을 암시하게 되고 더 이상 교사가 그 규칙을 규칙으로 생각하고 있지 않다는 증거로 작용할 수 있다. 결과적으로 학생들 역시 그 규칙에 대한 존경과 믿음의 감정을 가지지 않게 된다. 그러므로 학생들이 규칙을 위반했을 때, 교사는 그들에게 그 규칙에 대한 존경의 감정이 변하지 않았음을 분명하게 알려 주어 그 규칙의 권위가 상실되지 않았음을 보여 주어야 한다(p. 166).

이에 대한 방법으로 뒤르켕이 제시하는 것은 위반자에게 '위반행동에 대한 분명하고 강경한 질책(叱責)'이다. 규칙을 위반해서는 안 된다는 부인(否認)과 위반행위에 대한 비난(非難)이다.

그는 이러한 질책을 벌의 본질적 기능으로 본다.

> 물론 비난은 가혹한 일이고 그 자체가 목적은 아니며 수단일 뿐이다. 위반자에게 벌을 주는 것은 그에게 고통이나 위협을 가하기 위한 것이 아니다. 이는 위반자와 목격자들에게 규칙에 대한 재인식과 의무감을 강화하기 위해서다. 즉, 도덕적 권위를 인식시키기 위해서다. 물론 벌 자체가 규칙을 권위 있게 해 주는 것은 아니다. 벌은 규칙이 권위를 상실하지 않도록 방지할 수 있을 뿐이다. 도덕규칙의 권위는 그것이 위반되었을 때 위반자에게 가해지는 벌에 의해서가 아닌, 규칙에 대한 존경에 의해 형성되고 유지된다(Durkheim, 1973, pp. 166-167).

뒤르켐(1973)은 규칙에 대한 존경심과 권위를 유지시켜 주는 데 기여하지 못하는 벌은 금지되어야 한다고 주장한다. 그는 무엇보다도 체벌을 금지한다. 체벌은 반감(反感, repugnance)을 야기할 수도 있고, 학생들에게 '인간은 존엄하다.'는 감정을 품게 하는 도덕교육의 목적에도 위배되기 때문이다. 그는 체벌뿐 아니라 학생들의 건강에 해를 주는 벌은 모두 금지되어야 한다고 주장한다. 그러나 도덕교육은 해로운 벌을 제거하는 것만으로 충분한 것이 아니다. 그는 또한 교사가 학생들에게 벌을 줄 때에는 비행에 대해 뉘우치는 감정을 촉진할 수 있는 유용하고 의미 있는 벌, 비교적 사용이 쉬울 뿐 아니라 합리적이고 효과적인 벌을 찾아 사용해야 한다고 말한다. 동시에 그는 벌 받는 학생 또한 존중해 주어야 한다고 말한다. 그러할 때 벌은 교육적 의미를 가질 수 있기 때문이다(p. 183). 이러한 맥락에서 뒤르켐

(1973)은 교사가 학생들에게 벌을 줄 때의 유의점을 다음과 같이 제시한다.

> 교사가 학생들에게 벌을 줄 때는 그들이 잘못을 스스로 시인할 수 있도록, 더 이상 잘못을 저질러서는 안 된다는 것을 스스로 느낄 수 있도록 해야 한다. 학생들은 일단 벌을 받고 나면 수치심이 감소될 수 있다. 그리고 그러한 감정은 또 다른 위반에 기여할 수 있으므로 이를 염두에 두고 벌의 방법 선택에 신중해야 한다. 무엇보다도 교사가 화가 난 상태에서 벌을 주어서는 안 된다. 그러나 무감정적(無感情的)이고 냉정한 상태에서의 벌도 경계해야 한다. 지나치게 냉정한 상태에서의 벌은 화가 난 상태에서의 벌만큼이나 효과가 적다. 비행과 벌주는 사이에 약간의 시간적 간격을 두는 것이 바람직하다. 학생들에게는 비행에 대해 생각할 여유를 주고, 교사에게는 혹시나 경솔한 결정은 아닌가를 생각할 기회의 제공이 필요하기 때문이다. 일단 위반행동에 대해 벌을 주기로 결정을 했으면, 자발적인 뉘우침이 있는 경우를 제외하고는 원칙적으로 취소하지 말아야 한다(pp. 199-203).

2) 이타심과 사회집단에 대한 애착심의 계발

뒤르켕에 있어서 도덕교육은 규율정신과 함께 사회집단에 대한 애착심을 계발하는 일이다. 후자는 이타심으로 다른 사람(들)의 이익, 복지, 행복의 증진을 목적으로 행위 하는 마음가짐이다. 뒤르켕(1973)은 행위의 방향이나 목적이 행위자 자신에게로 향하는 구심적(求心的)인 것을 이기적(利己的)인 것으로, 행위자를 넘쳐흘러 다른 사람(들)에게로 향하는 원심적(遠心的)인 것을 이타적인 것으로 본다(pp. 214, 223). 여기서 중요한 것은 인간이, 특히 아동이 이타적 성향을 가지고 있는가다. 아동이 자아 중심적이고, 따라서 이기적 성향만을 가지고 있다면, 사회집단에 애착하는 도덕성 요소의 계발은 불가능할 것이기 때문이다. 이와 관련해 뒤르켕(1973)은 다음과 같이 말한다.

> 인간이 순전히 자아 중심적이고 이기적으로 살아가기는 어렵다. 아동들도 순전히 이기적이지는 않다. 그들도 어릴 때부터 이타적일 수 있다. 그들은 경험을 통해 다른 사람들과의 유대 또는 결속 관계를 가져야 할 필요를 느낀다. 그들의 환경을 구성하는 온갖 종류의 친숙한 대상에 대해 애착하는 마음이 있다. 그들은 일단 어떤 방식의 감정과 행동에 익숙해지면, 그것에서 벗어나는 것이 어려울 뿐 아니라 벗어나는 것도 싫어한다. 그것에 애착하기 때문이다. 실제로 아동들은 그러한 결속관계가 깨어졌을 때 괴로워한다. 이러한 현상은 그들이 자아 이외에 것에 대한 애착심을 계발할 수 있는 성향이 있음을 보여 주는 것으로 볼 수 있다(pp. 217-218).

뒤르켕(1973)은 아동이 자신을 둘러싸고 있는 환경 내의 친숙한 대상과의 관계에서 유대 또는 결속의 감정과 애착하는 마음을 가질 수 있는 것은 '습관을 형성할 수 있는 자신의 기본 성향'과 무엇이든 '쉽게 배우고 부리는 자신의 능력과 열성'에 의해서라고 본다. 이 두 가지는 아동이 자신의 눈앞에서 전개되는 모든 것들을 재생할 수 있도록 작용한다(p. 219).

한편 뒤르켕(1973)은 아동이 성인보다 외부의 행동에 대해 훨씬 더 열려져 있다고 본다. 아동은 아직 성인에 비해 확고하고 결정적인 정신적 구조를 가지고 있지 못하기 때문이다. 물론 아동도 습관을 가지고 있기는 하나, 아직은 순간적인 인상이 끼어들 수 없을 만큼 강력하고도 굳어진 습관을 많이 형성한 상태는 아니다. 그의 의식은 아직도 유동적이고 변덕스럽다. 이러한 아동의 마음의 상태는 외부에서의 강한 암시를 저지하기 어렵다. 그러므로 그의 앞에 나타나는 정서 · 감정을 쉽게 이입(移入)하여 내면화한다(p. 225).

뒤르켕은 수용성과 암시에 따라 움직이는 아동의 마음을 수동적인 것으로만 보지 않는다. 적극적인 행동을 유발하는 작용도 할 수 있는 것으로 본다. 그는 이러한 아동의 심리기제에 기초한 아동의 이타심 계발에 대해 다음과 같이 말한다.

> 아동이 초기에 가지고 있는 이타심의 정도는 약한 상태다. 이타심은 인간의 의식의 범위 내에서 이끌어지는 것이기 때문이다. 그러므로 이타심을 계발하고 그것을 증진시키기 위해서는 아동의 의식이 유기체의 범위를 넘어설 수 있도록 그것을 점차적으로 확대시키는 노력이 필요하다. 이를 위해서는 아동이 불확실하게 지각한 사물(대상)이 있으면, 그 사물에 친숙할 수 있도록 도와주어야 한다. 무엇보다도 그가 소속하고 있는 사회집단에 대한 분명한 의식을 가질 수 있도록 도와주는 노력이 필요하다. 교사가 그러한 노력을 게을리하면, 아동은 그가 속하고 있는 집단에 대해 불확실하고 불완전하게 알게 된다. 알게 되더라도 아주 늦게 알게 된다. 그러나 아동에게 그가 속한 집단에 대한 애착심을 가지게 하기 위해서는 단순히 집단에 대한 의식이나 관념을 가지는 것만으로는 충분하지 않다. 그 관념이 내부의 통합된 요소가 될 수 있도록 반복되게 해야 한다. 그것이 없이는 더 이상 아무것도 할 수 없을 정도로, 즉 습관이 형성되도록 지도해야 한다. 마음과 생각 속에서만이 아닌, 실제로 집단생활을 하도록 지도해야 한다(Durkheim,

1973, pp. 228-229).

아이들의 학교생활은 가정과는 달리 혈연관계로 맺어져 있지도 않고 그들이 자유롭게 선택한 것도 아닌, 우연히 비슷한 나이와 조건에 따라 만난 집단이다. 이러한 학교 환경은 학급 또는 학교에 애착함을 통해 우리가 계발하기를 원하는 사회집단에 대한 애착심으로서의 도덕성인 이타심을 그들에게 자연스럽게 계발시켜 줄 수 있다. 뒤르켐은 도덕성의 건전한 기초는 사회구성원 모두가 공동·집단생활을 하고 싶어 하는 마음에 깔려 있으며, 사회집단에 대한 애착심을 가질 수 있어야 사회집단을 위한 이타적 행위를 할 수 있다고 본다.

3) 규칙의 이해와 자율성의 계발

뒤르켐이 제시하는 도덕성 요소로서의 자율성은 사회규칙으로서의 도덕규칙이 정당할 뿐 아니라 선하다는 것과 개인이 사회구성원의 한 사람으로서 이미 이행하고 있는 도덕규칙의 본질과 기능을 지적(知的)으로 이해하여 받아들이는 능력이다.

그러나 뒤르켐(1973)에 있어서 규율정신과 사회집단에 대한 애착으로서의 도덕성은 강제적 성격을 띠기도 한다. 특히 전자는 도덕규칙의 명령에 복종하는 것이므로 도덕성 본질의 한 측면인 자율성 개념에 위배된다는 인상을 준다. 하지만 어떤 행위가 비록 도덕규칙의 명령에 복종한 것이라 하더라도, 그 규칙을 수용하는 태도 여하에 따라 그것이 맹목적인 복종일 수도 있고 자율적인 결정일 수도 있다. 그것이 자율적이 될 수 있기 위해서는 여러 행동 대안의 결과에 대한 충분한 지적 이해가 요구된다. 도덕규칙에 대한 이해는 자율성을 촉진하기 때문이다(p. xii).

뒤르켕(1973)에 있어서 규율정신과 사회집단에 대한 애착은 도덕교육의 목적으로 작용한다고 말할 수 있다. 이에 비해 자율성은 전자의 두 도덕성을 성취하는 데 필요한 행동 대안으로서의 규칙을 선택할 때 수단으로 작용한다. 도덕적 행위는 '해야 하는 것'일 뿐 아니라 '원하는 것'이기도 해야 한다. 원하는 것이어야 할 뿐 아니라 목적 달성에 가장 바람직한 수단이 되는 행동이 어떤 것인가를 말해 주는 것이기도 해야 한다. 이를 말해 주는 것은 이성의 작용이다(p. xxi).

뒤르켕(1973)에 있어서 도덕교육의 주요한 문제 중의 하나는 이러한 자율성을 학생들에게 어떻게 계발시켜 줄 수 있는가다. 그러나 그는 자율성과 관련해서는 규율정신이나 사회집단에 대한 애착에 비해 직접적인 방법론을 제시하고 있지 않다. 하지만 그는 자율성의 계발과 관련해 역사와 과학 교육의 중요성을 강조한다. 이러한 교과는 실재에 대한 이해를 가능하게 하고 그것에 직면할 수 있게 하기 때문이다. 그에 의하면, 과학과 역사는 진지한 삶에 관한 것이다. 도덕 또한 진지한 삶에 관한 것이기에 과학과 역사 교육을 강조한다. 과학은 행위를 올바르게 판단하는 방식을 결정하는 데 기여할 수 있다. 특히 자연 과학은 인간의 영역을 보다 잘 이해하고, 행위의 방향을 제시하는 데 기여함으로써 도덕적 행위를 강화할 수 있는 정확한 아이디어와 지적 습관을 형성하는 데 기여할 수 있다(p. 261).

뒤르켕(1973)에 의하면, 도덕의 세계는 실제의 세계, 즉 행동의 세계다. 그러므로 사회적 실재의 이해를 요구한다. 사회는 그 자신의 특성을 가지고 있다. 그러므로 학생들에게 사회의 본래적 특성을 알게 하고, 직접적인 접촉을 하게 하는 것은 중요하다. 그러나 아동들에게 가르칠 수 있는 합당한 사회 과학의 개발은 쉽지 않다. 한편 초등학교에서 교육과정상 사회학에 가까운 교과는 역사라고 할 수 있다. 역사는 사회에 관한 아이디어를 학생들에게 잘 제공할 수 있을 뿐 아니라 개인과 사회를 연결시키는 방식이 되기도 한다(p. 275).

뒤르켕(1973)이 말하는 과학과 역사 교육에서의 교사의 교수역할은 집단과 완전성에 초점을 두고, 학생들이 보다 넓은 사회적 유형 및 특성과 사회생활 및 도덕의 복잡한 역동성을 이해할 수 있도록 도와주는 것이다(pp. 252-266, 267-281). 과학 · 역사교육 등은 주로 교실수업에 의존한다. 그런데 도덕은 일반적으로 행동과 실천을 요구하는 행위의 영역이다. 그러므로 뒤르켕(1973)에 있어서 이론과 사고(思考)에 의해 이루어지는 교실수업이 도덕교육으로서 효과가 있는가의 문제가 제기될 수 있다. 이에 대해 그는 인간의 도덕성은 인간이 지적이라는 사실에 의해 지적인 데 근거하며 인간의 행위는 행동을 생각하는 방식에 의해 영향을 받는다고 대답한다. 이는 곧 교실수업에 의해서도 도덕교육, 특히 도덕규칙 등에 대한 지적 도덕교육의 가능성이 있음을 말해 주는 것으로, 그가 의미하는 자율성 계발교육의 원천이 된다(p. 249).

3. 요약 및 결론

뒤르켕은 규율정신, 사회집단에 대한 애착, 그리고 자율성을 도덕성의 3요소로 제시한다. 도덕규칙을 사회의 선(善)의 가치체제가 반영된 것으로 본다. 그러므로 사회구성원은 도덕규칙을 신뢰하고 존경하는 마음을 가져야 한다는 것이다. 그러할 때 개인은 도덕규칙의 권위를 인정하게 되고, 도덕규칙이 명령하는 바를 일관성 있게 준수하는 규율정신을 가지게 된다. 규칙의 준수는 규칙의 권위가 유지되는 한 계속된다. 이는 또한 개인에게 욕구의 억제와 규칙성을 요구한다. 이처럼 뒤르켕이 말하는 규율정신은 도덕규칙의 권위를 인정하고 존경하여 그것을 규칙적으로 준수하는 우리의 마음의 자세를 가리킨다.

그러나 우리의 행위가 도덕적이 되려면, 행위의 목적이 개인이 아닌 사회집단을 위한 것이어야 한다고, 뒤르켕은 말한다. 이는 개인이 사회집단의 이익을 위해 사회집단에 헌신하는 것을 의미한다. 그는 이러한 의미의 사회집단에 대한 애착을 도덕성의 요소로 제시한다. 사회집단이란 뒤르켕이 말한 그대로에 따르면 다른 사람(들)을 의미하지 않는다. 따라서 특정한 개인(들)을 위한 행위는 도덕적인 것으로 볼 수 없다. 이에 대해서는 논란이 있을 수 있겠으나 현실적으로는 구성원인 다른 사람(들)을 위한 것으로 보아야 할 것이다.

뒤르켕은 사회를 실재로 인정하고, 사회적 가치체제의 반영인 도덕규칙을 선으로 받아들이는 지적 이해에 기초하여 개인이 자발적으로 도덕규칙을 준수하는 행위를 자율성으로서의 도덕성 요소로 제시한다. 그러므로 그는 일부에서 도덕규칙의 명령에 일관성 있게 따르는 태도, 즉 규율정신은 피동적이라는 비판에 대해 자율성이 충족되는 한, 문제가 되지 않는다고 말한다.

뒤르켕은 규율정신의 계발 방법으로 벌(罰)을 제시한다. 그가 말하는 벌의 본질적 기능은 예방적이고 속죄적인 것이기보다는 질책에 의해 규칙의 위반행위를 부인하고 비난하는 것이다. 질책은 규칙의 위반자에게 그의 위반에도 불구하고 그 규칙은 여전히 우리가 준수해야 하는 규칙이라는 점을 인식시켜 줌으로써 규칙의 권위 상실을 방지하는 작용을 한다. 이러한 벌에 의한 규칙의 권위 유지는 계속해서 규칙을 존경하고 준수하는 규율정신을 계발하고, 궁극적으로는 도덕적 습관 형성에 기여할 수 있다.

뒤르켕은 아이들에게 이타적(애타적) 성향이 있다고 본다. 아이들은 세계와 의식의 범위가 성인에 비해 좁기 때문에 이타성의 정도가 약하기는 하나 무엇이든 쉽게 배우고 부릴 수 있을 뿐 아니라 주위 세계에 열려져 있다. 이러한 아동의 성향은 그가 관계하는 환경 내의 여러 대상에 쉽게 결속하고 애착하도록 하는 마음의 계발, 즉 사회집단에 애착하는 이타성의 계발을 가능케 해 주는 작용을 한다.

뒤르켕은 규율정신과 사회집단에 대한 애착을 도덕의 목적으로 본다. 이러한 목적을 달성하는 과정에서 필요한 것은 어떤 행동 대안을 선택하느냐다. 이 선택의 과정에서 규칙에 대한 지적인 이해는 규율정신이 범할 수 있는 피동적 행위를 방지하여 자율적 행위를 가능케 해 준다. 그는 교실수업을 통한 역사 및 과학 교육, 특히 자연 과학 교육은 사회 · 도덕규칙의 세계인 실재를 합리적으로 이해하는 데뿐 아니라 동시에 자율성을 계발하는 데에도 기여할 수 있다고 본다.

뒤르켕에게 있어서 도덕적이란 도덕규칙이 선의 가치체제임을 지적으로 이해하고 받아들여(자율성), 사회집단의 이익을 위해(사회집단에 대한 애착), 도덕규칙을 일관성 있게 준수하는(규율정신) 행위다. 이러한 맥락에서 뒤르켕은 '도덕교육은 덕목(내용)들을 잇달아 가르치는 것이기보다는 그가 제시하는 도덕성의 3요소를 길러 주는 것'으로 보았다. 그가 도덕교육을 이와 같이 보는 것은 도덕은 사회와 문화 또는 시대가 다르면 달라질 수 있어도 그러한 도덕성의 3요소는 아무리 사회와 문화가 다르고 또한 달라진다 하더라도, 도덕적 행위자가 되기 위해서는 언제, 어디에서나, 그리고 누구에게나 요구되는 도덕성의 요소이기 때문이다.

5 듀이의 경험의 성장 도덕교육사상*

듀이(J. Dewey, 1859~1952)는 미국의 철학자, 심리학자, 교육학자다. 그의 사상은 교육과 사회개혁에 영향을 미쳤다. 그는 교육(教育)과 성장(成長)을 같은 개념으로 보았다(Dewey, 1944, pp. 41-53). 여기서 성장은 '경험(經驗)'의 성장이다. 경험은 인간과 환경이 상호 작용(相互作用)하여 생겨나는 산물을 가리킨다. '성장'은 현재의 경험을 이전의 경험에 기초하여 계속해서 재구성함으로써 경험의 의미가 증가되는 현상을 가리킨다. 이 장에서는 이러한 '경험의 성장'을 교육 또는 도덕교육으로 보는 듀이의 사상에 대해 살펴본다.

* 이 장은 필자의 『현대 도덕교육론』(2008) 제9장 '경험의 성장 이론과 도덕교육' (pp. 309-356)에서 발췌 · 요약하면서 일부 수정 · 보완한 것이다.

1. 경험의 원리와 성장

듀이는 인간의 삶을 환경과의 상호 작용을 통한 자아 경신(自我更新)의 과정으로 본다. 이러한 자아 경신은 결국 경험이 성장함으로써 가능하다. 그는 이러한 '경험의 성장'을 인간의 삶의 원리로뿐 아니라 (도덕)교육의 원리로 본다. 그러므로 듀이의 (도덕)교육이론을 이해하기 위해서는 무엇보다도 그가 말하는 '경험의 성장'에 대한 이해가 충분히 이루어져야 할 뿐 아니라 선행되어야 한다.

'경험의 성장'에서 '경험'의 의미는 인간과 환경이 상호 작용하는 '공간적' 측면에 더 실려 있고, '성장'의 의미는 경험의 의미가 증가하는 '시간적' 측면에 더 실려 있다. 개념적으로 볼 때 경험의 공간적 측면은 '상호 작용의 원리'가 중심적으로 작용하고, 시간적 측면은 '계속성의 원리'가 중심적으로 작용한다. 듀이는 이 두 원리를 경험의 기본적인 원리로 본다. 즉, 그에게 있어서 경험은 공간적인 상호 작용과 시간적인 계속성이 '함께 작용하는' 인간의 존재 모습이다. 인간과 환경이 '계속해서 상호 작용하는' 활동의 모습이다.

듀이의 이러한 인간의 존재 모습에서 경험의 기본원리인 "상호 작용과 계속성은 분리되지 않는다"(Dewey, 1938, p. 44). 만약에 이 두 원리가 분리되어 작용한다면, 경험의 성장은 이루어지지 않는다. 다시 말하면, 인간과 환경 간에 상호 작용에 의한 경험만 있고 이 경험이 다음의 다른 경험과의 관계에서 계속해서 재조직 · 재구성 · 개조되는 경험의 의미의 증가가 없다면, 경험의 성장은 이루어지 않는다. 이처럼 경험의 성장이란 인간과 환경 간의 상호 작용과 이의 계속성을 '함께 그리고 동시에' 일컫는 말이다. 그러므로 듀이에게 있어서 (도덕)교육은 경험 자체이기보다는 이러한 의미의 경험의 성장이다.

1) 상호 작용 원리와 계속성 원리

듀이는 '상호 작용'이라는 용어를 영어의 'interaction'으로서보다는 'transaction'으로 표현하는 것이 인간과 환경 간의 상호 작용의 본래적 개념에 더 적합하다고 말한다. "interaction은 인간과 환경(자연 · 사회 · 세계) 간의 상호 작용이라는 사건이 발생하기 이전에는 두 실체가 서로 떨어져 있었는데 사건이 발생하면서 양자의 상호 작용이 이루어진다고 생각될 수 있기 때문에 상호 작용 자체가 '이미 주어진 것(the given)'임을 나타내기 위해서는 transaction이 더 적합한 용어"(Troutner, 1974, p. 17)라는 것이다. (그러나 필자는 이 글에서 영어의 이 두 용어를 우리말로 구별하지 않고 앞에서와 같이 계속해서 '상호 작용'으로 사용할 것이다. 실제로 듀이도 두 용어의 구별을 제시한 이후에도 계속해서 두 용어를 다 사용했다.) 즉, 전통적인 형이상학적 사고방식에 의하면, "인간과 환경이 작용하여 원인도 되고 결과도 되는 현상이 발생하는데, 이러한 작용에서는 서로 독립된 양자 사이의 전화(轉化)는 일어나지 않는다"(Yahoo 백과사전). 그러나 듀이의 transaction은 양자 간에 전화와 통합이 가능하다. 즉, "양자는 서로가 서로를 변화시킬 수 있다"(박철홍, 윤영순, 2006, p. 10). 그러므로 인간과 환경의 모든 현상과 대상은 이와 같은 상호 작용, 상호 연관 속에 있으며, 그러한 가운데서 서로 분리될 수 없는 관계를 맺고 있다.

다시 말해 경험을 이원론적(二元論的)으로 보는 사람들은 "인간이 존재하고 있다. 환경도 존재하고 있다. 이 두 독립된 실체가 서로 만나서 상호 작용을 하게 되고, 이에 의해 경험이 발생한다. 이처럼 그들은 '상호 작용'을 인간과 환경에 이어 제3의 실체로 본다. 즉, 상호 작용 자체를 존재의 본질적 속성이 아니라 '이미 주어진 두 존재물을 연결시켜 주는 제3의 독립된 것'으로 본다"(박철홍, 윤영순, 2006, p. 9). 이에 비해 경험을 일원론적(一元論的)으로 보는 듀이는 존재의 본질적 속성을 상호 작용 그 자체로 본다. 즉, "인간과 환경은 분리되어 존재하지 않는다. 양자의 구분이 존재하기 이전에 양자 간에는 이미 transaction이 존재한다. 그러므로 transaction은 인간 존재의 가장 기본적인 단위이고 삶의 일차적 모습이다"(박철홍, 윤영순, 2006, p. 10).

이러한 transaction을 호흡(呼吸) 현상을 예로 들어 비유하면 다음과 같다. 이원론적 사고에 의하면, 폐(肺)와 공기가 독립된 실체로 존재하고, 양자가 상호 작용함으로써 호흡이 발생한다. 그러나 폐와 공기가 독립된 실체로, 즉 따로따로 존재하는 순간 이미 그 폐는 살아 있는 폐가 아니다. 마찬가지로 인간과 세계가 따로따로 존재하는 순간 인간은 이미 살아 있는 인간이 아니다. 그러므로 일원론적 사고에서는 호흡을 폐와 공기가 지금 상호 작용하는 현상 그 자체로 본다. 마찬가지로 인간의 모습을 인간과 세계가 지금 상호 작용하는 현상 그 자체로 본다. "호흡이 없다면, 폐와 공기를 함께 엮어 관련지어 생각할 방법이 없다"(박철홍, 윤영순, 2006, p. 10). 마찬가지로 인간이 없다면 인간과 세계를 함께 엮어 관련지어 생각할 방법도 없을 것이다.

듀이는 경험의 일원론적 사고, 즉 인간과 환경 간의 transaction 현상을 인간을 자연화하고 자연을 인간화하는 자연주의적 사고방식에 의해 설명한다.

> 인간과 자연은 원래부터 떨어져 있는 두 개의 존재가 아니라 인간이 존재하는 순간부터 자연은 인간적인 것이 되고만 셈이다. 그것은 인간의 경우에도 마찬가지다. 인간이 자연 속에 존재할 수 있다는 것 자체가 인간이 자연화되었음을 의미한다. 자연 상태에 존재하는 인간은 자연과 교변작용을 할 수밖에 없다(박철홍은 transaction을 교변작용으로 옮긴다). 의식하든 못하든 인간은 빛, 온도, 압력, 소리, 전기장 등 무수히 많은 것들과 교변작용을 하고 있다. 인간이 자연 속에 출현하는 순간 인간은 자연에 의해 새롭게 규정되었고, 자연은 인간의 의해 새롭게 재탄생된 것이다. 이런 생각을 자연 전체로 연장시킨다면 자연은 인간의 경험과 무관하게 존재하는 것이 아니라 인간과 교변작용을 하는 경험에 의해, 경험 속에, 경험으로 존재하는 것이다. 그리고 이때 자연은 '인간화된 자연'이고 인간은 '자연화된 인간'인 셈이다(박철홍, 윤영순, 2006, p. 11).

이러한 자연주의사상을 가진 듀이는 존재와 자연과 실재를 동일한 것으로 본다. 경험을 자연의 과정으로, 자연과 연속적인 것으로, 자연 안에 있는 자연의 일부로, "자연이 그 모습을 드러내는 지평이자 모든 가치의 원천"(황경식, 1982, p. 150)으로 본다. 이처럼 듀이는 인간과 자연 간의 상호 작용으로서의 경험을 존재의 "일차적 모습으로, 기본적 범주"(황경식, 1982, p. 153)로 본다.

그렇다고 해서 그가 경험과 자연을 동일한 것으로 보는 것은 아니다. 경험은 인간과 자연이 상호 작용하는 상황에서의 사상(事象)이기 때문이다. "경험은 단순한 심리적 · 정신적 과정만이 아니다. 관련된 다른 사상들과 더불어 성립한" (이돈희, 1982, p. 110) 결과도 포함한다. 즉, "경험은 앎의 과정과 앎의 대상과 앎의 주체" (이돈희, 1982, p. 111)뿐 아니라 앎의 결과도 포함한다. 그러나 듀이는 경험의 주체나 대상이라는 말보다는 경험의 '상황'이라는 말을 즐겨 썼다. 경험은 주관적 요소와 객관적 요소가 상호 작용해 가는 가운데 성립하는 존재의 장(場)을 의미하기 때문이다. "경험은 경험하는 작용과 경험된 내용 양자를 모두 포함한다" (황경식, 1982, p. 153). 이렇게 볼 때 "인간의 삶에서 일어나는 모든 일은 경험이다. 인간의 역사도 경험의 역사다. 인류의 문화도 경험의 소산이다. 종교, 예술, 기술, 제도, 과학, 철학 등도 인간의 경험이다" (이돈희, 1982, p. 111).

그러나 인간과 환경 간의 상호 작용으로서의 경험은 인간의 존재 모습이기는 하나 그 자체만으로는 충분한 가치가 될 수 없을 것이다. 따라서 삶의 목적이나 교육의 목적이 될 수 없을 것이다. 상호 작용의 과정과 결과로서의 경험이 성장된 것이어야 비로소 인간의 가치가 될 수 있고, 삶의 목적이 될 수 있으며, 따라서 (도덕)교육의 목적이 될 수 있는 것이다. 듀이에 있어서 "경험이란 공간적인 상호 작용과 시간적인 연속성이 함께 구성해 가는 상호 작용적 연속체이기 때문이다. 모든 경험은 그 이전의 경험에서 어떤 것을 받아 가지는 동시에 후속하는 경험에 영향을 미침으로써 그 원인으로 작용한다. 경험은 단일한 동일성의 반복이 아니다" (황경식, 1982, p. 154). 만약에 "경험의 계속성이 유지되지 않는다면, 모든 경험은 낯선 것이 되고 어느 방향으로 나아갈지 알 수 없으며 일관성 있는 삶을 살 수 없게 된다. 이는 개인과 세계가 분리된다는 뜻이다. 분리의 정도가 일정한 범위를 넘어서면 정상적으로 살아가기 어렵다"(Dewey, 1938, p. 44). 정상적인 삶은 계속해서 일어나는 경험들이 성장할 수 있을 때 가능하기 때문이다.

이상에서 살펴본 바와 같이, 듀이가 말하는 경험의 성장이란 인간이 환경과 상호 작용할 때 앞선 경험에 기초하여 계속해서 '새로운 경험을 산출하는 일'이다. 이는 앞선 경험에서 느끼거나 깨달은 경험의 의미를 계속해서 증가시킴으로써 이루어진다. 이러한 증가는 앞선 경험의 의미를 계속해서 재조직, 재구성, 개조함으로써 변화되고 진보되는 현상이다.

2) 성장과 습관

듀이에 의하면, "습관은 경험을 통해서 형성된다"(Dewey, 1938, p. 35). 그리고 "습관은 성장의 표현이다"(Dewey, 1944, p. 46). 이는 습관이란 인간과 환경 간의 계속된 상호 작용이 가져다주는 보다 조직화되고 안정된 경험의 성장에 대한 다른 이름이라고 말할 수 있다. 그러나 습관이 경험을 통해서 형성된다고 해서 습관이 경험에 영향을 미치지 못한다는 뜻은 아니다. 듀이는 "한 번 형성된 습관은 뒤에 오는 삶에 영향을 미치며 삶의 과정에서 변화하고 발전한다."(Dewey, 1938, p. 35)고 말한다. 이는 습관은 뒤에 오는 경험에 영향을 미칠 뿐 아니라 깨지기도 하고 다시 형성되기도 하는 과정에서 발전이 이루어진다는 뜻이다. 이렇게 볼 때 경험과 습관은 같은 맥락(脈絡)으로 동일 근원적(同一根源的)이다.

여기서 우리는 유기체적 존재로서의 인간이 환경과의 상호 작용을 조화롭고 안정되게 하며 살아갈 수 있는 조직된 기능을 습득한 상태를 습관이 형성된 상태라고 말할 수 있다. 그리고 이러한 습관은 "일을 능률적이게 하는 실천적 기능의 한 가지 양식"(Dewey, 1944, p. 46)으로 "상식적 의미에서 말하는 습관, 즉 고정된 반응 양식으로서의 습관이 아니다. 이는 삶(경험)을 통해 형성되는 생물학적 의미의 습관으로 삶의 모든 상황에 대처하고 반응하는 기본적인 반응 양식이다"(Dewey, 1938, p. 35).

습관이란 단지 인체에 일으키는 변화만이 아니다. 후일 환경에 어떤 변화를 일으킬 수 있는 능력이기도 하다. 실천적 · 행동적 측면에 국한되지 않는다. 지적 · 정적(情的) 측면에도 작용한다. 습관은 일종의 경향이다. 행동의 조건 중에서 어떤 것을 자진하여 선택하는 경향이다. 습관에는 판단하고 추리하는 것도 있다. 지적 · 도덕적 태도로 작용하는 것도 있다. 그러므로 습관을 기계적 · 외적 행동과 동일시하는 것은 잘못이다. 틀에 박힌 습관은 무사려(無思慮)의 습관이다. 습관에는 이성이 포함되어 있다. 우리는 이성이 포함되지 않은 습관을 가질 때 그것의 포로가 된다. 이러한 습관에는 가소성(可塑性)도 없다(Dewey, 1944, pp. 48-49).

이처럼 듀이에 있어서 습관은 신체적 측면에서뿐 아니라 지적 · 정서적 측면에서도 작용한다. 이러한 습관은 일종의 능력이다. 그는 신체적 활동과 환경 사이에 이미 형성된 균형을 계속해서 보전하려는 습관을 소극적 습관으로 본다. 이에 비해 새로운 환경에의 적응과 목적을 향해 계속해서 탐구하려는 습관을 적극적 습관으로 본다. 여기서 "소극적 습관은 성장의 배경을 제공하는 능력으로 작용하는 데 비해 적극적 습관은 성장 자체를 구성하는 능력으로 작용한다"(Dewey, 1944, p. 52).

일반적으로 습관은 반복적, 단정적, 무비판적, 강요적인 경향성을 가진다. 일단 형성된 습관은 외부에서 저해(沮害)나 방해세력이 있게 되면, 그것에 대해 거부하는 항상성(恒常性)을 지닌다. 그리고 이러한 습관은 타성(惰性)에 빠지기 쉽다. "장해(障害)를 받으면 물러서려 하지 않을 뿐 아니라 노여워하고 보복하려 한다. 파괴되는 것을 원치 않으며 위협에게서 스스로를 지켜나가려는 자기보존성을 지닌다"(권선영, 1989, p. 27). 그러나 듀이가 말하는 습관은 단순한 '길들이기(habituation)'가 아니다. 그에 의하면, 타성이나 반복성 등은 결코 습관의 본성이 아니다. "습관은 능동적이며 목적을 실현하는 수단 또는 의지로도 작용한다. 그 과정에서 관련된 조건들을 능동적으로 선택하는 행위도 한다"(권선영, 1989, p. 28). 습관에는 사고하는 습관, 탐구하는 습관, 문제를 해결하는 습관, 공부하는 습관, 분석하고 비판하는 습관, 창조하는 습관, 돌보는 습관, 친절한 습관, 배려하는 습관 등 지적이고 정서적인 습관들도 있다.

이상에서와 같이 듀이는 인간을 유기체적 존재로, 인간과 그의 마음을 생물학적이고 진화론적인 것으로 본다. 인간의 마음을 하나의 실체로서가 아니라 기능으로 본다. 인간의 삶을 유기체와 환경 간의 '끊임없는 상호 작용'으로 본다. 이러한 상호 작용이 조화롭지 못할 때 인간의 삶은 불확실하고 불안정하며 불만족스럽게 된다. 삶의 습관이 깨진 상태이기 때문이다. 이러할 때 인간은 그의 삶을 확실하고 안정되며 만족스럽게 영위하기 위해 환경과의 상호 작용을 새롭게 시도한다. 이러한 시도가 성공적일 때 그는 깨진 습관을 회복하여 안정되고 만족스러운 삶을 계속 영위한다.

인간과 환경 간의 상호 작용의 과정에서는 여러 가지 변화가 일어난다. 이러한 경우에 인간은 환경과의 관계에서 균형을 유지하고 지속적인 조화와 통합을 이루어야 한다. 그러나 유기체적 존재로서의 인간이 그러한 균형의 유지와 조화에 항상 성공하는 것은 아니다. 균형이 깨졌을 때는 그것을 회복시켜야 유기체의 생명이 유지되고 성장할 수 있다. 여기서 균형이 깨진 상태는 유기체적 존재로서의 습관의 형성이 깨진 상태다. 유기체는 깨진 습관을 회복하거나 새로운 습관을 형성해야 생존이 지속된다. 이처럼 "생존의 과정은 균형이 깨진 상태와 회복된 상태의 리듬이 지속되는 과정으로 이해될 수 있다. 균형이 깨진 상태에서는 회복을 위한 욕구가 발생한다. 회복을 위한 움직임이 곧 탐색과 탐구의 행위이고 회복된 상태는 충족 혹은 만족을 의미한다"(이돈희, 1982, p. 114).

그러므로 듀이에게 있어서 인간의 삶이란 환경과의 관계에서 "균형을 잃는 일과 이를 회복하는 일의 율동이 계속되는 현상이다"(오천석 역, 1979, p. 188). 여기서 전자는 문제가 발생하는 상황이고, 후자는 문제를 해결하는 상황이다. 이러한 문제의 해결은 지성을 사용하는 사고, 즉 탐구에 의해 이루어진다. 이러한 탐구에 의해 인간은 삶의 문제를 해결하여 환경과의 상호 작용을 계속해서 조화롭게 하며 자연 및 세계와 더불어 살아간다.

이처럼 우리는 환경과의 관계에서 습관을 습득하여 환경에 적응하고 환경과 더불어 살아간다. 이러한 습관은 경험의 계속성 원리가 작용하는 구체적인 인간의 삶의 형태이고 모습이다. 듀이에 있어서 교육은 이러한 의미의 경험의 성장 또는 습관이 이루어지는 과정이다.

2. 경험의 성장과 교육적 및 비교육적 경험

그러나 "모든 경험이 다 그리고 반드시 성장하는 것은 아니다"(이돈희, 1982, p. 114). 경험의 성장을 교육으로 보는 듀이에게 있어서는, 그러므로 경험의 성장이 이루어지는 것은 교육적 경험이고 그렇지 않은 것은 비교육적 경험인 셈이다. 예를 들면, 방 안에 켜져 있는 촛불을 처음 본 아이가 그것에 호기심을 느낀 나머지 만져 보고 싶어 손을 댔다고 하자. 그때 그는 손가락에 뜨거움을 느끼고 화상(火傷)을 입는다. 뜨거움과 화상은 그에게 고통과 괴로움을 가져다준다. 이러한 경험에서 그는 '촛불은 뜨겁고, 화상을 입히며, 고통과 괴로움을 준다.'는 사실을 알게 된다. '화상과 여기에서 야기되는 고통 등을 피하려면 촛불에 손을 대서는 안 된다.'는 사실을 깨닫는다. 이러한 경우, 그가 이후의 생활에서 계속해서 촛불에 손을 대지 않는다면, 더 나아가 다른 모든 불에도 손을 대지 않는다면, 이는 그에게 있어서 경험의 의미가 증가된 것이다. 이러한 현상이 바로 그에게 있어서 경험이 성장한 것이고, 습관이 형성된 것이며, 그리고 교육이 된 것이다.

이와는 달리 만약에 그가 자신이 겪은 경험의 의미를 증가시키지 못한다면, 그의 경험은 성장 된 것이 아니므로 비교육적 경험인 것이다. 다시 말하면, 듀이에 있어서 비교육적 경험이란 어떤 요인에 의해 경험의 성장이 방해받거나 성장의 방향이 왜곡되어 경험의 의미가 증가되지 않고, 재조직 · 재구성 · 개조되지 않으며, 습관이 형성되지 않은 경험이다.

주위 사물에 대해 관심이나 흥미를 불러일으키지 못하는 경험, 주변의 자극에 대해 무감각하게 하는 경험 등은 앞으로 하게 될 보다 풍성한 경험의 기회를 제한한다. 기계적인 기능을 증가시켜 주기는 하나 경험 당사자를 판에 박힌 기계적 습관에 고착시키게 하는 경험은 그가 계속적으로 성장할 경험의 범위를 줄어들게 한다. 어떤 경험이 그 자체만으로 볼 때는 즐겁고 유쾌할 수 있으나 다른 경험과 아무런 관련을 맺지 못하는, 즉 고립된 경험은 계속적인 발달을 가져다주지 못한다. 이러한 경험은 산만하고 일관성 없는 태도와 습관을 조장한다. 이러한 태도 및 습관은 이후에 오는 경험에서 유익한 결과를 얻을 수 있는 기회를 상실하게 한다(Dewey, 1938, pp. 25-26).

이처럼 경험의 계속성 원리가 작용하지 못하여 경험의 성장이 이루어지지 못한 경험은 교육적 경험이 되지 못한다. 그렇다고 이 말이 이른바 경험의 성장은 모두가 다 교육적이라는 뜻은 아니다. 예를 들면, 전문적인 도둑의 도둑질 기술이나 사기(詐欺)꾼의 사기 기술은 그 나름대로 경험의 성장이라고 볼 수 있는 측면이 있을 것이다. 그러나 우리는 그들의 그러한 경험을 교육적이라고 말하지 않는다. 모든 경험의 성장이 다 경험의 계속성 원리에 부합되는 것은 아니기 때문이다. 듀이는 경험의 성장이 교육적 의미의 성장이 될 수 있으려면, 그것이 인간 전체로서의 성장을 향한 경험의 계속이어야 한다고 말한다.

성장이라는 교육적 관점에서 보면, 중요한 문제는 인간 전체로서의 성장이다. 따라서 특정한 방향으로 성장하는 것의 가치는 그 자체로만 판단해서는 안 된다. 그것이 전체로서의 성장을 촉진하는가, 방해하는가에 일차적인 강조가 있어야 한다. 다시 말하면, 특정한 방향으로의 성장이 이후의 성장에 바람직한 조건을 형성하는가, 아니면 계속적인 성장의 기회를 막아 바람직하지 못한 조건을 형성하는가에 일차적인 강조가 있어야 한다. 한마디로 특정한 방향으로의 발달은 (전체로서의 성장을 향한) 계속적인 성장에 기여할 때에만 교육적 기준이 될 수 있는 것이다. 그렇지 못하면, 그것은 교육의 기준이 되지 못한다(Dewey, 1938, p. 36).

여기서 듀이의 특정한 방향으로만 이루어지는 경험, 그러므로 인간 전체로서의 성장이 되지 못하는 경험은 비록 그것이 이른바 경험의 성장의 개념에 해당된다고 볼 수는 있어도 교육적 경험이 될 수 없다는 말은, 앞에서도 언급한 바와 같이 교육과 도덕교육을 같게 보는 그의 관점을 잘 나타내 주고 있는 대목이다. 전체로서의 경험의 성장은 한 사람의 인격 내지 도덕성을 의미하는 말로 볼 수 있기 때문이다.

이상에서 살펴본 바와 같이 듀이에 있어서 어떤 경험이 교육적 경험인가, 비교육적 경험인가는 그것의 '계속성' 여부에 달려 있다. 그러나 이 말이 교육적 경험의 개념적 기준에서 경험의 또 하나의 기본원리인 '상호 작용'이 배제된다는 뜻은 물론 아니다. 경험의 계속은 인간과 환경 간의 상호 작용에 의해 이루어진 '이미 발생된 경험'이 있어야 하고, 그러할 때에 그것에 기초해서, 그것에서 시작될 수 있기 때문이다. 따라서 교육적 경험인가를 판단 또는 평가할 때, 경험의 '성장'이 교육의 개념이라고 해서 '성장'에 초점을 둔 나머지 '경험' 자체를 발생시키는 '상호 작용'에 대한 관심을 소홀히 해서는 안 될 것이다. 앞에서도 언급한 바와 같이 경험을 구성하는 기본원리는 '상호 작용'과 '계속성'이다. 그리고 이 두 원리는 분리되지 않는다. 양자는 서로에게 영향을 미치며 통합적으로 작용하기 때문이다.

그러므로 "교육적 경험 여부에 대한 평가는 상호 작용과 계속성을 따로 평가해서는 안 되고 양자의 통합 정도를 동시에 평가해야 한다"(Dewey, 1938, p. 45). "상호 작용과 계속성의 원리는 가치 있는, 즉 교육적인 경험을 판단하는 두 개의 기본적인 기준이다. 이들은 서로가 긴밀한 관련을 맺고 있어서 교과 및 교육의 내용, 방법 등과 관련된 여러 가지 교육 문제를 논의할 때 둘 중에 어느 것을 먼저 논의하고 나중에 논의하는 것이 좋은가에 대한 일반적 원칙을 제시하는 것은 불가능하다"(Dewey, 1938, p. 51).

3. 경험의 성장과 문제해결능력의 함양

이 장에서 지금까지 살펴본 경험의 성장으로서의 (도덕)교육이론은 경험의 상호 작용과 계속성의 원리가 비교적 순탄하게 작용하는 쪽에서였다. 그러나 인간과 환경 간의 상호 작용과 경험의 성장 및 습관이 언제, 어디서나, 항상 잘 이루어지고 유지되는 것은 아니다. 다시 말하면, 상호 작용과 성장 및 습관은 곤란에 처할 수도 있고, 방해받을 수도 있다. 이미 이루어진 상호 작용의 조화 내지 습관의 균형이 깨지는 문제 상황이 발생할 수도 있다. 이 경우에 우리는 다시 환경과 균형을 이루어 조화롭고 안정된 삶을 영위하기 위해 문제를 해결해야 한다. 문제해결과정에서 사용되는 기본적인 요소는 충동이나 욕망을 통제할 수 있는 지성이다. 지성에 기초한 탐구, 즉 반성적 사고가 작용하는 과학적 방법이 문제해결의 방법이다. 여기서 방법은 행위의 수단과 목적을 연결하는 원리로 작용한다.

1) 유기체적 존재와 충동

유기체적 존재로서의 인간은 환경과 상호 작용을 할 수밖에 없다. 만약에 상호 작용을 하지 않거나 못한다면, 생존을 할 수 없기 때문이다. 유기체, 즉 생물체로서의 인간이 환경과 상호 작용을 하는 것은 그의 충동(衝動)을 실현하기 위해서다. 인간이 가지는 충동에는 생물적 · 생리적인 것도 있고 심리적 · 사회적인 것도 있다. 즉, 물질적인 것도 있고 정신적인 것도 있다. 충동은 인간의 원초적 욕구이고 본능과 같으므로 그대로 발산될 수도 있다. 그러나 그렇게 되면 일시적인 만족을 얻을 수는 있겠으나, 환경과 조화를 이룰 수가 없다. 이는 유기체로서의 인간의 생존을 위태롭게 할 수 있다.

인간은 그의 충동을 실현 또는 만족시키지 않고서는 살아갈 수가 없다. 이렇게 볼 때, 충동은 생명력의 원천이라고 말할 수 있을 것이다. 그러나 인간의 삶의 상황에서 충동이 즉시에 실현되기는 어렵다. 환경이 인간의 충동을 실현시켜 주기 위해 기다리고 있거나 준비하고 있는 것은 아니기 때문이다. 그러므로 인간이 그의 충동을 실현하기 위해서는 환경과 상호 작용하는 과정에서 양자가 조화될 수 있도록 조절하는 '능력'과 '노력'이 있어야 한다. 여기서 능력은 문제가 발생했을 때 그것을 해결하는 힘이고, 노력은 문제를 해결하는 과정에서 승화된 충동이 힘을 발휘하며 애쓰는 모습이라고 말할 수 있다.

충동은 즉시에 만족되기 어렵다. 만족되지 않은 충동은 욕망이 되기 쉽다. 인간의 모든 행동은 이러한 충동이나 욕망에서 시작된다. 즉, 충동은 경험을 산출하고 습관을 형성하는 데 작용하는 유기체의 원동력이다. 그러나 충동이든 욕망이든 이들은 그 자체로는 맹목적이라서 환경과의 상호 작용에서 양자 간에 조화를 이루어 낼 수 있는 힘도 없고, 문제가 발생했을 때 그것을 해결할 수 있는 힘도 없다. 따라서 인간이 그의 충동이나 욕망을 실현하기 위해서는 다른 요소를 필요로 한다. 듀이는 이 요소를 지성으로 본다.

2) 문제해결능력과 지성

지성(知性, intelligence)은 환경과의 관계에서 상호 작용이 조화롭게 이루어질 때는 물론 그렇지 못하거나 이미 이루어진 습관에 문제가 발생할 때, 상호 작용을 조화롭게 이끌고 문제를 해결하는 도구로 작용하는 능력이다. 그러나 지성은 충동과는 달리 생득적인 것은 아니다. 지성은 경험에서 발생하고 그 자체가 경험의 소산이다.

듀이가 말하는 지성의 속성은 사고하는 것이다. 지성은 사고를 통해 충동과 욕망을 실현시키고, 사고를 통해 문제를 해결하는 도구다. 여기서 충동을 실현한다는 것은 지성이 작용하여 환경과의 상호 작용을 조화롭게 이룬다는 뜻이다. 문제를 해결한다는 것은 환경과의 관계에서 깨진 균형을 회복시켜 다시 환경과의 상호 작용을 조화롭게 이룬다는 뜻이다. 이는 경험의 계속성의 원리가 작용하여 경험의 성장이 이루어지는 일련의 과정 내지는 그 모습이다. 이러한 과정이 탐구 또는 문제해결의 과정이다. 지성은 이러한 탐구를 통해 경험을 재구성, 재조직, 개조하며 깨진 습관을 회복하여 환경과의 관계가 계속해서 조화롭게 이루어질 수 있도록 작용한다.

지성은 충동이나 기존의 습관으로 해결할 수 없는 문제에 부딪칠 때 새로운 가능성을 찾아 상황을 통찰하고 결과를 예견하는 능력으로 작용하기도 한다. 경험을 개조하고, 나쁜 습관을 교정 · 경신하며, 좋은 습관을 강화하는 작용도 한다. 묵은 것과 새 것을 조화롭게 연결시키는 매개 역할을 하기도 한다. 충동을 통제하고 타성적 습관을 경신하여 보다 조화롭고 안정되며 발전적인 삶을 영위할 수 있도록 인도해 주는 작용도 한다. 그러나 지성과 충동이 이처럼 일방적 관계, 즉 지성이 충동을 지도하고 통제하는 관계로만 이루어져 있는 것은 아니다. 이는 지성과 충동의 관계는 양자가 떨어져서 독립적으로 존재할 수 없다는 뜻이다. 지성의 작용, 즉 사고하기도 충동에서 시작된다. 충동은 지성에게 지적 활동을 자극하는 동기로 작용할 수 있기 때문이다. 지성의 작용에 의해 "지적으로 재구성된 충동은 낡은 습관에 새로운 방향을 제공해 주고, 지성에 활력을 불어넣는 동력으로 작용한다"(권선영, 1989, p. 31).

이처럼 지성이 충동에, 충동이 지성에 영향을 미치는 관계가 바로 양자 간에 이루어지는 상호 작용 현상이다. 여기서 충동은 지성과의 상호 작용에 의해 자신을 실현한다. 충동이 실현되는 과정이 바로 경험의 과정이다. 이 과정에서 지성은 충동을 실현시키고 경험의 성장을 이끄는 도구로서 작용한다. 이러한 지성의 작용은 유기체적 수준인 개인의 습관에서뿐 아니라 사회적·문화적 수준인 집단의 관습 및 사회 제도에서도 이루어진다. 사회적 관습 및 제도는 개인의 습관과 연속선상에 있기 때문이다. 이러한 맥락에서 "지성은 인간이 창조적이며 윤리적으로 행동할 수 있도록 지도해 주는 종합적인 능력"(권선영, 1989, p. 104)이라고 말할 수 있다. 인간의 사고, 탐구, 가치판단, 문제해결능력 등은 모두 지성의 범주다.

3) 문제해결과 반성적 사고

사고한다는 것은 충동이나 욕망을 충족할 수 없는 상황에서 또는 기존의 습관에 의해서는 더 이상 환경에의 적응이 어려운 상황에서 즉각적인 충족을 멈추고 환경과 조화를 이룰 수 있는 충족 또는 적응의 방법을 찾는 과정이다. 다시 말해, 사고는 문제 상황에서 문제해결의 여러 가지 방법을 머릿속에서 비교·검토·선택하는 과정이고, 환경과 조화로운 상호 작용을 하기 위해 지성을 사용하여 문제를 해결하는 과정이다. 여기서 방법은 문제를 해결할 수 있는 "수단과 목적을 연결하는 원리다. 그러므로 듀이에게 있어서 문제를 해결했다는 것은 그러한 방법을 찾았다는 뜻이다. 그러한 방법이 유사한 상태에서 일반화되고,

일정한 행위의 방식이 된 상태가 습관이 형성된 상태다"(이돈희, 1982, p. 116). 이처럼 듀이에게 있어서 문제를 해결한다는 것은 지성을 도구로 사용하여 문제해결의 방법을 찾는 탐구의 과정이다.

듀이는 이러한 탐구 과정에서 이루어지는 사고를 '반성적 사고(反省的 思考, reflective thinking)'라고 말한다. 우리는 반성적 사고에 의해 문제를 해결하고자 탐구한다. 즉, 문제를 해결할 수 있는 방법을 찾는다. 그에 의하면, 반성적 사고는 의심, 망설임, 당혹, 정신적 곤경 등의 상태에서 이들을 해소하고, 가라앉히며, 벗어날 수 있는 방법을 찾기 위해 탐색하고 조사하며 탐구하는 행위다. 다시 말하면, 반성적 사고는 불확실한 상황을 확실한 상황으로 전환하기 위해 지성이 작용하는 적극적인 사고 활동이다. 그가 제시하는 이른바 반성적 사고의 5단계는 문제사태의 발생 및 인식, 결과 예측(잠정적 가설), 자료의 수집 및 조사 · 관찰, 가설 다듬기, 그리고 가설의 검증으로 구성된다.

① 문제사태의 발생 및 인식: 아직 성격이 충분히 또는 정확하게 파악되지 않은 사태이므로 당혹해하고, 혼란스러우며, 의심하는 단계다.
② 결과 예측(잠정적 가설): 주어진 요소들에 대해 잠정적인 해석을 하고, 그러한 요소들이 산출할 수 있는 경향성을 추정하면서 결과를 예측해 보는 단계다.
③ 자료의 수집 및 조사 · 관찰: 발생된 문제를 정의하고 명료화할 수 있을 것으로 생각되는 확보 가능한 모든 정보 · 자료를 수집하고, 이들의 중요성에 대해 철저하게 조사(검사, 검토, 분석, 탐구)하며 필요한 관찰을 하는 단계다.

④ 가설 다듬기: 잠정적 가설을 보다 정확하고, 보다 일관성 있으며, 보다 넓은 범위의 사실에 부합되게 하기 위해 계속해서 다듬는 단계다. 합당한 방식으로 개발될 책임 있는 해결책이 제시되는 단계다.

⑤ 가설의 검증: 현 사태의 사건에 적용될 행동 계획으로서 예측된 가설에 대해 입장을 정하는 단계다. 예상된 결과를 산출하기 위해 무엇인가를 분명하게 행하여 가설을 검증하는 단계다. 아이디어를 적용하여 검증하고, 그 의미를 분명하게 하며, 그 타당성을 스스로 발견하는 기회를 가지는 단계다(Dewey, 1944, pp. 150-151, 163).

이상에서 살펴본 바와 같이 반성적 사고란 문제사태에 처했을 때, "처음에 떠오르는 어떤 아이디어나 수집된 정보 또는 자료로 성급하게 결론을 내리는 것이 아니라 더 좋은 다른 대안들이 있는지 없는지를 더 살피고, 더 생각하는 과정"(남궁 달화, 1983, p. 49)이라고 말할 수 있다.

4) 반성적 사고와 과학적 방법

듀이는 이러한 반성적 사고는 과학적 특징을 가지고 있다고 본다. 그가 그렇게 생각하는 까닭은 반성적 사고에는 과학적 방법이 작용하기 때문이다.

- 과학적 방법은 실험(實驗)에 기초한다. 실험은 아이디어에 의해 인도된다. 아이디어는 관찰된 상황에서 또는 그와 관련하여 어떤 작용이 행해질 때 일어날 수 있는 결과에 대한 예견이다. 실험에 동원되는 아이디어는 궁극적 진리가 아닌 가설이다. 가설은

계속해서 검증되고 수정되며 이러한 과정을 거치면서 보다 분명해진다.

- 아이디어나 가설은 그것에 따라 행동할 때 나타나는 결과에 비추어 검증되어야 한다. 그러기 위해서는 행위의 결과를 주의 깊게 관찰해야 한다. 이러한 관찰을 통해서 검토되지 않은 활동은 아이디어를 명료화하거나 새로운 아이디어를 얻는 데 도움을 주지 못한다.
- 과학적 방법은 아이디어의 구성, 이에 따른 행동, 행동 결과에 대한 관찰이 연속적 관계를 맺으며 이루어져야 한다. 즉, 반성적으로 실험 과정 전체를 검토하고, 경험의 중요한 특징들을 탐구하며, 사실과 아이디어를 조직하여 미래에 사용할 수 있어야 한다 (Dewey, 1938, pp. 86-87).

여기서 듀이가 말하는 "아이디어는 추상적인 것이 아닌 행동을 위한 일종의 계획이다"(임한영, 1982, p. 19). 과학적 방법은 "아이디어와 행동을 통제하고 실험하며 객관적 · 공개적으로 검증하여 합리적 동의를 얻을 수 있는 방법이다"(Archambault, 1964, p. xv). "모든 종류의 자료를 받아들일 수 있고 모든 종류의 문제를 취급할 수 있는, 인간과 자연을 연구하는 데 있어서 가장 믿을 수 있는 탐구의 방법이다"(Troutner, 1974, p. 24). 그러므로 "어떤 것이 진리가 될 수 있으려면 과학적 방법에 의해 정당하게 주장될 수 있어야 한다"(Dewey, 1972, p. 150). 이는 과학적 방법은 자연 과학에만 적용되는 것이 아니라 인간의 관심사에 관련된 인간 과학에도 적용될 수 있다는 말이다. 트로우트너(L. Troutner)는 듀이의 이러한 과학적 방법에 대한 확신을 다음과 같이 말해 준다.

실험 과학은 인간의 모든 문제를 해결할 수 있는 열쇠다. 물리학이나 화학, 생물학 등 자연 과학이 이들 제 분야에서 그들의 문제를 해결하여 왔고, 또 앞으로도 해결할 것이 기대되듯이 사회학, 심리학, 인류학 등 인간 과학도 개인과 사회에 관계되는 문제를 해결할 수 있다. 인간의 경험은 자연과의 연속이고, 과학적 방법은 원칙상 자연 과학의 문제처럼 인간의 문제에도 효과적으로 적용될 수 있기 때문에, 인간이 그 지성을 발휘하고 노력한다면 물리학이나 화학이 지금 물질의 문제를 해결할 수 있는 것처럼 심리학이나 사회학도 전쟁이라든가 실업, 무지, 인종 문제, 범죄 등을 해결할 수 있을 때가 올 것이다(Troutner, 1974, p. 33).

이처럼 듀이는 과학적 방법에 대한 확신을 가지고 있다. 그는 "과학적 방법을 인간정신의 진화 과정에서 얻은 가장 귀중한 것으로 생각한다"(Soltis, 1982, p. 37). 한편 그는 "과학적 방법을 경험의 의미를 이해할 수 있는 방법으로서뿐 아니라 경험을 성장시킬 수 있는 방법으로도 본다. 과학적 방법은 경험을 성장시키려면 어떤 방식으로 어떤 조건에 따라 행동해야 하는가를 보여주기 때문이다"(Dewey, 1938, p. 88).

5) 문제해결과 행위의 수단 및 목적

행위는 유기체적 존재인 인간의 삶의 모습이다. 듀이에 있어서 인간의 삶은 환경과 상호 작용하는 일이다. 이러한 상호 작용이 바로 인간의 행위다. 그러므로 듀이에게 있어서 경험과 행위는 구별되지 않는다. 즉, 경험 자체가 구체적인 인간의 삶의 행위다. 이러한 인간의 행위는 경험을 통해서 형성된 습관의 소산이고, 습관을 통해 표현된다. 여기서 행위는 단순한 행동과 구별된다. 행동은 환경과의 관계에서 내·외적 자극에 의해 유발되는 생물체의 반응을 통틀어 일컫는 말로 주로 동작(動作)을 가리킨다. 이에 비해 행위는 의도적인 행동이다. 이러한 행위는 목적, 동기, 결심, 선택, 판단 등 지성의 작용과 함께 이루어진다. 문제 상황에서 반성적 사고에 의해 문제를 해결하는 삶의 모습이다.

문제를 해결한다는 것은 문제 상황에서 환경과 조화를 이루기 위해 상황적 조건들을 수단으로 하여 이루어지는 삶의 행위다. 이러한 인간의 행위는 목적 지향적이다. "주어진 상황적 조건에서 동원될 수 있는 수단에 의존하여 '실현이 가능한 목적(the end-in-view)'을 추구하는 과정이다"(이돈희, 1982, p. 116). 문제 상황에서 지성의 작용, 즉 반성적 사고에 의해 문제해결의 방법을 찾는 일이 탐구다. 여기서 방법을 찾는 것은 문제해결의 목적과 수단을 연결하는 원리를 찾는 일이다. 그러므로 문제해결의 과정에서 수단과 목적이 어떻게 작용하며, 양자의 관계는 어떠한가에 대한 이해는 중요하다.

목적은 행위가 지향하는 최후의 것이고, 수단은 그것을 달성하기 위해 이용되는 도구라고 생각하는 사람들이 있다. 그러므로 이들은 목적은 수단보다 중요하고 수단은 목적에 종속된다고 생각한다. 그러나 듀이는 목적에는 수단이 내포되어 있고 일단 달성된 목적은 다음의 목적을 달성하기 위한 수단으로 작용한다고 생각한다. 그의 이러한 생각은 '하나의 사물은 그것보다 더 높은 차원의 사물에 대해서는 수단으로 작용하지만, 더 낮은 차원의 사물에 대해서는 목적으로 작용한다.'는 아리스토텔레스의 사상과 같다. 이러한 수단과 목적의 관계는 하나의 사물은 상황에 따라 수단이 되기도 하고 목적이 되기도 한다는 뜻이다. 즉, 어떤 수단은 동시에 목적이 되기도 하고, 어떤 목적은 동시에 수단이 되기도 한다는 뜻이다. 그러므로 양자의 구별은 잠정적이고 상대적이다.

> 목적은 현재 활동을 정확하게 하기 위한 수단이다. 목적은 고정된 것으로 활동 밖에 있는 것이 아니라, 발전 자체 속에 있으며 현재의 활동 안에 있다. 목적은 이 활동을 조정하기 위한 수단이다. 목적은 이 수단을 통해 끝없이 생성된다. 목적은 일련의 행위를 먼 단계에서 바라본 것이고, 수단이란 앞 단계에서 본 것에 불과하다. 즉, 수단이란 시간상으로 목적보다 먼저 하는 행위다. 여기서 목적은 수단의 지침으로 작용한다. 그러므로 목적은 행위의 종착점이 아니라 행위의 과정이다. 목적은 상대적이고 동시에 수단이 된다(권선영, 1989, pp. 82-86).

이처럼 수단과 목적의 관계는 상호 의존적이고 상호 작용적이다. 인간은 이러한 행위의 수단과 목적을 연결함으로써 문제해결의 방법을 찾아 문제를 해결하고, 환경과 조화로운 상호 작용을 하며, 그의 경험을 성장시킨다.

인간의 행위는 그의 충동 내지 욕망을 실현하는 것을 목적으로 한다. 이를 충족하기 위해서는 지성이 작용하여 이들을 목적이 되게 해야 한다. 즉, 문제 상황에서 이를 해결하고자 어떤 행위를 하면 어떤 결과가 초래될 것인가에 대한 예견(豫見)을 할 수 있어야 한다. 듀이가 말하는 행위의 목적은 바로 이러한 행위의 결과에 대한 예견이다. 그는 행위의 목적으로 작용하는 이러한 예견을 "마음속에 그리고 있는 목적(the end-in-view; Dewey, 1966, p. 28)"이라고 말한다. (여기서 듀이가 말하는 'the end-in-view'는 우리말로 '마음속에 그리고 있는 목적' 외에도 '마음속에 비친 목적' '마음속에 그리고 있는 결과' '실현이 가능한 목적' 등으로 옮겨져 사용되고 있다.) 이러한 의미의 목적은 "의도(aim)다. 이러한 의도는 목적 그 자체가 아니라 그것에 도달하려는 수단과 관련된 것이다"(황경식, 1982, p. 158). 그러므로 문제를 해결하기 위해서는 행위의 결과를 예견할 수 있는 목적, 즉 문제에 대한 잠정적 가설을 설정해야 한다.

듀이는 이러한 '마음속에 그리고 있는 목적'을 달성하기 위해서는 세 가지 요소가 필요하다고 말한다. 첫째, 주위 환경에 대한 관찰이 있어야 한다. 둘째, 과거에 비슷한 상황에서 어떤 일이 일어났는가에 대한 회상, 폭넓은 경험을 한 사람들의 정보, 조언 등 지식을 확보해야 한다. 셋째, 이 두 요소, 즉 '관찰된 사실'과 '회상된 지식'을 결합하여 결과가 어떻게 될 것인가에 대한 판단을 해야 한다(Dewey, 1938, p. 69). 이처럼 행위의 목적은 단순한 욕망이나 충동과는 다르다.

> 목적이란 욕망이나 충동을 토대로 하기는 하지만 주어진 조건에서 어떤 행동을 할 경우에 어떤 결과를 초래할 것인가에 대해 예측하면서 바람직한 결과를 가져올 수 있도록 행동을 계획하고 방법을 구상하는 일이다. 그러므로 목적을 정하는 것은 지적인 일이다. 그러나 사람들 중에는 자신의 충동이나 욕망이 지나치게 강렬한 상태에서 행동을 하는 경우가 있다. 그렇게 되면 어떤 결과가 초래될 것인가에 대한 결과를 제대로 예측하지 못한 채, 충동이나 욕망을 충족하게 된다. 교육이

란 충동이나 욕망을 즉각적으로 만족시키고 싶은 유혹을 참고, 주변 상황에 대한 관찰과 미래의 바람직한 방향에 비추어 행동하는 능력을 향상시키는 것이다(Dewey, 1938, p. 69).

이상에서 살펴본 바와 같이 듀이는 문제 상황에서 문제를 해결하는 수단과 목적을 연결하는 원리인 방법을 찾아 문제를 해결하는 능력을 함양하는 것을 경험의 재구성으로, 의미를 증가시키는 경험의 성장, 즉 교육으로 본다.

4. 행위의 성장과 도덕교육사상

듀이는 교육을 경험의 성장으로, "도덕성을 행위의 성장" (Dewey, 1957, p. 259)으로 본다. 그런데 그에게 있어서 '경험'과 '행위'는 개념상 구별되지 않는다. 이는 그가 '교육을 행위의 성장'으로, '도덕성을 경험의 성장'으로 본다는 말이다. 이 점에서 '교육'과 '도덕교육'을 개념상 구별하지 않는다는 말이 되기도 한다. 그러므로 전체적이고 일반적인 맥락에서 볼 때, 지금까지 이 장에서 경험의 성장이론을 중심으로 살펴본 듀이의 교육사상에 관한 고찰은 곧 그의 도덕교육사상에 관한 고찰이었다. 그럼에도 이 절에서는 보다 직접적으로 그의 도덕과 도덕교육에 관한 사상을 고찰하고자 한다.

듀이에 의하면, 행위는 '습관'과 '충동'과 '지성'의 작용에 의해 이루어진다. 그는 이 세 가지를 행위의 구성요소로 본다. 물론 습관은 경험을 통해 형성된 산물이지만, 일단 형성된 습관은 그 자체가 행위의 주요한 요소로 작용한다. 기존의 '습관'이 계속된 환경과의 상호 작용에서 균형과 통합을 유지하지 못할 때, 유기체는 곤란과 당혹 또는 혼란을 느낀다. 하지만 그러한 와중에도 '충동'에 의한 새로운 자극과 '지성'에 의한 새로운 탐구가 작용하여 새로운 습관을 형성한다. 새롭게 형성된 습관은 환경과의 관계에서 계속해서 균형과 통합을 유지하며 성장한다. 그러나 여기서 충동이 지나치게 강렬하여 불행히도 지성에 의한 지도가 이루어지지 못하거나 오히려 기존의 습관에 지성이 지배당하게 되면, 물론 새로운 습관은 형성되지 못한다. 이 경우 인간의 환경과의 갈등은 지속된다. 이처럼 "행위는 습관과 충동과 지성이 상호 연관된 유기적 작용에 의해 이루어진다"(권선영, 1989, p. 22).

듀이에 있어서 도덕성을 행위의 성장이라고 할 때, 도덕교육은 결국 행위를 구성하는 습관, 충동, 지성의 문제를 중심적으로 다루는 일이다. 한편 그는 인간의 존재 모습을 유기체적 관점에서 습관으로서의 인간, 충동으로서의 인간, 지성적 존재로서의 인간으로 본다. 그는 이 세 가지를 동시에 인간성의 구성요소로 본다. 이러한 맥락에서 도덕교육은 "인간성에서 이끌어지는 현실적인 문제, 즉 습관, 충동, 지성에 의해 이루어지는 행위의 문제를 다루어야 하며(권선영, 1989, pp. 41-53), 이러한 행위는 반성적 사고에 의해 이루어져야 비로소 도덕적이 된다"(Dewey, 1957, p. 278).

이처럼 도덕성을 인간의 행위의 문제로, 도덕교육을 학습자의 행위를 성장시키는 일로 볼 때, 도덕 내지 도덕교육의 영역은 인간과 환경이 상호 작용하는 사회적 영역 전부다. 듀이에 의하면,

"도덕은 나와 다른 사람과의 관계에서 일어나는 행동 모두를 포함한다. 도덕성은 사람의 전 인격과 관련된다. 여기서 인격은 한 사람의 구체적 성향과 언행 모두를 가리키는 말과 같은 의미다. 인격자, 즉 덕이 있다는 말은 한 사람이 인생의 모든 일에 있어 다른 사람과 상호 작용하는 가운데 사람으로서 충분히 그리고 원만하게 성장했다는 의미다"(Dewey, 1944, p. 357). 이러한 맥락에서 "도덕성은 가장 인간적인 것이다"(Dewey, 1957, p. 271).

한편 듀이는 "사람이 이 세상에 홀로 살고 있다면, 도덕적 행위를 해야 할 이유가 없을 것"(Dewey, 1957, p. 297)이라며, 도덕을 인간과 사회적 환경 간의 상호 작용의 문제로 본다. 이는 "행위의 도덕적 속성과 사회적 속성은 같다."(Dewey, 1944, p. 358)는 말이다. 이러한 맥락에서 듀이는 도덕교육을 "사회생활에 유효하게 참여할 수 있는 능력을 배양하는 교육으로 본다. 이러한 교육은 사회적으로 필요한 행동을 가능케 하는 인격을 도야할 뿐 아니라 성장에 필요한 경험을 계속해서 재조정하는 데 관심을 둔다"(Dewey, 1944, p. 360). 이처럼 "도덕은 인간의 생활 전반에 적용될 수 있는 포괄적 개념이다"(황경식, 1982, p. 160). "교육적으로 바람직한 모든 목적과 가치는 그 자체가 도덕적인 것이다"(Dewey, 1944, p. 359).

그러나 여기서 이 말이 도덕교육에서 이른바 교육적으로 바람직한 목적이나 가치들을 구체적으로 제시해야 한다는 말은 아니다. 듀이는 "도덕을 약의 처방전(處方箋)이나 요리책에 제시된 조리표(調理表)와 같은 일련의 규칙이나 행동의 목록으로 보지 않고"(Dewey, 1972, p. 170), "모든 도덕적 사태를 다른 것으로 대체될 수 없는 그 자체의 선(善)을 갖는 고유한 사태로 본다"

(Dewey, 1957, p. 279).

> 선이란 성질상 거듭 동일하게 존재할 수 없다. 선은 고정불변적인 것이 아니라 상황에 따라 변하고 발전하기 때문이다. 한 상황에서 선인 것이 다른 상황에서는 악이 될 수 있다. 양자택일적인 도덕적 상황에서 숙고하고 있는 것, 즉 선택 이전의 것은 악이라고 말할 수 없다. 배척되기 전에는 이른바 악도 경합하고 있는 선이다. 그 상황에서 거부된 대안은 악이다. 선과 악은 자로 잴 수 있는 것이 아니라, 조건이나 상황에 따라 선과 악으로 나타난다. 처음부터 선 · 악이 있는 것이 아니라 갈등을 일으키고 있는 도덕적 문제의 대립 속에서 비교적 관점에 따라 선과 악이 만들어진다. 선도 비교적 선이고, 악도 비교적 악인 것이다. 즉, 선과 악이 있다기보다는 '더 좋은 것'과 '더 나쁜 것'이 있을 뿐이다. 선악의 문제는 고정적 · 불변적인 것이 아니고 가소적(可塑的)이고 유동적이다(권선영, 1989, pp. 54-56).

이처럼 도덕은 양자택일의 여지가 있는 모든 문제 및 활동과 관련된다. 모든 상황에서 이루어지는 선택의 행위는 도덕적 문제이며, 또한 도덕적 평가의 대상이 된다. 이러한 행위가 도덕적이 되려면 반성적 사고에 의한 탐구가 이루어져야 한다. "모든 도덕적 상황은 상황마다 반성과 탐구가 요구되며, 각 상황은 그의 특유한 문제와 여건에 비추어서 처리되어야 한다"(황경식, 1982, p. 160). 모든 상황은 대체할 수 없는 그 자체의 선을 갖는 고유한 상황이기 때문이다. "따라서 특정한 상황에 적용될 수 있는 고정된 규칙이나 원리란 있을 수 없다. 있다면 그것은 고정된 원리이기보다는 지성에 의거하고 개별적인 경우에 주의하여 사실을 탐구하고 가설을 검증하는 것이다"(Dewey, 1972, p. 163).

이상에서 살펴본 바와 같이 듀이는 도덕은 상황의 문제이고, 각 상황은 고유하므로 문제를 해결하기 위해서는 그 상황이 가지고 있는 특수한 사실 내지는 여건 등을 고려하는 반성적 사고에 기초한 탐구가 이루어져야 한다고 말한다. 다시 말하면, 도덕은 성인이나 사회가 제공하는 "일련의 행위 목록 또는 규칙이기보다는 탐구의 방법이다"(Dewey, 1972, p. 169).

5. 요약 및 결론

듀이는 인간을 유기체적 존재로 본다. 인간의 삶은 환경과의 상호 작용으로 이루어진다. 즉, 인간은 환경과 독립된 존재가 아니다. 경험이란 인간과 환경 간의 상호 작용 현상을 가리키는 말이다. 경험은 상호 작용의 과정뿐 아니라 결과도 함께 일컫는 말이다. 그러나 경험이 교육적 경험이 되려면 경험의 성장이 이루어져야 한다. 성장은 상호 작용에 수반된 경험의 의미가 후속하는 경험과 계속해서 상호 작용함으로써 재구성, 재조직, 개조되어 그 의미가 증가될 때 이루어진다. 듀이는 이러한 과정에서 작용하는 '상호 작용'과 '계속성'을 경험을 구성하는 기본원리로 본다. 즉, 어떤 것이 교육적 경험이 될 수 있으려면, 그것에 상호 작용과 계속성의 원리가 작용해야 한다.

유기체적 존재인 인간은 환경과의 관계에서 삶의 습관을 형성할 수 있어야 한다. 습관은 인간으로 하여금 환경과의 관계에서 조화를 이루며 안정적 · 지속적 · 경제적 · 효과적으로 살아갈 수 있게 작용하기 때문이다. 이러한 습관은 경험을 통해 이루어지는 경험의 산물이다. 습관이 형성되었다는 것은 충동이나 욕망에 지성의 작용, 즉 사고의 도움을 받아 환경과의 상호 작용이 조화롭게 이루어지는 틀이 마련되었다는 뜻이다. 이는 습관에는 행동뿐 아니라 이성이 작용하는 인지(認知) 내지 정서의 요소도 포함된다는 뜻이다.

그러나 인간의 삶, 즉 환경과의 상호 작용이 항상 순조롭게 이루어지는 것은 아니다. 그리고 이미 형성된 습관이 항상 유지되는 것도 아니다. 충동 · 욕망에 의한 새로운 자극과 환경의 변화는 상호 작용을 어렵게 하기도 하고, 기존의 습관을 불안정하게 하기도 한다. 즉, 문제를 일으킬 수 있다. 이러한 상황에서 인간이 계속해서 환경과 조화를 이루며 삶을 영위할 수 있기 위해서는 발생된 문제를 해결할 수 있어야 한다. 문제의 해결은 지성이 작용하는 반성적 사고에 기초한 탐구에 의해 해결의 방법을 찾을 때 가능하다. 방법이란 문제해결을 위한 목적과 수단을 연결하는 원리다. 이러한 원리는 문제를 해결할 수 있을 것으로 예견되는 결과(즉, 목적)를 마음속에 그려 보면서, 그 결과를 얻는 데 필요한 경험에 기초한 '지식'과 환경의 여건 등의 '자료'(즉, 수단)를 관찰하고 사용하는 반성적 사고에 의해 탐구될 수 있다. 한편 여기서 목적은 문제해결의 과정에서 이루어지고 있는 활동의 방향을 지시하고, 정확하게 하기 위한 지침으로 작용하기도 한다. 즉, 목적은 동시에 수단으로 작용하기도 한다. 목적은 보는 관점과 수준에 따라 상대적인 것이기 때문이다.

인간의 삶은 구체적인 행위에 의해 이루어진다. 듀이에 있어서 행위는 인간과 환경이 상호 작용하는 경험의 구체적인 모습이다. 도덕은 구체적인 행위의 문제다. 듀이는 경험이 성장하는 것을 교육이 되는 것으로, 행위가 성장하는 것을 도덕성이 함양되는 것으로 본다. 여기서 경험과 행위는 인간과 환경 간의 상호 작용 현상을 가리키는 같은 말이다. 교육과 도덕교육도 같은 맥락에서 이루어지는 같은 현상이고 같은 개념이다.

듀이에 있어서 학습자와 환경 간의 상호 작용에 의한 경험의 성장을 (도덕)교육이라고 할 때, 한 교과에 있어서 중심이 되는 환경은 교육과정과 이를 실현하기 위해 마련된 교과서일 것이다. 이러한 맥락에서 학습자의 교육은, 즉 경험의 성장은 그가 교육과정(또는 교과서)과 어떻게 상호 작용을 하고, 이에서 수반되는 경험의 의미를 어떻게 계속해서 증가시키는가에 달려 있다.

유기체적 존재로서의 인간은 자신의 충동이나 욕망의 충족 또는 목적의 성취와 무관한 일에는 흥미나 관심을 가지기 어렵다. 학습자에게 있어서도 마찬가지다. 그러므로 학습동기가 작용할 수 있도록 하려면 학습자가 교육과정(즉, 교육내용)에 흥미와 관심을 가질 수 있도록 교육과정에 대한 심리화가 이루어져야 한다. 이를 위해서는 교사의 역할이 중요하다. 교사는 학습자의 발달 정도와 현재의 마음의 상태를 충분히 고려한 뒤에 학습내용을 재구성 또는 각색하여 제시해야 한다. 그러할 때 학습자는 그러한 내용이 그가 정한 목적을 달성하거나 부닥친 삶의 문제를 해결하는 데 유용하다는 것을 인식하고 관심과 흥미를 가질 수 있다. 학습내용을 자신의 삶과의 관계에서 재구성하고 그의 삶의 의식적인 부분이 되게 하여 그의 경험을 성장시킬 수 있다.

도덕교육의 내용은 주로 사회적 가치와 도덕규범을 비롯해 생활 속에서 발생하는 도덕적 문제들로 구성된다. 무엇보다도 도덕교육은 이러한 교육내용에 대한 심리화가 학습자에게서 이루어질 수 있도록 구안되어야 한다. 그러할 때 학습자는 교육내용에 관심과 흥미를 가지고 적극적이며 진지하고 성실하게 참여할 수 있다. 즉, 학습자와 교육내용 간의 상호 작용이 잘 이루어질 수 있다. 이에 의해 학습자는 교육내용과의 관계에서 그의 경험의 의미를 증가시키는 성장을 할 수 있다.

헤어의 규정주의 도덕교육사상*

헤어(R. M. Hare, 1919~2002)는 영국의 도덕철학자다. 헤어는 『도덕의 언어(*The Language of Morals*)』(1952)에서 도덕성을 본질적으로 하나의 '언어'로 본다. 그는 이러한 도덕성의 개념에 기초하여 「언어와 도덕교육(Language and Moral Education)」(Hare, 1979a)에서 규정주의 교육론을 논의 · 제시했다. 이 장에서는 그가 이 논문에서 주요하게 다룬 도덕성과 도덕적 언어, 도덕 판단의 규정성과 보편화 가능성에 기초한 그의 도덕교육사상에 대해 살펴본다.

1. 도덕성 및 도덕언어와 도덕교육사상

헤어는 도덕성을 일종의 언어로 본다. 그러므로 그에게 있어

* 이 장은 필자의 『현대 도덕교육론』(2008) 제5장 '규정주의 이론과 도덕교육' (pp. 137-165)에서 발췌 · 요약하면서 일부 수정 · 보완한 것이다.

서 도덕성이 무엇인가는 도덕적 언어가 무엇인가에 의해 정의되고 설명된다. 그가 말하는 도덕적 언어는 '옳은' '그른' '(마땅히) ……해야 한다.'와 같은 용어들이다. 그러므로 도덕성이 무엇인가는 이러한 용어가 무엇인가에 의해 정의되고 설명된다. 한편 이러한 언어들은 '부모에게 효도를 하는 것은 옳은 일이다.' '다른 사람의 이익을 고려해야 한다.' 등에서와 같이 주로 도덕적 판단이 이루어질 때 사용된다.

헤어는 이러한 도덕적 언어는 주요한 두 가지 특성을 가지고 있다고 본다. 하나는 규정성(規定性, prescriptivity)이고, 다른 하나는 보편화 가능성(普遍化可能性, universalizability)이다. 그에게 있어서 도덕교육은 도덕적 맥락에서 도덕언어가 가지고 있는 이러한 특성들을 아이들이 이해하여 사용할 수 있도록 가르치는 일이다. 한마디로 헤어의 도덕교육은 도덕언어의 사용법을 가르치는 일이다. 이러한 교육에 의해 아이들이 자신의 삶을 안내하는 자신의 도덕원리를 발견할 수 있도록 하는 것이, 헤어가 말하는 도덕교육의 목적이다(물론 이 말이 그가 도덕언어 사용의 교육을 도덕교육의 전부로 보고 있다는 것은 아니다; Hare, 1979a, p. 93, 1979b, p. 116).

그러나 헤어의 이러한 견해에 대해 일부의 사람들, 예를 들면 노웰-스미스(P. H. Nowell-Smith), 스트로앤(R. Straughan), 워녹(G. J. Warnock) 등은 비판적이다. 이들 중 워녹의 비판은 대표적이라고 볼 수 있다. [이 글에서 헤어에 대한 비판은 워녹(1979)을 중심으로 살펴본다.] 워녹(1979)은 헤어가 말하는 저러한 용어, 즉 '옳은' '그른' '(마땅히) ……해야 한다.' 등과 이러한 용어가 사용되는 도덕 판단의 규정성 및 보편화 가능성은 도덕의 언어도 도덕언어의 특성도 아니라고 말한다. 그러한 말과 특성은 수학이나 암벽 등반 등과 관련해서도 나타나기 때문이다. 그러한 말이 도덕언어가 아닌 것은 그러한 말이 수학적 언어거나 등산어가 아닌 것과 마찬가지라는 것이다(p. 107).

워녹(1979)도 도덕적 언어는 분명히 있다고 말한다. 그러나 그것은 헤어가 말하는 '도덕언어'는 아니고 우리가 전통적으로 사용해 온 도덕적인 덕 또는 악덕의 이름을 가진 용어라고 말한다. 그러므로 헤어가 말하는 도덕언어는 전혀 도덕언어가 아니고, 그것의 특성도 아니며, 특별히 중요하지도 않다는 것이다. 워녹은 도덕적 덕의 의미를 명료화하는 것이 도덕철학의 일부라고 주장한다(p. 108).

일부에서는 헤어와 같이 도덕언어의 의미를 설명하는 것은 시간 낭비일 뿐이라고 말하는 사람들도 있다. 이에 대해 헤어(1979a)는 진지하고 어려운 도덕적 문제를 논의하는 데 많은 시간을 할애해 본 사람이라면 도덕언어에 대한 의미를 설명하는 것은 시간 낭비가 아닐 뿐 아니라 도덕교육에서 대단히 중요한 부분이라는 것을 알 수 있을 것이라고 말한다(p. 90). 그는 우리가 수학을 수(數, numbers)를 처리하는 학문이라고 보듯이 도덕철학을 '옳은' '그른' '(마땅히) ……해야 한다.'와 같은 도덕언어 내지 이의 논리적 특성을 설명하는 학문으로 본다. 그는 이러한 도덕철학을 시도한 최초의 철학자를 소크라테스로 본다.

2. 규정성과 도덕교육사상

헤어(1979a)는 도덕적 맥락에서 행위자가 '나는 무엇을 해야 하는가.'를 묻는 것은 '나는 무엇을 할 것인가.', 즉 행동을 결정해야 하기 때문에 묻는 질문이라고 말한다. 그에 의하면, 이러한 물음에 답하기 위해서 자신이 해야 할 행동을 결정하는 것이 도덕 판단이다. 그러므로 그는 도덕 판단을 '판단자가 행동하기로 되어 있는 것'으로 본다(p. 94). 이 점에서 그는 도덕 판단을 규정적인 것으로 본다. 이러한 도덕 판단의 규정성은 행동과 연결되어 있고 행동을 위한 의지의 작용으로 볼 수 있다. 이처럼 규정성은 도덕 판단에서 중요한 의미를 가진다.

한편 헤어에 있어서 도덕원리는 도덕 판단에서 이끌어진 산물이다. 따라서 도덕원리 역시 규정적이다. 헤어는 만약에 어떤 사람이 자신이 지지하는 도덕원리에 따라 성실하게 살아가려 노력하지 않는다면, 즉 그 원리를 행동으로 실천하는 노력을 하지 않는다면, 그는 도덕교육자로서 성공할 수 없을 것이라고 말한다. 그러한 사람은 도덕원리를 말로만 말하는 것이지 참되게 지지하는 것이 아니므로 자신의 도덕원리에 의해 자신의 행동을 안내받을 수 없을 뿐 아니라, 아이들이 그의 말과 행동 간에 괴리가 있음을 발견하고 그를 교육자로서 존경하고 따르지 않을 것이기 때문이다.

물론 우리는 때로 유혹에 굴복하여 자신의 도덕원리를 위반하기도 한다. 즉, 도덕원리에 따라 행동하지 못할 때도 있다. 하지만 헤어는 우리가 그러한 위반에 대해 나중에 당황해하며 고백

하고 후회한다면, 불성실의 책임을 지울 수는 없을 것이라고 말한다. 앞에서 도덕교육자로서 성공할 수 없다고 한 말은, 그러한 위반에도 불구하고 후회도 없이 아무렇지도 않은 태도를 보이는 사람은 아이들에게 도덕원리를 성공적으로 가르칠 수 없을 것이라는 말이다.

도덕 판단의 규정성이 가지는 또 다른 중요성은 도덕 판단은 사실 진술이 아니라는 점이다. 예를 들면, '다른 사람의 이익을 고려해야 한다.'와 같은 판단이 가지는 규정적 진술은 '소금은 짜다.'와 같은 판단이 가지는 사실적 진술과는 다르다. 그러나 헤어(1979a)에 의하면 전자와 같은 도덕 판단 내지 도덕원리는 도덕교육의 성공적인 결과로써 채택하게 되는 것이다. 그리고 그러한 도덕원리의 채택은 삶의 방식의 채택이 된다. 물론 우리는 아이들에게 도덕원리, 즉 삶의 방식을 채택하게 할 수는 없다. 도덕원리의 채택은, 비록 그것이 무의식적으로 이루어진다 하더라도, 이른바 도덕교육의 과정이 끝나고(만약에 끝이 있다면) 그것이 성공적일 때 비로소 채택되는 것이기 때문이다(pp. 94-95).

이 점에서 삶의 방식(형식)인 도덕원리의 채택은 소금의 특성(내용)을 학습하는 것과는 다르다. 헤어(1979a)는 한 사람이 도덕적으로 교육되면 될수록 그는 정보처럼 제공되는 도덕성에 대한 지식을 더 적게 수용할 것이라고 말한다. 비록 그가 그러한 정보나 지식을 수용한다 하더라도 그 결과가 도덕교육이 되는 것은 아니라고 말한다(p. 95). 이는 헤어가 도덕교육에서 내용에 대한 것보다는 형식에 대한 것을 더 강조하는 대목이라고 볼 수 있다. 그는 도덕교육이 도덕적 사실을 구성하는 내용(지식)보다는 도덕적 판단을 구성하는 형식(방법)이 중심이 되어야 성공적일 수 있다고 생각하기 때문이다.

어떤 사람들은 도덕교육은 내용인 도덕적 사실을 많이 가르치면 가르칠수록 더 좋은 도덕교육이 된다고 생각한다. 그러나 헤어(1979a)는 이러한 생각은 위험하다면서 도덕교육은 사고하기가 중심이 되어야 한다고 말한다.

> 도덕교육을 행위의 금지와 허용 간의 선택의 문제라고 생각하는 사람들이 있다. 물론 도덕성이 이러한 문제와 관련된 것이 아니라고 말할 수는 없을 것이다. 도덕성은 우리가 다른 사람들과의 관계에서 자신의 삶을 어떻게 결정해야 하는가의 문제라고 볼 수 있는 측면이 있기 때문이다. 그러나 도덕성을 이처럼 행위의 금지와 허용의 문제로 보면서 금지는 선(善)이고 허용은 선이 아니라고 주장하기보다는, 도덕적 맥락에서 금지해야 할 것은 무엇이고 허용해야 할 것은 무엇인가에 대해 아이들과 함께 논의를 하는 것이 더 중요할 것이다. 그리하여 그들이 스스로 자신의 도덕원리를 수립하도록 도와주는 것이 더 중요할 것이다. 즉, 도덕적 사고하기가 더 성공적인 도덕교육의 방법이다(p. 96).

물론 아이들은 도덕성의 발달에서 피아제(J. Piaget)가 말하는 '타율적 단계'를 거치게 되어 있다. 즉, 아이들은 도덕성을 주어진 것이고, 부모나 교사가 허용하거나 금지하는 문제라고 생각하는 단계를 거치게 되어 있다. 그러므로 우리는 아이들이 이러한 타율적 단계에서 도덕적 사고하기가 중심적으로 작용하는 자율적 단계로 나아가는 것을 도와주어야 한다. 헤어(1979a)에 의하면, 아이들이 이러한 도덕교육을 받았는데도 여전히 타율적 단계에 머물러 있다면, 그것은 도덕교육이 실패했기 때문이다. 아이들이 타율적 단계에 고착되어 있는 한, 그들은 스스로 사고하는 것을 배우기 어렵다. 비록 사고하는 것을 배우더라도, 도덕적으로 사고하는 것은 배우기 어렵다(p. 98).

그러나 헤어(1979a)는 아이들의 이러한 타율적 도덕성 단계는 유감스럽기는 하나 필요한 과정으로 본다. 그가 그렇게 보는 이유는 다음과 같다.

> 아이들은 일반적으로 부모가 제공하는 구체적인 내용인 행위의 금지 또는 허용에 의해 타율적 도덕성에 입문한다. 이는 비록 타율적인 것이기는 하나, 그들을 도덕규범의 체계 내에서 양육되도록 한다. 그러므로 이는 참으로 이로운 것이다. 물론 그들은 나중에(즉, 아이들이 자율적 도덕성 단계에 입문했을 때) 그러한 도덕규범 또는 도덕원리 중의 일부를 거부하고 다른 내용을 가진 다른 도덕원리를 채택할 수 있다. 그러나 그들은 그러한 과정을 통해 도덕원리의 형식을 학습할 수 있다. 예를 들면, 전쟁 중에는 나라를 위해 '마땅히 적과 싸워야' 하고, '마땅히 적을 죽여야' 한다고 생각하도록 양육되었다 하더라도, 나중에 평화주의자가 되어 전쟁에서일지라도 사람을 죽이는 것은 '마땅한' 일이 아니라고 생각할 수 있다. 그러나 그들은 여전히 '마땅히'라는 말로 똑같은 것, 즉 여전히 전에 배웠던 똑같은 도덕언어를 사용한다(p. 98).

이는 도덕언어인 형식의 학습이 도덕원리인 내용의 맥락에서 학습된다는 뜻이다. 이 점이 헤어가 타율적 단계를, 비록 유감스럽기는 하지만, 도덕성의 발달에서 필요한 과정으로 보는 까닭이다.

그러나 헤어(1979a)는, 만약에 아이들이 도덕언어를 단지 타율적 방식으로만 배운다면, 즉 부모에 의해 금지되거나 허용되었다는 이유만으로 '옳은' '그른' 또는 '마땅히'를 사용한다면, 그들은 도덕원리의 형식을 배우지 못하게 될 것이라고 말한다. 즉, 아이들이 도덕성 및 도덕언어의 형식을 학습할 수 있으려면 부모가 자율적 방식으로 도덕언어를 사용하는 것을 볼 수 있어야 하고, 부모가 도덕원리에 부여하는 내용과 관련해서 그 말이 함의하는 것을 이해할 수 있어야 한다는 것이다(pp. 98-99). 이처럼 아이들은 자율적 도덕언어를 사용하는 부모를 관찰하고 모방할 뿐 아니라 그러한 도덕언어를 이해할 수 있을 때 도덕적으로 사고하는 것을 학습할 수 있다는 것이다.

이러한 도덕적 사고하기가 학습된 아이들은 나중에 부모가 말한 도덕원리의 내용을 거부하더라도, 도덕원리의 형식에 대한 지식을 간직하고 있으므로 여전히 자율적 도덕적 사고를 할 수 있다고, 헤어(1979a)는 말한다. 그는 이러한 사고하기를 도덕교육이 성취해야 할 본질로 본다. 그러므로 도덕교육에서 가장 중요한 것은 무엇보다도 부모 자신이 아이들에게 도덕적 문제를 도덕적 언어로 자율적이게 사고하는 모습을 보여 주는 것이다(p. 99).

헤어는 부모가 자녀의 도덕교육을 옳게 하려면 자녀들이 그들의 삶의 길을, 즉 그들의 도덕원리를 스스로 선택할 수 있도록 도와주는 노력을 하여야 한다고 말한다. 이는 부모가 자신들이 내리는 도덕 판단에 따라 참되게 살려는 노력을 하여야 한다는 뜻이다. 도덕 판단은 규정적이고 행동을 안내하는 것이므로 판단에 따라 사는 모습을 보여 주어야 한다는 뜻이다. 그러므로 부모는 아이들의 도덕문제에 대해 판단할 때에도 그것을 마치 자신의 문제를 판단하는 것처럼 판단해야 한다. 헤어(1979a)에 의하면, 도덕 판단의 규정성은 우리가 좋아하는 삶의 방식을 자유롭게 규정하고 채택하도록 작용한다. '(마땅히) ……해야 한다.'는 도덕적 결정은 '하는 것'의 결정으로 두 측면 모두에서 이해되어야 한다. 만약에 어떤 사람이 도덕 판단이 가지는 이러한 특성, 즉 규정성을 학습하지 못했다면 그는 도덕적으로 사고하거나 말하는 것을 정말로 학습한 것이 아니다(p. 100).

이상에서 살펴본 바와 같이 헤어에 있어서 도덕교육의 중요한 부분 중 하나는, 도덕언어를 구성하는 특성의 한 측면인 규정성에 따라 도덕 판단을 하고 그 판단에 따라 행동하는 학습을 하는 것이다. 그러나 헤어의 비판자들은 그가 말하는 규정성은 도덕 판단의 특성이 될 수 없다고 말한다. 워녹(1979)은 앞에서도 언급된 바와 같이 규정성은 '어떤 것을 해야 한다.' 또는 '어떤 것을 하는 것은 옳다.'고 언급되는 모든 언어 내지 판단의 특성이라고 말한다. 헤어가 의미하는 규정성은 축구 경기에서도, 수학이나 등산에서도 사용되는 모든 언어의 특성이라고 말한다. 즉, '어떤 것을 하는 것은 옳다.'는 결론에 따라 '행동하기로 되어 있다.'는 것은 도덕성이나 도덕언어에 관한 사실이 아니며, 이는 그것이 축구나 장제법(長除法, long division)에 관한 사실이 아닌 것과 같다는 것이다(p. 109). 이처럼 워녹은 '(마땅히) ……해야 한다.'가 함의하는 이른바 규정성은 도덕언어에 한정된 사실이 아닌 모든 언어에 나타나는 사실이라고 말한다. 이러한 워녹의 말은 아이들은 이미 다른 영역에서 그러한 규정적 언어를 사용하고 있을 뿐 아니라 그것의 특성도 이해하고 있다는 뜻이다.

이러한 워녹의 비판에 대해 헤어(1979b)는 규정성이 도덕적 맥락에서 사용될 때와 도덕과 무관한 맥락에서 사용될 때 양자 간에 유사성이 있는 것은 사실이나, 그러한 유사성에는 제한이 있다고 말한다. 즉, 아이들이 한 영역(예: 축구)에서 '(마땅히) …… 해야 한다.'는 말의 사용법을 안다는 사실이 그들이 다른 영역(예: 도덕)에서도 주저함이 없이 그러한 말을 정확하게 사용할 것이라는 결론으로 이끌어지는 것은 아니라는 것이다. 물론 도덕언어를 이해할 수 있는 방법 중의 하나가 도덕과 무관한 영역에서 유사하게 사용되는 그러한 언어에 대해 이해하는 것과 관련될 수는 있으나 도덕언어에 대한 이해는 어느 정도 철학적 통찰이 요구된다고, 헤어는 말한다(p. 116). 이러한 헤어의 관점을 다음과 같은 예를 들어 설명해 볼 수 있다.

> 축구 경기에서 한 선수가 '킥(kick)은 이렇게 해야 한다.'를 그렇게 하지 못하고 '저렇게 했다.'고 하자. 즉, 축구에서의 규정성을 실천하지 못했다고 하자. 이의 결과는 경우에 따라 경기의 패배를 가져다줄 수 있다. 한 팀의 패배는 다른 팀의 승리를 의미한다. 그러나 게임은 승패를 가리는 것으로 규정되어 있다. 그러므로 결국에는 승자와 패자가 가려지기 마련이다. 축구 등의 게임에서 양쪽 팀이 각자 자기 팀이 승리하기를 바란다고 해서 양쪽 팀이 다 승리할 수는 없다. 경기에서의 규칙 또는 규정은 본래 그러한 것이다. 축구 등 모든 게임의 본질은 게임 자체이지 승리는 아닐 것이다. 우리는 게임에서 승리(이익)를 다른 팀(다른 사람들)과 동등하게 나눌 수도 없다. 다른 예로, 한 사람이 그림 그리기에서 규정성을 실천했는가에 따라 아름다운 그림이 산출될 수 있다. 그러나 그러한 산출물은 그 자체가 직접적으로 다른 사람들

> 과 관련된 삶의 문제는 아닐 것이다. 어떤 사람이 그림 그리기의 규정성을 실천하는가에 따라 아름다운 그림을 그리는 것은 그 자체만으로는 다른 사람들과 직접적으로 관련된 삶의 문제는 아닐 것이다. 더욱이 내가 그린 것이 아름다운 그림인가의 여부가 그 자체로서 다른 사람들의 이익의 만족과 관련되는 것은 아닐 것이다. 물론 그것이 도덕적 문제와 관련되는 경우가 아니라면 말이다.

이러한 예에 비해 도덕적 규정성을 실천하는가에 따라 도덕적 행위를 하는 것은 다른 사람들과 직접적으로 관련된 삶의 문제 자체인 것이다. 그림이나 축구와는 달리 도덕적 규정성의 실천 여부는 다른 사람들의 이익의 만족과 직접적으로 관련된다. 일반적으로 도덕 판단에 따라 행위를 하지 못하는 경우에는 다른 사람들에게 해를 끼치게 된다. 이 점에서 다른 영역에서의 규정성과 도덕 영역에서의 규정성은 다르다. 다시 말하면, 다른 영역에서의 규정성은 그것이 실천되지 못할지라도 그것이 도덕적 문제와 관련되는 경우가 아니라면, 그 자체로 인해 직접적으로 다른 사람들이 해를 입지는 않는다. 그러나 도덕 영역에서 규정성이 실천되지 못하는 경우에는 그 자체로 인해 직접적으로 다른 사람들이 해를 입는다. 이 점에서 비록 '옳은' '그른' '(마땅히) ……해야 한다.' 등의 언어가 도덕 영역에서뿐 아니라 그 밖의 다른 영역에서도 유사하게 사용되고 있다 하더라도, 그러한 언어가 도덕 영역에서 사용되는 언어와 똑같은 의미의 규정적 언어라고 볼 수는 없을 것이다.

이상의 논의는, 헤어가 의미하는 도덕언어 내지 도덕 판단의 규정성이 다른 실천적 기업에서의 언어 내지 판단의 규정성과 유사한 측면이 있기는 하나 그러한 것들과는 차이가 있다는 점을 말한 것이다. 헤어(1979b)는 도덕적 규정성은 우리의 행위 전체를 위해서도 규정적일 뿐 아니라 우선적이어야 한다고 말한다. 이 점이 왜 우리가 축구 규칙이나 그림 그리기 규칙은 버릴 수 있지만 도덕적 관점은 주저하지 않고 간단히 버릴 수 없는가의 이유가 된다는 것이다. 왜 우리가 다른 영역에서 '옳은' '그른' 등의 언어를 사용하는 학습을 한 후에도 여전히 도덕 영역에서 그러한 언어를 사용하는 학습을 해야 하는지에 대한 이유가 된다는 것이다(p. 117).

3. 보편화 가능성과 도덕교육사상

앞에서 규정성은 도덕언어의 논리적 특성인데, 이는 우리가 좋아하는 삶의 방식을 자유롭게 규정하고 채택하게 해 준다는 헤어의 논의에 대해 살펴보았다. 그러나 그는 사회에서 다른 사람들과 더불어 보람 있게 살아갈 수 있기 위해서는 규정성만으로는 충분한 것이 되지 못한다고 말한다. 즉, 규정성이 보편화 가능성과 결합되어야 도덕적 삶의 본질이 되는 모든 것을 확보할 수 있다는 것이다(Hare, 1979a, p. 101). 여기서 규정성과 보편화 가능성의 결합이란 도덕 판단에서 규정적 판단을 동시에 보편화 가능한 판단이 되게 하는 것을 의미한다. 헤어(1979a)가 말하는 보편화 가능성의 개념 정의는 다음과 같다.

> 내가 처해 있는 상황에서 내가 어떤 것을 해야 한다(또는 그것은 좋다)고 말할 때, 이 말은 그 상황에서 나의 역할이 달라지지 아니하고,

> 새로운 상황에서 그 상황이 정확하게 비슷하다면, 새로운 상황에서 지금 내가 하는 역할을 하게 되는 다른 사람은 나와 똑같은 방식으로 행동해야 한다(또는 그가 그렇게 행동하는 것은 좋다)는 견해에, 내가 전념해야 한다는 말이다(p. 100).

이처럼 헤어(1979a)에 의하면, 도덕 판단은 행위자로서의 개인에게 묶여 있는 것이 아니다. 도덕 판단은 개인과 그의 상황의 특징에 함께 묶여 있는 것이다. 즉, 도덕 판단은 갑(甲)에게 적용되는 것은 을(乙)에게도 적용된다는 말이 아니다. 상상컨대 갑이 아닌 을에 의해 행해진 행위의 도덕성에는 차이가 있을 것이기 때문이다(p. 100). 이는 한 사람에게 적용되는 것은 아주 비슷한 상황에서 아주 비슷한 다른 사람에게도 적용된다는 말이다. 그러므로 내가 어떤 욕망과 혐오를 가지고 다른 사람을 학대하려 생각(판단)한다면, 그와 나의 입장이 비슷하게 바뀌었을 때 그가 똑같은 욕망과 혐오를 가지고 나를 학대해도 좋다는 견해에 나는 동의해야 한다.

헤어(1979a)는 도덕언어 내지 도덕 판단의 논리적 특성인 보편화 가능성의 기능을 '다른 사람의 신발 신어 보기'에 비유한다(pp. 100-101). 우리는 다른 사람의 신발을 신어 보면 느낌이 다르다는 것을 알 수 있다. 발이 편하지 않다는 것을 느낀다. 내 발에 맞지 않는다는 것을 깨닫는다. 여기에서 우리는 다른 사람과의 관계에서는 자신의 입장에서만 생각하지 말고 다른 사람의 입장에서도 생각해야 하며, 나의 이익과 감정만을 고려해서는 안 되고 다른 사람의 이익과 감정도 고려해야 한다는 것을 깨달을 수 있다. 만약에 내가 다른 사람에 대한 생각이나 고려를 하지 않는다면, 그도 나에 대해서 그렇게 하지 않을 것이라는 상상을 할 수 있어야 한다.

도덕적 사고 내지 판단의 과정에서 '다른 사람의 신발 신어 보기'는 중요한 일이다. 이는 도덕교육의 본질이 된다. 이는 다른 사람의 입장 및 감정을 이해하도록 작용할 수 있을 뿐 아니라 다른 사람도 나와 마찬가지로 사람이라는 점을 깨닫도록 작용할 수 있기 때문이다. 헤어(1979a)는 다른 사람의 신발을 신어 보는 데에는 두 가지 능력 또는 기술이 필요하다고 말한다. 하나는 '나의 행동이 다른 사람(들)에게 어떻게 영향을 미치는가의 결과를 인식하고 발견하는 능력'이고, 다른 하나는 '타인의 감정을 인식하는 능력'이다. 그는 윌슨(J. Wilson)의 용어를 빌려 전자를 GIG로, 후자를 EMP로 표기한다. (GIG와 EMP는 윌슨이 그리스어 gignosco와 empathe에서 각각 따온 말이다.) 그리고 이 두 가지를 비록 도덕적 사고하기의 논리에서는 같은 기능을 하지만 심리적으로는 다른 기능을 하는 것으로 본다(p. 100). 헤어(1979a)는 GIG, 즉 행동의 결과를 이해하는 일반적 능력에 대해 다음과 같이 말한다.

> GIG는 "내가 그것을 하면, 나는 어떻게 될까?"의 물음에 답할 수 있는 능력이다. 이러한 물음은 우리가 도덕적 문제에 직면할 때 물어봐야 하는 첫 번째 물음이다. 이러한 물음에는 내가 초래하는 결과가 포함된다. 내가 방아쇠를 당기는 결과가 한 사람이 죽는 것이라면, 내가 그것을 당기는 것은 내가 그의 죽음을 초래하는 것이다. 이 말은 자신의 행동의 결과를 인식하고 발견하는 것은 도덕적으로 교육받은 사람이 학습해야 하는 능력이란 뜻이다(p. 101).

헤어는 도덕교육에서 아이들에게 GIG를 개발시키는 것은 별로 어렵지 않다고 본다. 이의 개발은 일반교육에서 일반적 방법에 의해 어느 정도 성공적으로 수행되고 있기 때문이다. 그러나 일반적 방법에서 산출되는 세계에 대한 지식(즉, GIG)을 향상시키는 노력을 동시에 실제적 도덕 문제에서 이루어져야 하는 선택과 관련시킨다면 도덕교육은 보다 효과적일 것이라고 말한다.

EMP, 즉 사람들의 감정을 이해하는 능력을 개발하는 일반적인 방법에는 상상적인 문학, 드라마, 일반 예술 등이 있다. 헤어도 이러한 방법은 다른 사람들의 감정을 이해하는 학습을 도와줄 수 있으므로 상상에 관한 작품 연구를 교육과정에 포함시키는 것은 정당하다고 말한다. 그러나 그는 작가들은 우리가 실제로 발견할 수 있는 세계를 묘사하려는 욕구와는 달리 다른 동기, 흔히 미적 동기를 가지고 있으므로 사람들이 세계에 관한 (이른바) 모든 지식을 소설 등에서 얻는다면, 인간의 일반적 상황에 가장 좋은 방법으로 대처하지 못할 수 있다고 우려한다. 이는 특히 성(性)에 관한 문제에서 그러하다는 것이다. 작가는 주로 작품을 재미있게 해야 하는 이유로 보다 드문 성적 상황에 집중하는 경향이 있기 때문이다.

이러한 이유로 소설 속 인물이 가지는 미적으로 재미있는 감정을 탐구하기보다는 가정과 학교에서 실제 인물이 가지고 있는 감정에 대해 이해하는 능력을 개발하는 것이 더 중요하다고, 헤어는 말한다. 이러한 학습과 관련해 그는 다음과 같은 이야기를 한다.

> 부모들 중에는 성자(聖者)의 모습을 그들이 가져야 할 부모의 이상(理想)으로 삼는 사람들이 많이 있다. 그러나 그러한 부모이상은 실현되기 어렵다. 그러한 이상을 가진 부모는 항상 자녀를 사랑해야 하고, 화를 내서는 안 되며, 심지어 화를 느껴서도 안 된다고 생각한다. 그러므로 자녀들이 어떤 규칙을 위반하거나 성가시게 굴 때 어떤 징후도 (처음에는) 보이지 않는다. 그러나 시간이 지나 위반이 반복되고 성가심이 쌓이게 되면 화를 참을 수 없게 된다. 그렇게 되면 부모는 아주 사소한 위반이나 성가시게 군 것에 대한 본래의 원인과는 전혀 무관한 것일 수 있는 어떤 것에 대해 미친 듯이 비합리적인 분노를 터뜨리게 된다. 이와는 달리 부모가 자녀들의 위반으로 인해 조금이라도 성가시다고 느꼈을 때, 바로 그때 그러한 감정을 보여 주었거나 말해 주었다면 얼마나 좋았을까! 그렇게 했더라면 아이들은 그러한 종류의 상황에서 그들의 행동이(그것이 무엇이든) 다른 사람들에게 어떻게 영향을 미치는가에 대해 이미 이해했을 것이기 때문이다(Hare, 1979a, p. 103).

이러한 헤어의 말은 부모가 자녀들에게 그들의 감정을 비밀(?)로 하는 것은 바람직하지 않다는 뜻이다. 즉, 부모가 아이들의 어떤 위반으로 인해 마음이 상했을 때, 비록 그러한 감정이 사소할지라도 그러한 것을 숨기지 말고 그때그때 솔직하게 말하고 보여 주는 것이 좋다는 것이다. 대부분의 부모가 이와 같이 하지 않는 것은, 즉 그들의 감정을 숨기는 것은 싫거나 못마땅해하는 그들의 감정을 아이들에게 보여 주지 않는 것이 부모이상이라고, 점잖고 품위 있는 어른의 모습이라고 생각해서다. 그러나 아무리 그러한 것이 사소한 것일지라도 반복되다 보면 더 이상 참지 못하고 순간적으로 자신도 모르게 벌컥 화를 내게 된다. 이러한 경우는 아이들의 사소한 위반과 직접적으로 관련되지 않은 것에서 비롯될 수도 있다.

이러한 모습은 아이들을 당혹하게 한다. 그들은 늘 그러한 일(위반)을 해 왔고, 그동안에 아무런 일도 없었으므로 어쩌면 자연스럽고 당연한 일을 했다고 알고 있는데, 폭발하듯 갑작스러운 부모의 분노는 그들에게 큰 충격으로 작용한다. 뿐만 아니라 그들은 그러한 부모의 태도를 이해하기도 힘들다. 그러므로 아이들의 잘못으로 인해 부모가 못마땅해하거나 마음이 상하는 일이 있으면, 그러한 것이 발생할 때 아이들에게 부모의 감정을 비밀로 하지 말고 바로바로 보여 주는 것이 다른 사람의 감정을 이해하는 능력의 개발을 위해 더 바람직하다는 것이 헤어의 생각이다.

지금까지 살펴본 GIG와 EMP는 '다른 사람의 신발 신어 보기', 즉 도덕 판단의 논리적 특성인 규정성을 보편화 가능하게 하는 과정에서 요구되는 심리적 특성 내지는 기능과 관련된 속성이었다. 그러나 헤어는 행동의 결과에 대한 지식(GIG)은 다른 사람의 감정에 대한 깊고 민감한 이해(EMP)일지라도, 도덕적으로 교육된 사람이 가져야 할 속성으로서는 충분한 것이 되지 못한다고 본다. 보다 충분한 것이 될 수 있기 위해서는 도덕성의 본질 자체에서 이끌어지는 별개의 속성이 요구된다는 것이다. 그가 말하는 별개의 속성은 인간에 대한 사랑, 즉 윌슨이 말하는 PHIL(윌슨이 그리스어 philos에서 따온 말이다)이다(Hare, 1979a, p. 103).

이러한 속성이 도덕적으로 교육된 사람에게 요구되는 이유는 기술적인 고문 가해자의 예에서 설명될 수 있다. 대개의 경우

기술적인 고문 가해자는 그의 행동이 그가 고문하고 있는 사람들의 감정에 어떻게 영향을 미치게 될 것인가에 대해 비교적 철저한 지식을 가지고 있다. 그러나 그는 여전히 고문을 한다. 고문을 즐기기도 한다. 인간에 대한 사랑(PHIL)이 없거나 지나치게 결핍되어 있기 때문이다. 도덕적으로 교육된 사람은 GIG와 EMP로서의 지식 및 능력과 함께 PHIL로서의 태도도 갖추고 있어야 한다. 만약에 어떤 사람이 그러한 지식과 능력, 태도를 갖추고 있다면, 그는 결코 기술적인 고문 가해자가 될 수는 없을 것이다.

그런데 헤어는 도덕성의 속성으로서의 인간에 대한 사랑에 대해서는 별로 살펴보지 않은 편이다. 그 까닭은 이에 대해서는 종교를 비롯하여 그 밖의 많은 문헌에 고전적 설명이 있기 때문이라는 것이다. 하지만 그는 인간에 대한 사랑의 개념을 다음과 같이 설명한다.

> 인간에 대한 사랑은 도덕성의 본질 자체에서 직접 발생한다. 사람들을 사랑한다는 것은 그들의 이익을 자신의 것과 동등하게, 그들의 선(善)과 존재(存在)의 중요성을 자신의 것과 동등하게 취급한다는 말이다. 이것은 우리가 도덕적으로 사고할 때 도덕언어의 논리에 의해 요구되는 것이다. 왜냐하면 도덕언어의 논리는 개인을 개인으로서 참조하는 것을 도덕원리에 포함하도록 허락하지 않기 때문이다[이에 대해서는 이 절의 후반부에서 언급되는 러셀(Russell)의 말을 참조하기 바란다]. 그러므로 만약에 우리가 도덕적으로 사고한다면, 자신의 이익을 다른 사람의 이익에 우선할 수 없다. 나는 '우리는 마땅히 이렇게 해서는 안 된다.'는 것이 아니라, 만약에 우리가 도덕 판단을 하기 위해 '마땅히 ……해야 한다.'는 말을 정확하게 사용하고자 한다면, '그

> 렇게 해야 한다고 말할 수 없다.'는 것을 강조하는 것이다. 만약에 그렇게 한다면, 그것은 도덕언어의 오용이다(Hare, 1979a, p. 104).

그렇다면 우리는 이 사랑을 어떻게 가르칠 수 있는가? 헤어는 이는 심리학자들이 연구해야 할 문제로서 철학자인 자신의 범위를 넘어선다고 말하면서도 인간에 대한 사랑의 교수는 인습적 교실에서 이루어지는 것보다는 사람들이 서로 간에 밀접하게 접촉하는 실제 상황에서 이루어지는 것이 훨씬 더 효과적이라고 말한다. 그가 말하는 실제 상황으로 대표적인 것은 가정이다. 그는 가정보다 사랑의 교육이 더 잘 이루어지고 있는 곳은 없으므로 도덕교육을 위해서는 서로를 사랑하는 부모를 가지는 것이 무엇보다도 중요하다고 본다(Hare, 1979a, p. 104).

한편 헤어(1979a)는 도덕교육의 모습에 두 가지가 있을 수 있다고 말한다. 하나는 어른들의 도움을 받아 아이들이 자신의 삶을 안내할 수 있는 자신의 도덕원리를 발견하는 학습을 하는 모습이고, 다른 하나는 적용 가능한 원리를 포함한 참된 도덕원리의 모습이다(p. 104). 우리는 이러한 도덕교육의 모습을 '행동의 결과에 대한 지식(GIG)' '사람들의 감정을 이해하는 능력(EMP)' '사람들에 대한 사랑(PHIL)' 등에 기초한 보편 규정적인 도덕 판단을 산출하는 과정에서 찾아볼 수 있을 것이다. 이러한 도덕판단이 이루어지는 과정은 형식적이다. 한편 그러한 판단에서 이끌어지는 도덕원리는 내용적이다. 헤어는 도덕성과 도덕교육에서 형식을 강조한다. 그는 도덕성과 도덕적 개념의 형식적 특성을 잘 이해하고 있는 사람이 채택하는 도덕원리의 내용에 대해서는 걱정할 필요가 없을 것이라고 말한다. 형식을 정말로 그리고 분명하게 이해하면, 내용은 쉽게 알 수 있기 때문이라는 것이다. 헤어(1979a)는 이와 관련해 부모들에게 다음과 같은 말을 한다.

> 자녀들이 도덕성(여기서 헤어가 의미하는 도덕성은 형식, 즉 도덕언어로 보아야 한다)이 무엇인가를 이해할 수 있도록 노력하십시오. 이는 부모인 당신 자신이 먼저 도덕성을 이해하고 있어야 한다는 뜻입니다. 자녀들이 도덕성을 이해하게 되면, 당신은 그들이 채택하는 도덕성의 내용(여기서 도덕성의 내용은 형식으로서의 도덕언어에 의해 이루어진 보편 규정적 도덕 판단에서 이끌어지는 도덕원리로 보아야 한다)을 불만스럽게 여기지 않을 것입니다(p. 104).

그러나 헤어의 이러한 말, 즉 형식에 대한 강조가 그가 도덕교육에서 내용이 중요하지 않다고 생각하고 있다는 말은 아니다. 그도 도덕교육에서 도덕성의 내용이 중요하다고 말한다. 그러나 그가 의미하는 내용은 도덕교육에 관한 고전적 논의에서 주로 고려되고 있는 일반적인 덕목이기보다는, 우리가 보편 규정적 도덕 판단에서 스스로 형성한 원리에 따라 성공적이고 일관성 있게 행동하려면 가져야 하는 특성으로서의 덕목이다.

헤어(1979a)가 이러한 내용으로 제시하는 덕목에는 두 가지 부류가 있다. 한 가지 부류는 신중성, 통찰력, 적절한 수단(gamesmanship) 등과 같은 우리가 마땅히 해야 한다고 생각하는 것을 '하는 데' 필요한 기술 또는 덕목이다. 다른 부류는 용기, 인내, 자아 억제 등과 같은 우리가 마땅히 해야 한다고 생각하는 것을 '하는 데 힘을 실어 주기 위해' 필요한 덕목들이다. 그는 이러한 덕목들의 교육은 도덕교육에서 아주 중요한 부분이 된다고 말한다(p. 105).

그러나 이러한 특성, 즉 덕목들을 학생들에게 가르치는 것은 도덕언어와 함께 보편 규정적 판단에서 요구되는 PHIL, GIG, EMP 등을 가르치는 것보다 실제로는 훨씬 더 어렵다고, 헤어는 말한다. 그러한 덕목들은 우리가 어떻게 할 수 없는 다분히 기질(氣質)의 문제이거나 기다려야 하는 경험의 문제이기 때문이다. 예를 들면, 신중성 같은 것은 젊은이들의 전형이 아니다. 그들은 나중에 어리석었다고 인정하게 될지도 모르는 것을 흔히 훌륭한 이상으로 추구하는 경향이 있다. 물론 우리는 이에 대해 젊은이들에게 충고를 할 수 있다. 그러한 것은 그들에 의해 수용될 수도 있고 안 될 수도 있다. 불행히도 수용되지 않는다면 아이들이 독립한 후에 부모가 그것에 대해 할 수 있는 것은 별로 없다고, 헤어는 말한다. 부모가 할 수 있는 유일한 것은 계속해서 의사소통을 하면서 바라는 것뿐이다(Hare, 1979a, p. 105).

헤어(1979a)는 불행히도 아이들이 성장하고 독립한 후에도 계속해서 신중성의 결여를 보이는 행동을 하더라도, 부모가 자신을 크게 자책할 필요는 없다고 말한다. 그러한 신중성과 같은 덕목은 앞에서도 언급된 바와 같이 다분히 기질의 문제이기 때문이다. 그러나 부모가 자녀들을 스스로 사고하여 행동할 수 있도록 양육하지 못했을 때에는 자책하여야 한다고 말한다(p. 105). 이러한 양육은 도덕언어에 기초한 보편 규정적 도덕 판단을 계발하는 도덕교육에 의해 가능하기 때문이다.

그러나 이상에서 살펴본 헤어의 도덕 판단의 특성인 보편화 가능성과 이에 기초한 도덕교육사상은 꽤나 비판을 받는다. 워녹(1979)은 '(마땅히) ……해야 한다.' 등의 언어에서 이끌어지는 도덕 판단의 보편화 가능성은 자명하다고 말한다. 그러나 이는 규정성에 있어서와 같이 도덕 영역에서뿐 아니라 다른 모든 영역에서도 그러하다는 것이다. 그러므로 보편화 가능성은 도덕언어에 대한 '중요한 사실'이기는커녕, '사실 자체'가 아니라는 것이다. 어떤 것을 '해야 한다.'거나 '하는 것이 옳다.' 또는 '하는 것이 좋다.'는 말은 어떤 판단에 대해서도 지극히 일반적이고 상당히 분명한 의미이므로 규정성과 함께 보편화 가능성은 도덕 판단의 독특한 특성도, 도덕언어의 독특한 특성도 아니라는 것이다(p. 110).

워녹(1979)은 규정성과 보편화 가능성의 결합은 우리가 사회에서 다른 사람들과 더불어 살아가기에 충분한 도덕적 삶의 본질이 되는 모든 것을 제공해 준다는 헤어의 말에 대해서도 상식에 벗어난다며 다음과 같이 비판한다.

> 우리는 규정성과 보편화 가능성에 입각하여, 예를 들면 '여자들은 억압되고 창피당하며 규칙적으로 구타되어야 한다.'와 같은 환상적이고 끔찍한 판단을 할 수 있다. 그리고 이러한 삶의 방식을 채택할 수도 있다. 우리가 이렇게 규정하고 이를 보편화하는 한, 우리는 헤어가 말하는 규정성과 보편화 가능성이라는 도덕 판단의 특성에 기초한 도덕언어에 대해 완전학습을 한 셈이 된다. 그러나 두 가지 특성에 대한 충분한 이해와 수용이 '여자들은 구타되어야 한다.'는 끔찍한 견해와 완전하게 공존할 수 있다면, 어떻게 그러한 특성이 도덕언어와 도덕교육에서 중요한 것일 수 있겠는가? 저러한 특성은 우리를 도덕적으로 교육된 상태로 이끄는 완전한 길이기는커녕, 전혀 효과가 없는 길이다. 이는 확실하다(pp. 112-113).

그러나 앞에서 살펴본 바와 같이 규정을 보편화하는 과정에서 작용하는 '다른 사람의 신발 신어 보기'는 다른 사람들의 감정을 이해하고(EMP) 나의 행동의 결과가 어떻게 될 것인가를 인식하고 깨닫게(GIG) 작용할 수 있으므로, 헤어는 워녹이 우려하는 것과 같은 환상적이고 끔찍한 도덕 판단은 발생하지 않을 것으로 본다. 이와는 달리 워녹(1979)은 우리는 다른 사람들이 어떻게 느끼고 우리의 행동이 그들에게 어떻게 영향을 미칠 것인가를 정확하게 알 수 있지만, 여전히 그들에게 신경을 쓰거나 관심을 가지지 않을 수 있고 심지어 그들을 성가시고 고통스럽게 하는 데서 즐거움을 느낄 수도 있다면서, 이러한 태도를 방지하기 위해서는 '인간에 대한 사랑'을 가르치는 노력을 해야 하는데 이는 헤어가 말하는 규정성과 보편화 가능성의 교육에 앞서 이루어져야 한다고 강조한다(p. 113).

우리는 여기서 헤어와 워녹이 도덕교육에서 취하는 관점의 공통점과 차이점을 찾아볼 수 있다. 도덕교육에서 사랑을 비롯해 다른 사람의 감정을 이해하고 자신의 행동의 결과를 인식하는 능력의 개발이 필요하며 중요하다고 생각하는 점은 양자의 공통점이다. 그리고 감수성과 사랑을 도덕적으로 교육된 사람의 준거로 보는 점도 공통점이다. 그러나 헤어는 그러한 준거가 도덕언어와 관련된다고 보는 데 비해, 워녹은 독립된 것으로 보는 점은 차이점이다. 헤어가 도덕성의 계발은 도덕언어의 습득에 의해 가능하다고 생각하는 데 비해, 워녹은 도덕언어가 아닌 덕목의 습득에 의해 가능하다고 생각하는 점도 차이점이다.

헤어(1979b)는 언어의 학습은 사랑, 감수성 등의 습득에 영향을 미치는데 이러한 특성은 도덕언어의 습득이 아니고서는 성취

될 수 없다고 본다. 도덕언어의 이해 과정은 그러한 특성의 습득을 촉진시킨다고 본다. 이것이 왜 도덕철학과 도덕교육이 관련성을 가져야 하는가의 이유라는 것이다(p. 119). 이와는 달리 워녹(1979)은 도덕언어와 같은 것은 없다고 말한다. 그러므로 도덕교육은 덕목, 그중에서도 특히 사랑의 교육을 먼저 하고 그러한 덕목이 교육된 사람이 보편 규정성을 적용하면 그것은 도덕교육에서 최고의 성취일 것이라고 말한다. 그러나 헤어가 제시하는 방식이나 이유에 기초해서는 결코 그러한 성취를 기대할 수 없다고 본다. 워녹은 헤어의 도덕언어에 기초한 규정의 보편화 과정에서 개발되는 사랑의 교육에 대해, 그것은 도덕교육의 접근에서 주객이 전도된 현상이라고 말하기도 한다(p. 114).

그러나 헤어는 워녹의 이러한 비판에 대해 예수와 러셀의 말을 빌려 자신의 이론을 옹호한다. 즉, 예수가 "사람들이 당신에게 해 주기를 바라는 대로 당신도 그들에게 똑같이 해 주어야 한다."라고 말했을 때, 러셀은 "도덕원리는 개인적 관계가 포함되는 것을 인정하지 않는다."라고 예수가 말했어야 한다고 하였다. 이와 관련된 헤어(1979b)의 생각은 다음과 같다.

> 다른 사람들의 이익이 영향을 받는 사태에서 내가 말하는 도덕 판단의 그러한 논리적 특성은, 그들에게 예수가 설교했던 종류의 보편적 사랑을 자연스럽게 표현해 준다. 우리는 도덕언어가 그것의 특성과 함께 사랑(agape)의 이상을 같은 보조로 보급시킨다고 생각할 수 있다. 내가 다른 맥락에서 말한 바와 같이 '설계된 목적대로 도덕언어의 사용을 학습하는 것은 대화의 수업뿐 아니라 우리가 권하는 행동의 수업도 포함한다. 그러므로 개인 간(個人間) 영역에서 보편 규정적 언어를

> 사용하는 학습은 어쨌건 사랑의 이상을 채택하지 않고서는 이루어질 수 없는 무엇이다(pp. 117-118).

계속해서 헤어(1979b)는 도덕언어의 학습이 사랑의 이상을 채택하지 않고서는 이루어질 수 없는 이유에 대해 다음과 같이 설명한다.

> 보편적 규정이란 나의 행동에 의해 영향을 받는 사람들이 지금 차지한 자리를 내가 차지하는 사태를 포함하여 정확하게 비슷한 모든 사태로 규정하는 것이다. 내가 무엇을 규정하는 것은 어떤 것을 하기 위한 것이다. 그리고 그것의 행동을 구성하는 것은 무엇을 할 것인가의 역할이다. 예를 들면, 내가 다른 사람을 향해 방아쇠를 당긴다면 나는 그를 죽이는 것이다. 그러므로 도덕적으로 타당한 결과를 확인하려 하지 않고서는 어떤 것도 합리적으로 결정할 수 없다는 것이 규정성의 함축이다. 만약에 그렇게 하지 않는다면 나는 알지 못하는 것을 규정하게 된다. 그러나 보편화 가능성 때문에 나 자신이 비슷하게 영향을 받고 있는 사례를 규정할 수 있다. 그러므로 내가 다른 사람의 처지에 있다면, 도덕적으로 타당한 결과는 나에 대한 이익과 손해를 일관성 있게 포함한다(p. 118).

이러한 헤어의 말은, 내가 다른 사람들의 이익에 영향을 미치는 행동을 진지하게 보편적으로 규정한다면, 마치 내가 다른 사람인 것처럼 규정하는 것을 피할 수 없다는 뜻이다. 즉, 보편 규정적 판단은 다른 사람의 이익을 고려하는 사랑이 작용하지 않고서는 이루어질 수 없다는 뜻이다. 헤어(1979b)는 이것이 바로 예수가 황금률을 통해 요구하는 것이라고 말한다(p. 118).

이상에서 살펴본 바와 같이 헤어는 도덕성과 도덕교육에서 도덕언어와 이의 논리가 중요하다고 생각한다. 그 이유는 도덕언어에 대한 이해와 논리는 행동을 안내하는 규정적 사고와 다른 사람의 이익을 고려하는, 즉 사랑이 작용하는 보편적 사고의 성향을 이끌어 준다고 생각하기 때문이다.

4. 요약 및 논의

앞에서 살펴본 바와 같이 헤어에 의하면 '옳은' '그른' '(마땅히) ……해야 한다.' 등은 도덕언어다. 도덕성이란 바로 이러한 도덕언어다. 한편, 도덕언어가 가지는 특성에는 규정성과 보편화 가능성이 있다. 이러한 특성은 도덕 판단에서 작용한다. 이는 도덕 판단은 규정적이고 보편화 가능하게 이루어져야 한다는 뜻이다. 우리는 이러한 보편 규정적인 도덕 판단에서 자신의 도덕원리를 산출한다. 그러므로 헤어에 있어서 도덕교육은 아이들이 도덕언어를 이해하여 규정적이고 보편화 가능한 도덕 판단을 할 수 있도록, 그리하여 스스로의 도덕원리를 형성하고 선택할 수 있도록 부모나 교사가 그들을 도와주는 일이다.

헤어는 도덕 판단은 행동하기로 되어 있는 것이라고 말한다. 이는 도덕 판단을 한다는 것은 행동을 하기 위한 것이라는 뜻이다. 우리는 도덕 판단에 의해 행동을 안내받는다. 이러한 안내는 도덕 판단의 규정적 기능이 작용하기 때문에 이루어진다. 그러나 이러한 헤어의 도덕언어 내지 규정성은 비판받고 있다. 비판자들은 이른바 헤어의 '도덕언어'는 도덕언어가 아니라고 말한다. 이른바 그러한 언어는 도덕 영역에서만이 아닌 다른 모든 영역, 즉 다른 모든 실천적 활동에서도 나타나고 있기 때문이다. 이에 대한 헤어의 대답은 비록 다른 실천적 기업에서 규정적인 언어가 언어로서 유사하게 사용된다 할지라도, 그래서 아이들이 그러한 언어를 이미 이해하여 사용하고 있다 할지라도, 그들의 그러한 언어의 이해와 사용이 도덕 영역에서의 도덕언어의 이해 및 사용과 똑같지는 않다는 것이다. 도덕언어는 철학적 통찰이 요구되기도 하고, 다른 영역에서는 (그것이 도덕적 문제와 관련되는 경우가 아니라면) 때로 규정성을 포기할 수도 있으나 도덕 영역에서는 그럴 수 없기 때문이라는 것이다. 아무런 주저함도 없이 포기할 수는 없다는 것이다. 이는 도덕적 규정성은 다른 영역(예: 축구, 그림, 건축 등)에서의 규정성에 우선하기 때문이라고, 헤어는 말한다.

한편 우리가 헤어의 비판자들의 견해에 동의한다 하더라도, 도덕 판단은 규정적으로 이루어질 수밖에 없지 않은가? 필자는 도덕 판단은 규정적이어야 할 뿐 아니라 규정적일 수밖에 없다고 생각한다. 도덕 영역에서 규정적이지 않은 판단은 도덕 판단일 수 없다고 생각한다. 예를 들면, '다른 사람의 이익을 고려해야 한다.' '부모에게 효도하는 것은 옳다.' '약속은 지켜야 한다.' 등의 도덕 판단 내지 원리는 모두 규정적이다. 헤어의 비판자들이 말하는 바와 같이 이러한 규정적 판단이 다른 모든 실천적 활동에서와 같다 할지라도, 그러므로 그들의 말대로 규정성은 도덕언어의 특성이 아니라 할지라도, 도덕 판단이 규정적이라는 것은 사실이지 않은가? 더욱이 다른 영역에서 '옳은' 등의 언어와 규정성이 도덕 영역에서와 유사하게 사용되고 있다고 해서, 그 이유만으로 도덕 영역에서 도덕언어와 규정성의 중요성과 가치가 훼손될 수는 없을 것이다.

비판자들은 지행 괴리의 문제를 들어 헤어의 규정성을 비판하기도 한다. 즉, 도덕 판단이 규정적이라면, 그러므로 행동하기로 되어 있는 것이라면, 판단과 행동 사이에 괴리가 없어야 하는데 엄연한 사실은 판단대로 행동하지 못하는 사람들이 있다는 것이다. 이에 대해 필자는 그러한 괴리 현상은 사실이지만, 그럼에도 도덕 판단은 규정적으로 이루어져야 하고, 또한 그럴 수밖에 없다고 생각한다.

우리는 규정적 도덕 판단에 의해 우리의 삶의 방식을 자유롭게 선택할 수 있다. 그러나 우리가 사회에서 다른 사람들과 더불어 보람 있게 살아갈 수 있기 위해서는 규정성만으로는 충분하지 못하다. 그러므로 도덕 판단이 충분한 것이 되기 위해서는 규정성이 보편화 가능성과 결합되어야 한다는 것이, 헤어의 주장이다.

필자는 만약에 도덕이 개인만의 문제라면 도덕 판단은 규정성만으로도 충분할 것으로 생각한다. 그러나 도덕의 문제는 개인만의 문제일 수 없다. 일반적으로 사회적 맥락에서 발생한 도덕의 문제는 사람들 간에 욕구(그것이 정신적인 것이든 물질적인 것이든, 개인적인 것이든 사회적인 것이든, 즉 그것이 무엇이든)의 대립으로 발생한 갈등의 문제, 즉 대인관계에서 이해관계가 발생한 문제다. 그러므로 행위자 개인만을 구속하는 규정적 도덕 판단은 충분한 도덕 판단이 될 수 없다. 행위자 개인뿐 아니라 그가 처해 있는 상황도 동시에 구속하는 판단이 이루어져야 한다. 이는 그러한 상황과 비슷한 상황에 처해 있는 사람 모두를 구속하는 판단이다. 이처럼 도덕 판단은 판단을 하는 당사자인 개인만을 위한 것이 아니다. 그에게만 해당되는 것이 아니다. 도덕 판단은 그가 놓여 있는 상황과 비슷한 상황에 있을 수 있는 모든 사람을 위한 것으로 모든 사람에게 해당되는 것이어야 하기 때문이다.

이러한 헤어의 보편화 가능한 도덕 판단에 대해서도 앞에서 살펴본 바와 같이 워녹은 비판적이다. 이에 대한 그의 비판의 논리는 규정성에 있어서와 같다. 즉, 도덕 판단에서의 '보편화 가능성'은 도덕언어도 도덕 판단의 특성도 아니라는 것이다. 그러한 보편화 가능성은 도덕 영역에서와 마찬가지로 다른 모든 실천적 영역에서도 그러하기 때문이라는 것이다. 그러나 이러한 워녹의 말이 도덕 판단이 보편화 가능해야 한다는 헤어의 말을 부인하는 것은 아니다. 단지 보편화 가능성이 규정성에 있어서와 같이 도덕 판단의 특성이 될 수는 없다는 말이다. 다른 모든 실천 영역에서도 '옳은' '(마땅히) ……해야 한다.' 등의 규정적 판단이 보편화 가능하기 때문이다.

헤어의 보편화 가능성과 관련된 워녹의 비판은 규정을 보편화하는 과정에서 요구되는 다른 사람의 신발 신어 보기의 기술, 능력, 태도 등에 집중되었다고 볼 수 있다. 헤어에 의하면, 규정의 보편화는 '다른 사람의 감정에 대한 인지(EMP)'와 '행동의 결과에 대한 이해(GIG)'에 기초하여 '다른 사람의 이익을 나의 이익처럼 고려하는 사랑(PHIL)'이 작용할 때 가능하다. 그리고 이러한 기술 및 능력과 사랑은 도덕언어의 학습에 의해 개발된다는 것이, 헤어의 관점이다.

그러나 워녹은 도덕성으로서 요구되는 이러한 사랑, 감수성 등은 헤어가 말하는 바와 같은 도덕언어에 의한 학습으로는 결코 습득될 수 없다고 하였다. 그는 이른바 도덕언어라는 것은 없다고 굳게 믿기 때문이다. 앞에서도 살펴본 바와 같이 워녹도 헤어와 같이 도덕 판단에서 규정을 보편화할 수 있기 위해서는 사랑, 감수성 등이 요구된다고 보았다. 그러나 워녹은 사랑 등의 도덕성은 도덕언어의 학습에 의해서가 아닌 도덕적 덕목의 습득에 의해 가능하다고 보았다. 그러므로 워녹은 헤어의 관점은 이른바 주객(主客)이 전도(顚倒)된 현상이라고 비판한다. 워녹은 도덕교육에서는 덕목인 사랑의 교육이 먼저 이루어져야 한다고 말한다. 이러한 교육에 의해 이미 사랑의 덕목을 함양한 아이들이 보편 규정적인 도덕 판단을 한다면, 그것은 최고의 성취가 될 것이라고 말한다.

이러한 워녹의 비판에 대해 헤어는 도덕언어 내지 보편화 가능성의 사용법에 대한 학습에서는 다른 사람들의 이익이 영향을 받는 사태에서 그들을 고려하는 사랑의 교육이 동시에 그리고 자연스럽게 이루어진다는 입장을 여전히 견지한다. 우리는 헤어의 이러한 입장에 작용하는 기본원리가 "사람들이 당신에게 해 주기를 바라는 대로 당신도 그들에게 똑같이 해 주어야 한다."라는 예수의 황금률에 기초되어 있음을 앞에서 살펴본 바 있다.

필자는 헤어가 말하는 바와 같이 도덕 판단은 규정적이어야 할 뿐 아니라 보편화 가능해야 한다고 생각한다. 만약에 도덕 판단이 규정성에 제한된다면, 우리는 워녹이 말하는 것처럼 도덕적이라고는 도저히 볼 수 없는 비합리적이고 잔인한 것까지도 도덕 판단으로 규정할 수 있을 것이다. 그러나 도덕 판단은 동시에 보편화 가능해야 하기 때문에, 정말이지 진지하고 성실하게 도덕 판단을 한다면, 우리는 그러한 도덕 판단은 하지 않을 것이다. 만약에 어떤 사람이 잔인한 행위를 보편화하는 도덕 판단을 한다면, 그는 비슷한 다른 상황에서 다른 사람에 의해 자신이 잔인한 행위를 당하여도 된다는 것을 수용하는 것이 된다. 그러나 우리는 누구도 잔인한 행위를 당하고 싶어 하지 않는다.

5. 결 론

도덕성에 대한 헤어와 워녹의 비판적 논의는 도덕교육의 접근 방법과 관련된 논란을 상기시킨다. 우리가 도덕교육의 방법을 이른바 형식적 접근과 내용적 접근으로 나누어 말한다면, 헤어의 입장은 형식적 접근이 중심이 된다고 볼 수 있을 것이다. 그는 도덕언어라는 형식에 기초하여 다른 사람의 이익을 고려하는 사랑의 도덕성을 이끌어 낼 수 있다고 보기 때문이다. 이에 비해 워녹의 입장은 내용적 접근이 중심이 된다고 볼 수 있다. 그는 도덕적 덕목이라는 내용에 기초하여 사랑의 도덕성을 이끌어 낼 수 있다고 보기 때문이다.

필자는 헤어의 입장에 일반적으로 동의하는 편이다. 즉, 도덕 판단은 규정적이어야 할 뿐 아니라 동시에 보편화 가능해야 한다. 만약에 어떤 판단이 규정을 보편화할 수 없다면, 그것은 도덕 판단이 될 수 없을 것이다. 그것은 도덕 판단이 요구하는 일관성, 합리성, 객관성 등을 결여한 개인의 취미나 기호 또는 단순한 주장에 불과한 것이다. 도덕은 개인만의 문제가 아닌 우리 모두의 문제이기 때문이다. 그러므로 헤어의 우리가 사회에서 다른 사람들과 더불어 보람되게 살아갈 수 있기 위해서는 규정성만으로는 충분한 것이 되지 못하므로 규정성과 보편화 가능성이 결합되어야 한다는 말은 도덕성의 본질을 잘 나타내 준다고 볼 수 있다. '다른 사람들과 더불어 보람되게 사는 것'이 바로 도덕적 삶이기 때문이다.

윌슨의 도덕성 요소 도덕교육사상*

윌슨(J. B. Wilson, 1928~2003)은 영국의 도덕교육철학자다. 이 장에서는 그가 '사람의 개념'에 기초하여 이끌어 내는 도덕성의 4범주 16요소와 이러한 것을 계발하는 과정으로서의 그의 도덕교육사상에 대해 고찰한다. 한편 도덕을 인간의 보편적 사고방식 내지 삶의 형식으로 보고, 합리적·탈문화적 접근에 의해 독립된 교과(학문)로 정초(定礎)하고자 하는 그의 도덕교육사상에 대해서도 관심을 가지고 살펴볼 것이다.

1. 서 론

윌슨은 과학, 역사 등이 인간의 삶의 한 영역이고 특정한 사고의 형식을 가지듯이 도덕도 삶의 한 영역이고 특정한 사고의 형

* 이 장은 필자의 『현대 도덕교육론』(2008) 제7장 '도덕성 요소 이론과 도덕교육' (pp. 221-264)에서 발췌·요약하면서 일부 수정·보완한 것이다.

식을 가지는 것으로 본다. 따라서 도덕도 하나의 교과가 될 수 있다고 주장한다.

윌슨은 도덕교육의 발전에 장애가 되는 것은 우리가 가지고 있는 도덕성에 대한 편견과 그 밖의 뿌리 깊은 비합리적 감정이라고 말한다. 그의 도덕교육사상은 이러한 정서적 장애를 극복하는 이론과 실제로 구성된다. 그는 영혼의 상태, 정신 건강 등 정신의 기본적 성향 및 구성을 도덕성의 본질로 본다. 이러한 그의 도덕성 개념에는 행동이 도덕성의 일차적 요소가 될 수 없다는 뜻이 들어 있다.

한편 윌슨은 도덕성을 두 측면에서 본다. 한 측면은 정의(正義, justice)이고, 다른 한 측면은 사랑(love)이다. 그는 정의는 대인관계나 사회적 관계, 즉 공적(公的) 생활에서 적절하게 작용하는 도덕원리인데 비해, 사랑은 개인적 관계 또는 삶의 이상이 작용하는 사적(私的) 생활에서 적절하게 작용하는 도덕원리라고 말한다. 그러나 그는 사랑의 원리가 도덕성의 중심이 된다고 말한다.

윌슨은 도덕교육의 경험적 연구와 실제적 방법 개발의 기초가 되는 4범주 16요소로 구성된 일련의 도덕성 요소들을 제시한다. 그는 그러한 요소들을 학생들에게 계발시켜 주는 일을 도덕교육으로 본다. 그러한 요소들을 갖춘 사람을 '도덕적으로 교육된 사람'으로 본다. 그러한 요소들을 계발할 수 있는 방법으로 '도덕적 사고하기' '토의하기' '규칙 및 계약 지키기' 그리고 '가정모형 적용하기'를 제시한다. 전자의 세 가지를 '학술적 접근법'으로, 후자를 '사회적 접근법'으로 본다. 그는 도덕교육이 이 두 가지 접근법을 상호 참조(cross-reference)하여 조화를 이룰 때 효과적일 수 있다고 말한다.

도덕이 다른 교과와 같이 하나의 독립된 교과가 될 수 있다는 그의 주장은, 그가 제시하는 도덕성 요소들은 그 자체가 도덕 및 도덕교육의 방법론이 될 수 있다는 데에 근거한다. 그 자체가 도덕적 사고의 형식으로 작용한다고 보는 데에 근거한다. 물론 그가 말하는 바와 같이 도덕을 정확하게 하나의 교과로서 다루는 방법에 대해서는 아직은 불확실하다고 볼 수도 있다. 그러나 윌슨은 인류가 과학을 하나의 학문, 즉 교과로서 존경할 수 있고 생산적인 사고의 형식으로 수립하는 데 얼마나 오랜 시간이 걸렸는가를 생각해 보라고 말한다. 다시 말하면, 우리가 과학을 하나의 교과로 성취한 것은 인류의 역사에서 볼 때 최근에서야 이루어졌다는 것이다.

윌슨은 도덕과 도덕교육을 하나의 교과로 수립하는 데에도 어려움과 장애가 있을 것이라고 말한다. 과학을 하나의 교과로 수립하는 데 따랐던 것만큼이나 어쩌면 그 이상으로 어려움과 장애가 있을 것이라고 말한다. 그러나 그렇다고 해서 도덕이 과학에서처럼 그와 비슷한 교과를 수립할 수 없다고 생각하는 것은 잘못이라는 것이다. 갈릴레오 시대에 과학과 과학적 방법의 초기 단계가 소개되었을 때 많은 사람들은 불안해했고, 자연 세계를 설명하고 통제하려 할 때 과학적 방법이 적절하다는 것을 깨닫는 데 오랜 시간이 걸렸듯이, 우리가 도덕과 도덕교육을 하나의 교과로 수립하는 데에도 많은 노력과 인내가 필요할 것이라고, 윌슨은 말한다.

2. 도덕 및 도덕교육에 대한 편견

윌슨(1990)은 사람들은 '도덕이란 무엇인가'에 대해 대개 다음과 같은 두 가지 범주, 즉 ① 성적(性的) 순결을 지키고 법에 복종하며 국가에 충성하고 종교생활을 하는 것과, ② '다른 사람이 나에게 하라고 말하는 것' '어른이 나에게 주입하기를 원하는 것' '관습적인 것' 등으로 생각하는 경향이 있다고 말한다(p. 21). 도덕을 ①의 범주로 생각하는 사람들은 그러한 가치에 대한 애착이 강하고, 그러한 가치를 아이들에게 주입하기를 원하며, 그러한 가치는 신(神), 양심, 외적 권위, 경전, 일련의 규칙에 존재하고, 그러한 것은 보존되어야 하며, 아이들에게 가르쳐야 한다고 생각한다. 한편 도덕을 ②의 범주로 생각하는 사람들은 ①의 범주의 사람들이 말하는 그러한 가치를 거부한다. 그러한 가치를 주입하는 도덕교육에 대해서도 반대한다. 이들은 어떤 의미에서 더 이상 '도덕적인 사람' 또는 '선한 사람'이 되려하지 않는다. 자신이 즐거워서 하고 좋아서 하는 것을 도덕이라고 생각하기 때문이다(Wilson, 1990, p. 24). 이러한 생각에 대해 윌슨(1990)은 다음과 같이 말한다.

> 그러한 두 가지 생각은 모두 도덕을 일종의 일이나 힘 또는 권력으로 본다. ①의 사람들은 그러한 도덕적 가치를 수용하여 다른 사람들에게 전하기를 원한다. ②의 사람들은 그것을 외면한다. 이들은 그러한 것을 외면하는 과정에서 규칙, 이성, 원리, 표준, 가치, 준거 등도 외면한다. 그 과정에서 도덕적 사고라는 전체 기업도 외면한다. 이들에 의하면 생각해야 할 것이 아무것도 없다. 이들은 '도덕'을 거부하기 때

> 문이다. 대신에 이들은 자신의 충동이나 기호 또는 욕구 등 이성에 의해 관리되지 않는 감정과 행동에 의지한다. 이들은 어떤 것도 옳고 그른 것이 있다고 믿지 않는다. '이것은 옳다.'를 '나는 그것을 좋아한다.'의 의미로 말한다. 한편 ①의 사람들은 정말로 옳은 것이 있다고 믿는다. 이것은 옳고 저것은 그르다고 말할 수 있는 어떤 규칙이나 원리가 있다는 것을 수용한다. 그러나 이들의 그러한 믿음과 수용은 모종의 경험이나 외적 권위에 기초되어 있다(p. 25).

윌슨은 이러한 두 가지 관점은 도덕성에 대한 잘못된 생각으로 일종의 편견이라고 말한다. 그러한 생각에는 정서에 기초한 외적 권위의 수용 또는 거부를 도덕의 의미로 보는 견해가 내포되어 있기 때문이다. 이와 관련해 윌슨(1990)은 다음과 같이 말한다.

> 도덕을 외적 권위에서 이끌어지는 것으로 생각하는 사람은 그러한 권위와 자신을 동일시한다. 그 결과 자신을 진리와 가치의 대표자라고 생각한다. 자신이 '정답'을 가지고 있다고 믿는다. 아이들이 그러한 '정답'을 믿고 실천하도록 그것을 전해 주어야 한다고 생각한다. 그것의 실천에 필요한 힘, 권위, 제재, 규율 등을 환영한다. 그러한 권위는 어떤 이념, 종교, 경전, 문화, 전통, 지도자, 영웅, 성현 등의 말씀으로 합리화된다. 한편 이러한 생각을 거부하는 사람은 자신의 신념과 가치를 다른 사람의 것에 우선하는 것으로도, 교육을 위한 기초를 형성하는 것으로도 생각하지 않는다. 그는 진리와 가치의 객관성 자체를 의심하거나 부인하는 모종의 상대주의자적 입장을 취한다(p. 31).

윌슨(1990)은 '정답(正答, right answers)'이 교육의 출발점이 될

수는 없다고 생각한다. 어떤 답이 '옳다'는 것은 그 답을 '옳은' 것으로 정당화하는 이유가 준거로 작용하여 산출된 평가일 뿐이기 때문이다. 따라서 도덕에 대한 그러한 생각은 도덕교육의 개념에서 벗어난다는 것이다. 교육의 개념은 논리적으로 세계에 대한 합리적 자세의 기본 개념과 연결되어야 하는데, 그러한 생각은 그렇지 못할 뿐 아니라 합리적 자세나 절차의 본질적 개념에 의해 이끌어지는 것으로도 볼 수 없기 때문이라는 것이다. 한편 윌슨은 권위를 거부하고, 어떤 종류의 상대주의에 빠지며, 그리고 흠 없는 '정답'의 개념에 반대하는 것도 교육의 개념에서 벗어나기는 마찬가지라고 본다. 이성, 학습, 지식, 진리 등 교육 자체의 개념은 합리적 절차의 본질적 개념에 연결되어 있다고 보기 때문이다.

하지만 윌슨은 교사에게는 권위가 있어야 한다고 말한다. 권위가 있어야 질서를 유지하며 규율을 시행할 수 있고, 그러할 때 도덕교육은 가능하기 때문이다. 물론 여기서 말하는 교사의 권위는 외적 권위가 아닌 내적 권위다. 즉, 교육 자체의 개념에 의해 구속되고 관리되는 권위다. 그는 학습, 진리, 합리성의 추구에 관심을 가지는 것을 교육 자체의 개념과 가치로 본다. 이러한 개념과 가치에 기초하여 여기에서 이끌어지는 권위를 내적 권위로 본다. 교육은 이러한 개념과 가치 이외의 것에 오염되어서는 안 된다는 것이다. 윌슨은 '어떻게 종교적 · 정치적 · 도덕적 가치, 즉 특정한 이념적 · 당파적 가치를 잘 설명하고 촉진할 수 있는가.'에 대한 관심은 교육 자체가 되지 못한다고 본다. '어떻게 학생들의 학습을 잘 도와줄 수 있는가.'에 대한 관심일 때 비로소 교육 자체일 수 있다는 것이다.

윌슨은 앞에서 살펴본 ①의 범주에 속하는 사람들의 생각과 ②의 범주에 속하는 사람들의 생각은 둘 다 도덕교육 자체의 개념에 부합되기 어렵다고 본다. 그들은 모두 도덕을 주로 정서적 애착의 측면에서 보기 때문이다. 한쪽에서는 '내가 존경하는 지도자, 영웅, 성현 등의 말씀이니까, 또는 내가 믿는 종교, 신념, 이념이니까'를 이유로 그러한 것을 수용하여 따르는 것을 도덕으로 생각한다. 다른 한쪽에서는 어른들, 힘 있는 사람들이 하라는 것에 대해 저항하는 것이나 자신의 취미나 기호를 도덕으로 생각한다. 이러한 두 가지 생각은 문화적 · 이념적 · 당파적인 것을 바닥에 깔고 있다. 특정한 내용을 도덕으로 본다. 어느 쪽도 도덕을 합리적 이유를 준거로 하는 선택의 문제로 보지 않는다.

윌슨은 합리적 절차에는 권위가 있다고 본다. 합리적 절차는 이성에 기초하기 때문이다. 그러므로 교육에서 합리적 절차의 대표자로서 행동하는 교사는 권위를 가질 수 있다는 것이다. 교사가 이러한 권위를 가질 때, 그는 학생들에게 합리적 절차가 요구하는 지식, 기술, 능력 등을 개발시켜 줄 수 있다. 이러한 맥락에서 윌슨은 스스로의 가치 또는 도덕원리를 계발하는 데 사용할 수 있는 합리적 절차에 학생들이 입문할 수 있도록 도와주는 것을 도덕교육으로 본다. 이러한 그의 생각은 교육자가 궁극적으로 인정할 수 있는 유일한 권위는 이성 자체라는 관점에서 비롯된다.

3. 도덕교육과 합리적 사고

윌슨은 사회가 가지고 있는 일련의 도덕규범을 학생들에게 전하려 가르치는 것을 도덕교육으로 보기보다는 도덕적 문제가 발생했을 때 그것에 대처하여 해결할 수 있는 능력의 개발을 가르치는 것을 도덕교육으로 본다. 차잔(Chazan, 1985)에 의하면, 윌슨은 특정한 가치나 도덕규범의 전수를 강조하는 전통적 접근에서 개인적 탐구 및 도덕적 사고를 계발하는 현대적 접근으로의 도덕교육의 변화 과정에 크게 공헌한 인물이다(p. 30).

윌슨은 도덕성의 개념을 선호(選好)의 표현이나 감정의 문제로 보는 입장에 비판적이다. 그는 객관성과 합리성이 과학이나 수학에 적용되는 만큼이나 도덕에도 적용될 수 있다고 본다. 도덕성을 합리적 사고의 절차로 보기 때문이다. 이러한 맥락에서 그의 도덕교육사상은 합리적 사고에 기초한 일련의 절차와 방법으로 구성된다. 문제는 대부분의 사람이 합리적 사고를 회피하는 데 있다. 사람들은 어떤 도덕적 문제에 부딪쳤을 때 그것을 합리적으로 사고하여 해결하려 하기보다는 관행, 관습, 관례 등에 따라 처리하기 일쑤다. 윌슨(1970)은 사람들이 합리적 사고를 회피하는 유형 및 경향성에 대해 다음과 같이 말한다.

- '무엇을 해야 하는가.'를 말해 주는 외적 권위, 즉 상사(上司), 지도자, 경전 등의 말에 복종함으로써 사고하기를 회피한다. 복종은 심리적으로 볼 때 사고하기보다 쉬울 뿐 아니라 권위자에게 복종함으로써 안도감을 가질 수 있기 때문이다.
- '어떻게 행동해야 하는가.'의 전형적(典型的) 역할을 한다고 생각

되는 이상적 인물의 말이나 행동을 따르거나 '어떻게 행동해야 하는가.'를 결정해 준다고 믿고 있는 신념이나 이른바 '진리'를 수용함으로써 사고하기를 회피한다. 이러한 유형은 신념에 대한 이유가 제시되지 않는다는 점에 문제가 있다.

- 도덕적 판단이나 결정을 단지 개인의 선호의 문제로 생각함으로써 사고하기를 회피한다. 이러한 사람들은 합리적인 도덕의 원리나 표준이 없는 것처럼 생각한다. 자신이 믿는 바가 옳은 것인지, 참된 것인지에 대해 사고하려 하지 않는다. 그들은 자신의 마음의 상태, 욕구 또는 감정에 지배받는다.
- 자신이 양육된 방식에 따라 결정하고 행동함으로써 사고하기를 회피한다. 카리스마적인 사건이나 경험을 믿고, 그와 같은 식으로 문제를 해결함으로써 사고하기를 회피한다. 부모에 의해 신이 있다고 믿도록 양육된 아이는 그렇게 믿고 행동한다. 이러한 유형은 어떤 문제에 부딪쳤을 때 합리적으로 사고하여 행동하기보다는 '신의 소리를 들었다.' '어떤 환영(幻影)을 보았다.' '그렇게 느끼기 때문에' 등에 기초하여 행동한다.
- 다른 사람들이 말하거나 행동하는 바에 따라 자신의 도덕적 문제를 결정함으로써 사고하기를 회피한다. 이는 개인이 속한 집단 구성원들이 생각하고 행동하는 것을 옳다고 믿고 자신의 삶의 준거로 받아들이는 경우다. 설사 옳지 않다 하더라도 그것이 틀렸다거나 나쁘다고 생각하지 않는다. 대부분의 사람이 그와 같이 생각하고 행동하기 때문이다.
- 인간의 삶의 목적이나 의미는 이미 주어져 있다고 인정함으로써 사고하기를 회피한다. 이 유형의 사람들은 스스로가 삶의 목적이나 존재 이유 등을 부여할 수 있다고 보기보다는 그러한 것들은 태어날 때부터 이미 주어져 있다고 보고, 자신은 다만 주어진 목적대로 그것을 수행하며 살아가야 한다는 입장을 취함으로써 자

> 신의 삶의 목적을 설정하기 위한 합리적 사고를 회피한다(pp. 6-12).

이러한 윌슨의 말은 사람들은 도덕적 문제에 부딪칠 때 그것을 합리적으로 사고하여 해결하기보다는 흔히 외적 권위나 관행 또는 대중의 의견에 따라 처리하는 경향이 크기 때문에, 그러는 한 '도덕적' 행위자가 되기는 어렵다는 이야기다. 도덕적 행위자가 되기 위해서는 문제사태에 직면하여 그것을 합리적으로 해결해야 한다는 주장이다. 이처럼 그는 도덕을 합리적 담론의 한 영역으로 본다. 그가 도덕적 맥락에서 말하는 '합리적'이란 이유 있는 행동, 다른 사람(들)의 이익과 관련된 이유 있는 행동, 논리적 일관성, 문제에 관련된 사실의 인식 및 직면, 그리고 이상의 네 요소를 문제에 적용하여 행동하는 것을 의미한다(Chazan, 1985, p. 35).

한편 윌슨은 도덕적 문제해결의 과정에서 이루어지는 도덕적 추론은 다음과 같이 이루어져야 한다고 주장한다.

> 도덕적 추론은 용어와 개념을 연결하는 절차와 언어의 사용에서 일관성이 있어야 한다. 결정 과정에서 일반화 가능한 규정적 진술, 즉 도덕원리를 참조해야 한다. 경험적으로 증명 가능한 '사실'을 참조해야 한다. 사회 과학이든 자연 과학이든 과학적으로 내려진 가장 좋은 결론을 사용해야 한다. 개인 자신이 자유롭게 선택한 반성과 숙고에 의해 이루어져야 한다. 자율적이고 의도적이어야 한다. 타인의 이익과 관련된 숙고여야 한다(Chazan, 1985, p. 35).

이와 같이 이루어지는 윌슨의 도덕적 추론, 즉 사고하기는 결국 타인의 이익을 고려하는 과정이다. 그는 '타인의 이익 고려'를 가장 중요한 도덕원리로 본다. 타인의 이익을 고려하는 사고에서 합리성을 강조한다. 그에게 있어서 합리적이란 사고를 정확하게 하는 것이다. 그는 우리가 도덕적 맥락에서 옳은 이유가 무엇인가를 알지 못하면, 그리고 그 이유가 옳다는 것을 확신하지 못하면, 도덕적 행위는 불가능하다고 말한다(Wilson, 1970, pp. 12-13). 한편 윌슨(1970)은 합리성을 공공의 문제로 본다. 그러므로 어떤 것이 합리적인지 아닌지를 알기 위해서는 공공의 검열을 받아야 한다는 것이다. 합리성 여부는 토의, 반대 신문, 논의, 이유의 제시 등을 통해 알 수 있다고 주장한다(p. 12). (그러나 그가 합리성을 강조한다고 해서 도덕성에서 정서·감정을 소홀히 하거나 무시하는 것은 아니다. 이는 다음 절에서 살펴보게 될 그의 도덕성 요소의 분석에서도 알 수 있다.)

4. 도덕성 요소와 도덕적으로 교육된 사람

윌슨은 도덕교육의 주제를 특정한 가치, 덕목, 행동, 규범 등으로 보기보다는 인간의 기본적 성향 또는 정신 건강을 의미하는 도덕성으로 본다. 그는 도덕성을 구성하는 4범주 16요소를 제시하며 이러한 요소들을 계발한 사람을 도덕적으로 교육된 사람으로 본다(Wilson, 1973, pp. 65-67).

1) PHIL: 다른 사람을 나와 동등하게 고려하기

PHIL(philos)이란 다른 사람의 감정과 이익을 실제로 나의 것과 '같게 생각한다.'는 의미에서, 그리고 '그 정당성을 같게 받아들인다.'는 의미에서 다른 사람을 나와 동등한 사람으로 생각하고 관심을 가지는 태도다(Wilson, Williams, & Sugarman, 1967, p. 192; Wilson, 1972, p. 20). 이러한 PHIL은 PHIL-HC, PHIL-CC, PHIL-RSF-PO & DO로 구성된다.

(1) PHIL-HC(having the concept): 사람의 개념 이해하기

윌슨은 이성적 생물(rational animate creatures)을 사람으로 본다. 이성적 생물은 나름대로의 자기 의지, 정서, 의도, 목적, 의식 등을 가지고 언어를 사용하는 존재다. 이러한 의미의 이성적 생물은 성별, 피부색, 인종, 교조(教條) 등에 관계없이 사람이라는 하나의 범주로 분류되어야 한다(Wilson, 1973, pp. 41-43). 이러한 사람의 개념에는 이성에 기초한 인간평등사상이 함의되어 있다. 따라서 사람을 신분, 지위, 직업, 부(富), 피부색, 문화, 국가, 민족, 사회, 노소, 성별 등에 따라 차별 대우하는 태도를 가진 사람은 사람의 개념을 옳게 그리고 정확하게 이해하고 있는 사람이라고 말할 수 없다.

(2) PHIL-CC(claiming the concept): 사람의 개념을 도덕원리로 주장하기

이 요소는 사람의 개념을 도덕원리로 주장하는 태도다. 즉, 모든 사람은 이성적 생물, 언어의 사용자, 나름대로의 자기감정 등을 가지고 있다는 점에서, 따라서 다른 사람들도 나와 같은 사람이라는 점에서, 오직 이 점에서 '나는 그들 모두를 나와 동등하게 고려해야 한다.'를 도덕원리로 주장하는 태도다. 그러나 이러한 주장이 단순한 주장이어서는 안 된다. 자기 자신에게 지시·명령하는 '규정적' 주장이어야 한다. 문제해결의 과정에서 규정적 원리들 간에 대립 또는 갈등이 발생할 때는 '우선적' 원리로 주장되어야 한다. 그리고 그가 처해 있는 사태와 비슷한 사태에 있는 사람이라면 누구에게도 규정되어야 하는 '보편적' 주장이어야 한다. (하지만 이 요소는 한 사람이 도덕사태에 직면했을 때, 그가 실제로 '타인의 이익 고려' 원리에 따라 결정하는가는 배제한다. 단지 그가 이 원리를 규정적·우선적·보편적 도덕원리로서 인지적·이론적 차원에서 주장하고 있는가의 태도다. 실제 사태에서 '타인의 이익 고려' 원리에 따라 결정하는가의 요소는 별도로 KRAT-1-OPU가 있다.)

(3) PHIL-RSF-PO & DO(rule supporting feelings, person oriented and duty oriented): ('사람 지향적 차원'과 '의무 지향적 차원'에서) 사람의 개념을 도덕원리로 지지하는 감정을 가지기

도덕적 문제사태에 처한 사람이 사람의 개념을 이해하고(PHIL-HC) 있을 뿐 아니라 그 개념을 도덕원리로 사용할 것을 주장한다(PHIL-CC) 하더라도, 만약에 "그가 그 원리를 지지하거나 그것에 애착하는 감정을 가지고 있지 않다면, 그가 그 원리에 따라 행동할 경향성은 적거나 없을는지 모른다"(Wilson, 1973, p. 47). 이러한 감정은 우리가 원리나 규칙을 준수할 때 느끼는 기쁨이나 자부심 등에서, 그리고 준수하지 않을 때 느끼는 후회,

죄책감, 가책 등에서 나타난다. 다른 사람이 규칙을 준수하지 않는 것을 볼 때 가하는 비난, 다른 사람의 욕구나 이익이 충족되지 않을 때 느끼는 유감, 동정심 등에서 나타난다. 이러한 마음의 상태가 사람의 개념을 도덕원리로 지지하는 감정을 가지는 태도다.

한편 윌슨은 PHIL-RSF를 '사람 지향적(RSF-PO)'인 것과 '의무 지향적(RSF-DO)'인 것으로 나누어 제시한다. 사람 지향적 감정은, 예를 들면 사람들이 굶주림에 처해 있을 때 자기 가족의 생계 및 식량 확보에 관심을 가지고 돌보는 감정이다. 이에 비해 의무 지향적 감정은 자기 가족 등 아는 사람뿐 아니라 멀리 다른 지역, 다른 나라에서 굶주리는 사람들의 생계 및 식량 확보에도 관심을 가지고 돌보는 감정이다. 양자의 차이는 감정의 정도가 아닌 종류에 있다. 의무 지향적인 사람은 원리나 규칙의 준수를 의무로 보고, 의무를 수행하는 것이 타인에게 이익이 된다는 생각에서 규칙을 지지하는 감정을 가진다. 이에 비해 사람 지향적인 사람은 다른 사람을 동정하고 사랑하며 동일시하는 것이 타인의 이익을 고려하는 것이라는 생각에서 규칙을 지지하는 감정을 가진다. 이러한 사람은 다른 사람의 안에서 자신의 즐거움을 찾는다. 즉, 자신의 의무를 수행하는 데에서보다는 다른 사람을 행복하게 해 주는 데에서 자신의 행복을 찾는다.

이상에서 살펴본 바와 같이 PHIL은 다른 사람의 이익을 나의 이익과 동등하게 고려하는, 즉 다른 사람에 대해 관심을 가지는 도덕성의 범주다. 차잔(1985)은 "다른 사람의 이익에 대해 관심을 가지는 것은 옳은 것이므로, 우리는 이에 따라 행동해야 한다."는 것이 윌슨이 제시하는 PHIL의 본질적 개념이라고 풀이한다(p. 34).

2) EMP: 사람들의 감정을 인식하기

윌슨이 제시하는 도덕성 요소로서의 EMP(empathe)는 사람들이 가지고 있는 정서 · 감정에 대한 인식, 민감성, 통찰력, 감정이입 등과 같은 용어로 서술될 수 있다. EMP는 EMP-HC와 EMP-1 및 EMP-2로 구성된다.

(1) EMP-HC: 정서의 개념 이해하기

어떤 사람이 질투하는가의 감정을 인식하기 위해서는, 먼저 질투의 개념을 알 수 있어야 한다. 이 말은 정서란 무엇인가의 문제를 제기한다. 윌슨(1973)은 감정(感情, feeling)과 정서(情緖, emotion)는 차이가 있다고 본다. 후회, 두려움, 동정심 등과 같은 정서에는 목표와 함께 신념을 구성하는 인지적 요소가 있으나 행복, 우울, 즐거움 등과 같은 기분, 마음의 상태 등으로 표현되는 감정에는 목표나 신념 등의 인지적 요소가 없다는 것이다. 그러나 그는 정서와 감정 간에 이러한 차이가 있지만, 둘 다 EMP의 범주로 다룬다(p. 51).

한편 윌슨(1973)은 정서의 개념은 일반적으로 신념, 징후, 행동으로 구성된다고 본다. 신념은, 예를 들면 두려움을 느끼는 사람이 두려움의 대상을 위험하다고 믿는 마음이다. 징후는 떨림, 창백해짐, 태도, 몸짓, 표정 등에서 드러난다. 행동은, 예를 들면 눈길 회피, 도망가기 등 보다 의도적인 모습이다. 윌슨은 이러한 정서의 세 가지 구성요소를 통해 사람들이 가지고 있는 정서가 무엇인가를 인식할 수 있다고 말한다(p. 52).

(2) EMP-1과 EMP-2: 나와 다른 사람의 의식적 · 무의식적 정서를 인식하기

EMP에서 1과 2는 각각 나의 정서 · 감정과 다른 사람의 정서 · 감정을 가리킨다. EMP는 현재의 정서 · 감정뿐 아니라 과거와 미래의 정서 · 감정까지도 인식하는 능력이다. 예를 들면, '나는 불안하다.' '두려워하고 있다.' '그는 희망에 차 있다.' '그 여인은 질투한다.'와 같이 자신이나 다른 사람의 정서 · 감정을 실제로 그리고 정확하게 인식하여 말할 수 있는 능력이다. 이처럼 사람들이 가지고 있는 정서 · 감정이 무엇인가를 인식할 수 있기 위해서는 정서의 개념적 구성요소인 신념, 징후, 행동 등을 상호 관련시킬 수 있어야 한다. 윌슨(1973)은 이러한 요소들에 의해 어떤 사람이 믿고 있는 것을 추측한다든가, 그의 표정이나 몸짓 등을 알아차린다든가, 그의 행동을 직접 본다든가, 또는 그가 처해 있는 환경의 관찰을 통해 그가 느끼는 정서 · 감정이 무엇인가를 인식할 수 있다고 말한다(p. 23).

윌슨은 정서 · 감정을 의식적인 것과 무의식적인 것으로 나눈다. 우리는 외부로 분명하게 드러나는 사람들의 정서 · 감정은 비교적 잘 인식할 수 있다. 그러나 보다 깊은, 심층에 자리 잡고 있는 무의식적인 정서 · 감정이 무엇인가를 인식하기는 어렵다. 우리는 어떤 사람이 화를 내는 것을 볼 때 그가 화나 있다는 것을 알 수 있다. 그러나 그의 화냄 심층에 있는 정서 · 감정이 무엇인가를 인식할 수 있는 충분한 통찰력은 없을는지 모른다. 우리에게는 자신조차 인정하지 않으려는 무의식적 신념에 기초한 정서 · 감정이 있다. 이러한 정서 · 감정을 인식하기 위해서는 통찰력이 요구된다고, 윌슨은 말한다.

윌슨(1973)은 '자신의 의식적 정서 · 감정의 인식능력'을 EMP-1-Cs(conscious)로, '자신의 무의식적 정서 · 감정의 인식능력'을 EMP-1-Ucs(unconscious)로 표기한다. 그리고 '다른 사람의 의식적 정서 · 감정의 인식능력'을 EMP-2-Cs로, '다른 사람의 무의식적 정서 · 감정의 인식능력'을 EMP-2-Ucs로 표기한다(p. 55).

지금까지 살펴본 바와 같이 EMP는 자신 및 다른 사람의 정서 · 감정을 인식할 수 있는 통찰력과 그러한 인식을 정확하게 말할 수 있는 능력이다. 그러므로 EMP를 개발한 사람은 다른 사람의 이익이 무엇인가도 알 수 있는 능력을 개발한 사람이다(Wilson, 1970, p. 65). 여기서 EMP와 PHIL 간의 개념상의 혼란이 야기될 수도 있다. 양자는 동일한 시공간에 걸쳐 일어나는 현상으로 밀접한 관련을 가지기 때문이다(Wilson, 1970, p. 54). PHIL이 다른 사람의 이익에 대해 관심을 가지는 태도, 즉 일종의 마음의 상태 내지는 성향이라고 할 때, PHIL은 개념상 정서 · 감정적 측면을 함의하는 것으로 볼 수 있다. 그러므로 양자는 부분적으로 유사성 내지는 공통성을 공유하는 측면이 있다. 그러나 윌슨(1970)은 EMP는 원칙상 PHIL과 분리된다고 말한다(p. 54). 물론 EMP는 논리적으로도 PHIL을 함의하지 않는다(Wilson et al., 1967, p. 193). 그는 양자의 독립적 작용에 대해 다음과 같이 설명한다.

> 사람들의 정서 · 감정을 잘 간파할 수 있는 독재자가 다른 사람의 정서 · 감정을 이용하여 자신의 이기적 목적을 달성한다. 그러나 그는 다

른 사람을 자신과 동등한 사람으로 대우하지 않는다. 심리적으로 볼 때 PHIL의 발달이 없이 EMP를 많이 개발할 수는 없을 것이다 (Wilson, 1973, p. 193).

3) GIG: 사실적 지식과 사회적 기술 습득하기

GIG(gignosco)는 일종의 능통성(能通性, attainment)으로서 지식과 기술의 습득에 관심을 가지는 요소다. 윌슨은 GIG를 GIG-1과 GIG-2로 나눈다. 여기서 1은 사실적 지식을, 2는 사회적 기술을 가리킨다.

(1) GIG-1: '엄연한' 사실적 지식

GIG-1은 행위와 관련된 한 사회 · 국가의 규칙 · 관습 · 법률 · 기대 등 사회적 규범에 관한 지식, 건강 · 안전 · 복지 등에 관한 지식, 특별히 어려움에 처해 있는 사람들의 필요와 처지에 관한 지식(Wilson, 1972, p. 25) 등 도덕적 문제에 관련된 '엄연한' 사실에 관한 지식이다. 이와 같이 GIG-1은 도덕적 문제사태에 관련된 '엄연한' 사실에 관한 지식을 행위자가 '아는가'의 문제다. '행위자에게 이러한 지식이 있어야만 자신의 행동의 결과가 어떻게 될 것인가에 대한 합리적 아이디어를 가질 수 있을 뿐 아니라 그에 따라 옳은 도덕 판단도 할 수 있다는 것이, 윌슨의 주장'이다. 그는 이러한 사실에 관한 지식을 GIG-1-KF(knowledge of facts)로 표기한다.

한편 윌슨은 GIG-1의 하나로서 사태에 관련된 사실의 정보원천(情報源泉)을 어디에서 찾을 수 있는가에 관한 지식을 GIG-1-KS(knowledge of sources)로 제시한다. 우리는 의학에 관해 잘 모를 수 있다. 그러나 병이 났을 때 의사에게 가느냐와 무당에게 가느냐는 의학적 지식이 없는 것과는 다르다. 과학적 문제를 물리학자에게 묻느냐와 목사에게 묻느냐는 중요한 일이다. 어떤 지식은 그 정보 원천을 의학에서, 다른 어떤 지식은 물리학에서 찾을 수 있다. 각각의 영역에는 전문가의 지식과 의견이 있다. 윌슨은 도덕적 문제를 해결하기 위해서는 그것에 관련된 '엄연한 사실을 알아야(GIG-1-KF)' 할 뿐 아니라 그러한 '사실을 찾는 방법(GIG-1-KS)'도 알 수 있어야 한다고 말한다.

(2) GIG-2: **사회적 기술**

GIG-2는 '무엇을 아는가(knowing that)'가 아닌, '어떻게 하는가를 아는가(knowing how)'의 문제다. 그러므로 GIG-2는 사실적 지식으로 환원될 수 없는 요소다. 연습에 의해서만 습득될 수 있는 일종의 사회적 기술이다. 어떤 사람이 야구에 관한 모든 규칙과 기술을 잘 알고 있고 잘하려고 열망하지만 연습 부족이나 타고난 재능 부족으로 잘하지 못할 수 있는 것처럼, 어떤 사람이 PHIL, EMP 등의 요소들을 충분하게 갖추고 있고 사태에 관련된 사실적 지식(GIG-1)을 잘 알고 있지만 여전히 다른 사람들과의 관계에서 서투르거나 다소 무능할 수 있다. 어떤 교사는 학생들에게 지시를 분명하게 전하지 못할 수 있다. 학급 통제 능력의 부족으로 잘 가르치지 못할 수 있다. 물론 이러한 실패는 교사의 EMP의 부족에 기인하는 것일 수도 있다. 그러나 윌슨은 대개의 경우 임기응변적인 재치, 재간, 재능, 솜씨, 방법, 기술 등 GIG-2의 부족 때문일 수 있다고 말한다.

때로 우리는 도덕적 판단을 행동으로 옮기는 데 실패할 수 있다. 이는 행위자의 동기, 의지, 용기 등의 부족에 기인할 수 있다. 그러나 사회적 기술인 GIG-2의 부족에 기인할 수도 있다. GIG-2는 주로 대인관계에서의 의사소통과 관련된다. 의사소통 기술에는 언어적 기술과 비언어적 기술이 있다. 언어적 기술은 대인관계에서 '옳게 말하는가.', 즉 '적절한 용어를 사용하는가.'의 문제다. 이러한 기술은 사회적 행위와 사회적 맥락에서 요구된다. 행위 기술은 환영하기, 지시하기, 격려하기, 사과하기, 비판하기 등에서 요구된다. 맥락 기술은 파티에서 친구 또는 낯선 사람을 만나기, 면담하기, 토의하기 등에서 요구된다. 윌슨은 이러한 언어적 의사소통 기술을 GIG-2-VC(verbal communication)로 표기한다.

한편 윌슨은 비언어적 의사소통 기술로 표기되는 GIG-2-NVC (nonverbal communication)를 두 가지로 나누어 제시한다. 하나는 이른바 '음성적' 기술로서 말할 때의 억양, 목소리의 크기 및 색조, 말하는 속도 등과 관련된 기술이다. 다른 하나는 이른바 '표정적' 기술로서 말할 때의 표정, 말하는 사람과의 적절한 거리 유지, 눈 맞춤, 몸동작, 몸의 자세 및 방향 등과 관련된 기술이다. 다시 말하면, GIG-2-NVC는 대인관계에서 의사소통을 할 때 적절한 자세, 태도 등을 가지고 적절한 억양 및 색조의 목소리로 말하는지에 관한 기술이다. 적절할 때에 미소를 짓는 것 등을 할 수 있는지에 관한 기술 및 능력의 요소다.

GIG-2는 명제의 이유나 진·위를 학습에 의해 배울 수 있는 것과 같은 방식으로 배울 수는 없다. 이는 연습 또는 모방에 의해 배울 수 있는 성질의 것이다. 윌슨(1972)은 GIG-2를 재치, 재주, 기술 또는 일종의 습관으로 볼 수 있다고 말한다(p. 25). 이러한 GIG-2는 주로 도덕적 결정을 행동으로 실천하려는 과정에서 요구되는 방법적 기술 또는 능력으로서의 도덕성 요소이므로 사람들의 정서 · 감정을 아는 문제(EMP), 사회적 규범으로서의 사실적 지식을 아는 문제(GIG-1) 등과 그 시행에 있어서 밀접하게 관련된다.

4) KRAT: 도덕적 문제를 인식, 사고, 판단하여 행동하기

KRAT(kratos)는 PHIL, EMP, GIG에 비해 비교적 동적(動的)으로 작용하는 요소다. PHIL, EMP, GIG는 이들 자체만으로는 활동성이 부족하다. 어떤 사람은 EMP의 능력을 가지고 있으나 소심함, 게으름 때문에 제대로 사용하지 못할 수 있다. GIG의 지식과 기술을 가지고 있으나 그것이 요구되는 사태에서 적절하게 사용하지 못할 수 있다. PHIL의 도덕원리를 계발은 했으나 적절하게 발휘하지 못할 수 있다. 윌슨(1973)은 이러한 실패는 도덕적 판단이 옳게 이루어지지 못한 경우와 판단은 옳게 했으나 행동으로 옮기지 못하는 경우에 발생한다고 본다. 그는 이러한 실패를 KRAT의 요소가 부족한 탓으로 본다(p. 60). KRAT는 문제사태에서 그것을 '도덕적 문제로 인식하기(KRAT-1-RA)'에서부터 '도덕적 사고하기(KRAT-1-TT)'를 거쳐 '도덕적 판단하기(KRAT-1-OPU)'를 하고, 이어서 그것을 '행동으로 옮기기(KRAT-2)'에 이르기까지 문제해결의 과정 전체와 관련된 요소다.

(1) KRAT-1-RA(relevantly alert): **도덕적 문제인가를 타당하게 인식하기**(여기서 1은 도덕적 문제를 인식, 사고, 판단 · 결정하는 요소들을 가리킨다)

도덕적 사태는 도덕적 결정을 하여 도덕적 행동을 해야 하는 문제다. 그러나 어떤 사태가 도덕 문제인데도 그것을 인식하지 못한다면, 도덕적 행동은 이루어질 수 없다. 윌슨에 의하면 도덕 문제의 인식 실패는 공상에 빠져 그럴 수도 있고, 자신의 목적에 너무 집착한 나머지 도덕적 사태가 그에게 닥쳐 있다는 것을 깨닫지 못해서일 수도 있다.

윌슨(1973)은 도덕적 사태를 다른 사람(들)의 이익이 문제가 되어 그(들)의 이익을 위해 행동해야 하는 사태로 본다(p. 60). 도덕적 사태의 인식은 단순한 인식이 아닌 옳고 타당한 인식을 의미한다. 예를 들면, 을(乙)이 어떤 사태에서 매 맞고 있는 갑(甲)을 보면서 "그거 참 재미있구나!"라고 말할 때, 을이 실제로 그렇게 느끼고 있다면 이는 그 사태에 대한 을의 정확한 서술일 수는 있다. 하지만 우리는 '매 맞고 있는 갑은 고통스러워 하고 도움을 필요로 한다.'라고 을이 그 사태를 인식하여 주기를 바랄 것이다. 이처럼 타인의 이익이 문제가 되고 있는 사태에서 그 사태를 '타인의 이익을 고려해야 하는(PHIL)' 사태로 타당하게 인식하는 요소가 KRAT-1-RA다.

(2) KRAT-1-TT(thinking thoroughly): **도덕적 문제에 대해 철저하게 사고하기**

도덕적 행동은 인식한 문제에 대해 철저한 사고를 하지 못했을 때 실패할 수 있다. 윌슨(1973)은 PHIL, EMP, GIG 등의 도덕성 요소들을 충분하고 타당하게 사용하여 다음과 같은 물음에 답하는 사고의 과정을 철저한 도덕적 사고로 본다.

> 이 사태에서는 어떻게 하는 것이 다른 사람의 이익을 고려하는 것(PHIL)이 될까? 사태에 관련된 이 사람은 실제로 무엇을 느끼고(EMP-2) 있는가? 내가 지금 느끼고 있는 것(EMP-1)은 정말로 그를 도와주고 싶어 하는 마음인가, 아니면 나를 드러내고 싶어서인가? 내가 그를 효과적으로 도울 수 있기 위해서는 어떤 사실들을 알아야(GIG-1-KF) 하는가? 또는 어떤 사실들을 찾아야(GIG-1-KS) 하는가? 내가 그를 도와주기 위해서는 어떤 태도(GIG-2-NVC)로 어떤 말(GIG-2-VC)을 하여야 할까(p. 60)?

(3) KRAT-1-OPU(overriding, prescriptive, universalizable): **도덕적 문제를 정당하게 결정하기**

도덕적 행동에 앞서 요구되는 도덕 판단은 '옳게' '정당하게' 이루어져야 한다. 윌슨(1973)이 말하는 '정당한' 도덕 판단은 다음의 세 가지 준거를 만족시킬 때 가능하다.

> 첫째, 도덕 판단은 PHIL을 우선적(overriding) 원리로 하여 이루어져야 한다. 만약에 PHIL이 다른 원리들(예: 수치심, 자신의 이익 고려 등)과 대립하게 되면, PHIL을 다른 원리들에 우선하여 판단의 준거로 해야 한다.
>
> 둘째, 도덕 판단은 규정적(prescriptive)이어야 한다. 어떤 사람이 '그 일은 마땅히 그렇게 해야 한다.'고 판단은 했으나 정작 자신은 그렇게 하지 않는다면, 그는 그 판단을 규정적으로 한 것이 아니다. 도덕 판단이 규정적이지 않으면, 해야 할 것을 다른 사람에게 미루고 싶은

마음이 생길 수 있다.

셋째, 도덕 판단은 보편화 가능(universalizable)해야 한다. '이와 비슷한 사태에서는 나뿐만이 아니라 다른 모든 사람들도 마땅히 그렇게 해야 한다.'는 판단이어야 한다. 보편적 판단이 아닐 경우 '다른 사람은 하지 않는데 왜 나만 해야 하는가.'라는 마음이 생길 수 있다. 도덕원리와 도덕 판단은 나만의 것이 아닌 모든 사람을 위한 것이어야 한다(p. 61).

(4) KRAT-2: **도덕적 문제를 판단**(결정)**대로 행동하기**(여기서 2는 동기 및 행동으로 작용하는 요소들을 가리킨다)

어떤 사람이 지금까지 살펴본 도덕성의 요소들을 다 갖추고 있다면, 그는 도덕사태에서 다른 사람의 이익을 고려하는 도덕 판단을 하여 행동할 수 있을 것이다. 그러나 아직도 그는 그렇게 하지 못할는지 모른다. 그가 진지하고 참된 결정은 했지만 그것을 행동으로 옮기지 못하는 경우는 논리적으로도 경험적으로도 가능하다. 그에게는 그가 결정 과정에서 준수한 '타인의 이익 고려하기' 원리가 아닌 다른 원리가 자신도 모르게, 즉 무의식적으로 따르는 신념이나 정서가 작용할 수 있기 때문이다. 윌슨(1970)에 의하면, 무의식적 신념이나 정서는 행동의 결과에 대해 두려움이나 무서움을 느낄 경우, 결정한 것을 잊어버리거나 게을러서일 경우(p. 73), 지나친 불안이나 삶의 싫증 또는 권태로움 등을 느낄 경우, 화가 났을 경우(1972, p. 27)에 작용한다. 이러한 경우 판단을 행동으로 옮기지 못하는 것은 "할 수 없어서가 아니라 하기를 원하지 않아서다"(Wilson, 1973, p. 63).

이처럼 KRAT-2는 KRAT-1-OPU가 작용하여 이루어진 도덕 판단을 행동으로 옮기는 동기적 기능을 하는 요소다. 즉, 어떤 무의식적 역동기(逆動機)나 역논리(逆論理)가 작용하여 이미 이루어진 도덕 판단을 행동으로 옮기는 것을 방해하려는 정서감정이 작용할 때에도 그러한 유혹을 극복하여 결정대로 행동해야 한다는 도덕적 동기가 작용하는 요소다.

윌슨(1973)은 지금까지 살펴본 16개로 구성된 그의 도덕성 요소들은 개념상 누가적(累加的, cummulative)이라고 말한다. 그는 이러한 요소들을 학생들에게 계발 또는 증진시켜 주는 일을 도덕교육으로 본다. 이러한 요소들을 갖춘 사람이 도덕성을 함양한 사람이고 도덕적으로 교육된 사람이며 정신적으로 건강한 사람이라고 말한다. 한편, 그는 도덕성을 도덕적 문제를 해결하는 능력으로 본다. 그가 제시하는 열여섯 가지 도덕성 요소들을 도덕적 문제를 해결하는 절차로 본다. 이러한 맥락에서 그는 그의 일련의 도덕성 요소들을 일종의 도덕교육방법론이라고 말한다. 그러므로 그에게 있어서 도덕교육은 그가 제시한 도덕성 요소들을 학생들이 계발할 수 있도록, 그리하여 도덕적 문제를 가지게 되면 그것을 해결할 수 있도록 교사가 그들을 도와주는 과정이다.

5. 도덕성 요소 계발을 위한 도덕교육의 방법들

윌슨은 『도덕교육방법의 실제(*Practical Methods of Moral Education*)』(1972)에서 도덕교육의 방법으로 '도덕적 사고하기' '토의하기' '규칙 및 계약 지키기' 그리고 '가정모형 적용하기'

를 제시했다. '도덕적 사고하기'는 도덕성 요소들을 학생들에게 직접 설명하기 위한 방법이다. 이 말은 좀 이상하게 들릴 수 있다. 사고하기와 설명하기는 비교적 다른 행위라고 생각될 수 있기 때문이다. 그러나 윌슨이 제시하는 열여섯 가지 도덕성 요소에 대한 설명은 교사가 그것을 단순히 설명하는 것에 그치는 것이 아니다. 이해를 위한 것이다. 이해의 과정에서는 사고가 작용한다. 그의 도덕성 요소에 대한 이해는 도덕적 사고를 요구한다. 즉, 도덕적 사고가 수반되지 않고서는 그의 도덕성 요소에 대한 이해가 어렵다. 한편 도덕적 사고하기는 도덕성이 사고의 주제 또는 영역이 된다는 것을 학생들에게 의식적이고 명시적으로 이해시키는 방법일 뿐 아니라 도덕적 물음에 옳게 답하는 데서 요구되는 기술 · 기법 · 특성을 깨닫고, 도덕적 문제를 해결하는 연습의 과정으로 작용한다.

'토의하기'는 '그는 무엇을 하여야 하는가.' 또는 '그것이 그 경우인가.'의 형식으로 일반화될 수 있는 여러 가지 문제에 대해 가장 가능한 대답을 이끌어 내기 위한 방법이다. 이러한 토의는 언어에 의한 의사소통으로 이루어진다. 우리는 언어에 의해서만 사고할 수 있고, 도덕적 사고도 다른 영역에 있어서처럼 언어에 의해 이루어진다. 윌슨은 토의하기를 도덕성의 요소 중 KRAT-1을 잘 개발시킬 수 있는 방법으로 본다. 도덕적 토의는 '우리는 마땅히 무엇을 해야 하는가.'의 물음에 가장 가능한 대답을 이끌어 내기 위해 각자의 의견을 제시하여 검토하고 협의하는 의사소통의 과정이기 때문이다.

'규칙 및 계약 지키기'는 사회적 맥락에서 PHIL을 개발하는 데 유용하게 작용하는 방법이다. 우리가 사회적 규칙이나 사람들과의 관계에서 이루어진 계약 등을 준수하지 않는다면, 이는 다른 사람들을 불편하게 하거나 그들에게 어려움 또는 손해를 끼치게 한다. 결국 타인의 이익을 고려하지 못하게 된다. 도덕교육의 주요한 부분은 규칙·계약 등을 준수하여 다른 사람들의 이익을 고려하는 태도를 함양하는 것이다. 준수하지 못했을 때 '다른 사람의 감정은 어떠할까를 알아차릴 수 있는 마음(EMP)'을 함양하는 것이다. '사회적으로 어떤 영향을 미치게 될까를 이해하도록(GIG)' 돕는 것이다. 이러한 마음과 이해를 가지고 '도덕적 문제를 인식하고 판단하여 행동하는 도덕성(KRAT)'을 함양하는 것이다.

'가정모형 적용하기'는 전통적 가정 구조의 특징을 학교 공동체에 적용하는 방법이다. 윌슨은 소속감, 자아정체성, 개인적 접촉, 권위, 스트레스의 해소, 협동, 참여 등이 작용하는 가정을 전통적 가정의 구조적 특징으로 본다. 그는 이러한 가정모형을 기숙사(또는 학급)를 통해 학교에 적용함으로써 학교 공동체를 형성할 때 학생들에게 '타인에 대한 관심을 도덕원리로 지지하는 감정(PHIL-RSF)'을 길러 줄 수 있다고 본다. 학생들에게 '도덕적 문제를 인식, 사고, 판단하는 능력(KRAT-1)'과 함께 '도덕적 동기(KRAT-2)'를 개발시켜 줄 수 있다고 본다.

지금까지 윌슨이 제시한 도덕성 함양을 위한 네 가지 접근법을 간단하게 살펴보았다. 그가 도덕교육방법으로, 대부분의 다른 이론가들과는 달리 하나가 아닌 네 가지를 제시한 것은 그가 제시한 열여섯 가지 요소들이 도덕성의 인지적, 정서·감정적, 행동적 측면을 모두 가지고 있기 때문이다. 그는 도덕교육은 이러한 요소들 모두를 학생들이 계발할 수 있도록 도와주어야 하는 과업이므로, 유일무이(唯一無二)한 어느 하나의 방법에 의해 이루어질 수 있는 성질의 것이 아니라고 생각한다.

6. '학술적' 접근법과 '사회적' 접근법 간의 논란

윌슨은 도덕적 사고하기, 토의하기, 규칙 및 계약 지키기를 '학술적' 접근법으로 본다. 이에 비해 가정모형이 적용되는 학교 공동체 접근법을 '사회적' 접근법으로 본다. 도덕교육은 이러한 학술적인 것과 사회적인 것을 상호 참조하여 조화로운 접근이 이루어질 때 효과적이라고 말한다. 이러한 맥락에서 '도덕교육은 수업을 통해 직접적으로 이루어져야 하는가, 아니면 생활 속에서 간접적으로 이루어져야 하는가.'의 논란에 대해 윌슨은 "이러한 질문은 어이없는 것이다. 도덕교육은 두 가지 접근 중 어느 하나에 의해 이루어질 수 없기 때문"(Wilson, 1990, p. 165)이라고 말한다.

도덕성을 주로 생활 속에서 행동과 관련해서 길러지는 것으로 보는 사람들은 "도덕성은 전적으로 '모범 보이기' '전통 가지기' '학교 분위기' 등의 문제이므로 교실에서 수업을 통해 이루어지는 것은 바람직하지 않을 뿐 아니라 효과도 없다. 따라서 도덕교육은 가정이나 학교 등에서 생활을 통해 간접적으로 이루어질 수 있고, 또한 그렇게 되어야 한다."(Wilson, 1972, p. 93)라고 생각한다.

이에 비해 도덕성이 주로 도덕적 사고방식, 도덕적 판단 능력 등과 관련해서 길러지는 것으로 보는 사람들은 다음과 같이 생각한다.

> 도덕교육도 과학이나 역사처럼 학교에서 수업을 통해 직접적으로 이루어질 수 있고, 또한 그렇게 되어야 한다. 과학에 과학적 방식이 있고 역사에 역사적 방식이 있듯이 도덕에도 도덕적 방식이 있기 때문이다. 도덕도 과학이나 역사처럼 삶의 한 영역으로 나름의 독특한 사고의 형식을 가지는 하나의 교과일 수 있기 때문이다(Wilson, 1990, pp. 188-202).

이처럼 도덕교육은 '사회적'으로 이루어져야 하는가, '학술적'으로 이루어져야 하는가에 대해 생각을 달리하는 사람들은 민감한 반응을 보이며 서로 간에 대립하는 모습을 보인다. 윌슨은 도덕교육은 사회적 접근법과 학술적 접근법 간의 논란과 대립이 극복되어야 발전할 수 있다고 본다. 그가 지적하는 논란 및 대립 현상은 주로 두 가지다. 하나는 교사의 권위와 관련된 것이고, 다른 하나는 인위적인 도덕교육, 즉 수업을 통한 도덕교육과 관련된 것이다. 윌슨(1990)은 교사의 '권위'에 대해 부정적인 시각을 가진 사람들의 말을 다음과 같이 들려준다.

> 학생들은 교사를 신념과 가치를 명령하는 '권위자'로 지각하고 있다. 그런데 교사의 '권위적 역할'은 학생들의 도덕성을 계발하는 데 장애가 된다. 교사의 역할은 '권위적'이 아닌 자유 · 평등 · 허용 · 민주적 방식으로 설정되어야 한다. 교사는 도덕 문제의 토의 과정에서 자신의 견해를 표현해서는 안 된다. 즉, '중립적 의장'의 역할을 해야 한다(p. 166).

이러한 말에는 교사가 학생들에게 이른바 '정답'을 제시해서는 안 된다는 뜻이 함축되어 있다. 실제로 도덕교육에서 단지 '정답'을 제시하는 것은 과학에서 그렇게 하는 것만큼이나 교육적으로 부적절하다. 그러나 "이 말이 교사는 합리적 권위가 없다거나 결코 권위적 역할을 해서는 안 된다는 뜻은 아니다" (Wilson, 1990, p. 166). 자율성의 계발은 합리적 사고와 밀접한 관련을 가진다. 도덕교육에서도 합리적 접근은 필요하고 중요하다. 도덕교육을 해야 하는 교사의 주요한 목표 중의 하나는 학생들이 합리적이 될 수 있도록 가르치는 것이다. 그러나 "만약에 우리가 도덕적 행동을 합리적으로 이끌 수 있는 적절한 방법론과 도덕교육의 성공 및 실패에 대한 분명한 아이디어를 가지고 있지 못하다면, 우리는 도덕교육을 제대로 할 수 없을 뿐 아니라 해야 할 일도 없을 것이다. 도덕교육을 위한 토의는 진리, 옳음, 합리성을 문제 삼지 않는 난투극이 될 것이기 때문이다" (Wilson, 1990, pp. 166-167). 그러므로 도덕교육을 하는 교사는 학생들을 단지 복종하게 하기보다는 합리적 사고에 기초하여 자율적이 되게 해야 한다. 그러할 때 교사는 비로소 합리적 권위를 가질 수 있다.

윌슨이 제시하고 있는 도덕성 요소에서 보면 도덕적 문제사태에 처해 있는 학생들은 옳고 그름에 대한 합리적 사고에 이어 도덕 판단을 해야 한다. 만약에 그들이 그렇게 하지 못하면, '옳은' '그른' '마땅히' 등의 언어는 규정적인 힘을 잃고 '교사가 기대하거나 사회가 원하는 것'을 의미하게 될 것이다. 그들은 도덕적 문제를 사고하여 판단하고 결정하는 능력(KRAT-1)을 개발하지 못할 것이다. 판단과 결정대로 행동하기(KRAT-2)를 개발하지 못할 것이다. 이에 대해 윌슨(1990)은 다음과 같이 말한다.

> 학생들은 다른 사람에 대한 관심(PHIL)이 정당화 가능한 도덕원리가 될 수 있는 이유를 스스로 이해하고 주장할 수 있어야 한다. 그러므로 교사는 그러한 이유를 학생들에게 가르쳐야 한다. 그런데 교사가 그러한 것을 잘 가르치기 위해서는 '권위자'가 되어야 한다. 도덕교육에서 '권위자'는 보통 사람보다 사람의 개념으로서의 도덕원리(PHIL), 도덕사태에 대한 타당한 사실적 지식(GIG), 다른 사람의 정서 · 감정에 대한 타당한 사실(EMP), 도덕문제를 인식 · 사고 · 판단하여 행동하는 절차와 방법(KRAT)을 보다 분명하게 이해할 수 있어야 한다(Wilson et al., 1967, pp. 100–101).

이러한 맥락에서 볼 때 도덕교육은 물론 다른 영역의 교육에서도 '교사는 권위적 역할을 하여야 하는가, 민주적 역할을 하여야 하는가.'와 같은 질문을 하는 것은 어이없는 일이라고, 윌슨은 말한다. 교사는 여러 가지 다른 역할을 하여야 하기 때문이다. "모든 것은 무엇을 가르치는가, 그 교수와 학습이 어떤 종류의 상황을 요구하는가에 달려 있다. 우리는 도덕성 요소 목록을 잠깐 보는 것만으로도 도덕교육은 여러 상황과 방법이 요구된다는 것을 알 수 있다"(Wilson, 1990, p. 167).

한편 수업에 의한 도덕교육에 대해 부정적인 시각을 가지고 있는 사람들이 보여 주는 일반적인 반응은 "도덕교육에서는 수업과 같은 '인위적'인 것은 효과가 없다. '실생활 경험'만이 효과가 있다. 아이들은 삶에 의해 배우고, 삶과 경험은 진정한 교사다."(Wilson, 1990, p. 167)와 같은 유형이다. 이에 대해 윌슨은,

이 말은 지나치게 인위적이거나 시대에 뒤진 교육 유형에 대한 반응이라는 점에서는 이해가 될 수 있으나 일반적 이론으로 받아들이기는 어렵다는 태도를 보인다. 예를 들면, "만약에 교사가 수학이나 역사교육에서 학생들이 '자연적 경험'을 하도록 놔두고 학술적 접근을 하지 않는다면, 그들에게 어떻게 수학과 역사에서의 학습을 기대할 수 있겠는가."라고 말한다(Wilson, 1990, p. 168).

윌슨은 이러한 문제는 도덕 영역에서도 마찬가지라고 말한다. 예를 들면, 도덕교육에서 학생들에게 '사람들의 정서 · 감정을 인식하는 능력(EMP)'을 향상시키고자 격려할 때, 그들을 자연 상태에서 경험하도록 놔두기보다는 그들의 부모나 친구가 느끼고 있다고 생각되는 것이 무엇인가를 수업에서 활용할 수 있을 것이다. 예시를 활용하거나 사람들이 일반적으로 보여 주는 어떤 특정한 징후, 표정, 행동 등을 담고 있는 필름 등의 자료를 사용하여 일반적 정서의 개념과 그러한 것을 인지하는 능력에 대해 가르칠 수 있을 것이다. 이처럼 "학생들에게 EMP를 길러주고자 할 때, 우리는 실제적 생활 환경과 보다 학술적 · 이론적인 학습사태를 모두 활용할 수 있어야 한다"(Wilson, 1972, p. 96).

윌슨은 도덕교육에서 교사는 한쪽 끝에는 '실생활', 다른 한쪽 끝에는 '이론적'인 여러 가지 방법의 범위에 관한 모습을 마음속에 간직해야 한다고 다음과 같이 말한다.

> 도덕교육은 학술적인 것과 사회적인 것을 '상호 참조' 해야 한다. 교사는 여러 가지 방법의 범위와 그것들이 요구하는 다양한 상황이 상호 연결되어 있다는 것을 확실하게 해야 한다. 여러 상황의 의미에 대한

> 분명한 모습을 가져야 한다. 이를 위해 교사는 도덕성 요소에 대한 이해를 가능한 한 확고하게 할 수 있어야 한다. 우리가 제시하고 있는 도덕성의 요소, 즉 PHIL, EMP, GIG, KRAT가 무엇을 의미하는가에 대한 적절한 이해는 교사가 가질 수도 있는 혼란을 방지해 줄 수 있을 것이다. 이에 대한 이해는 상황을 선택할 때 도덕교육의 목적이 결여되어 발생하는 실제적 혼란과 철학적 혼란뿐 아니라 비효과성에 대한 대비도 될 수 있을 것이다(Wilson, 1972, p. 171).

이처럼 우리는 ‘앞뒤 상호 참조’에 의해 모든 도덕성 요소 계발에 영향을 미치는 다양한 상황을 사용할 수 있을 것이다. 이와 관련해 윌슨(1990)이 노인을 주제로 예를 든 것을 소개하면 다음과 같다.

> 우리는 학술적 접근을 통해 학생들에게 노인들이 살고 있는 상황에 대한 ‘엄연한’ 사실을 학습하게 할 수 있다(GIG). 왜 그들이 다른 사람들과 마찬가지로 중요한가를 이해하게 할 수 있다(PHIL). 노인들이 어떻게 느끼는가도 이해하게 할 수 있다(EMP). 이 모든 요소들을 관련시키고 사용함으로써 문제를 결정하게 할 수 있다(KRAT-1). 그리고 학생들을 세상에 내보내 노인들과 이야기하고 그들을 돕는 행동을 하게 할 수 있다(KRAT-2). 이어서 그러한 경험을 PHIL, EMP, GIG가 보다 개발될 수 있는 ‘학술적’인 상황으로 되돌려 연결된 학습을 하게 할 수 있다. 이어서 노인들을, 예를 들면 다과회나 학교를 도울 수 있는 일에 초청함으로써 다시 한 번 ‘실생활’사태를 되돌아보면서 학습하게 할 수 있다(p. 172).

지금까지 윌슨이 제시한 사회적인 것과 학술적인 것을 상호 참조하는 도덕교육의 접근법에 대해 살펴보았다. 윌슨은 이와 같이 사회적 접근법과 학술적 접근법을 상호 참조하여 도덕교육을 하면, '도덕교육이 사회적(간접적)으로 이루어져야 하는가.' 아니면 '학술적(직접적)으로 이루어져야 하는가.'와 같은 논란 내지 대립 현상을 극복할 수 있을 것으로 본다.

7. 요약 및 결론

윌슨은 타인의 이익에 대한 관심 내지 타인의 이익을 나의 것과 동등하게 고려하는 사랑과 정의의 도덕성이 함께 작용하는 PHIL을 도덕원리로 본다. 이러한 도덕원리는 사람의 개념에서 이끌어진다. 그는 사람을 이성적 존재, 언어의 사용자, 나름대로의 자기감정을 가진 존재로 본다. 사람은 사람이라는 이유로, 오직 이 이유만에 의해 동등하다. 그러므로 다른 사람(들)을 나와 동등하게 대우하는 것은 도덕적이다. 그렇게 대우하지 않는 것, 즉 차별하는 것은 비도덕적이다. 이러한 맥락에서 윌슨은 사람의 개념이 도덕원리가 되어야 한다고 주장한다. 타인에 대한 관심 내지 공정한 이익 고려를 함축하는 PHIL을 도덕원리로 주장한다. 그가 제시하는 도덕성 요소들은 이와 같은 사람의 개념에 기초해서 이끌어진다.

윌슨은 우리가 도덕 문제에서 타인의 이익을 고려하는 도덕적 행동을 할 수 있으려면, ① 그 문제에 관련된 '사람들이 가지고 있는 정서 · 감정이 무엇인가를 인식(EMP)' 할 수 있어야 하고, ② 그 문제에 관련된 사실적 지식 및 사회적 기술(GIG)이 무엇인가도 알 수 있어야 하며, ③ 그러한 사실들에 기초해서 도덕원리인 사람의 개념(PHIL)을 준거로 하여 ④ 도덕적 문제를 인식·사고·판단하고, 판단대로 실천(KRAT)해야 한다고 말한다.

이처럼 윌슨은 사람의 개념에 기초해서 도덕성 또는 도덕교육의 방법론으로 볼 수 있는 4범주 16요소로 구성되는 도덕성 요소 목록을 제시하였다. 이러한 요소들에는 인지적 측면으로 볼 수 있는 것도 있고, 정서·감정적 측면으로 볼 수 있는 것도 있으며, 행동적 측면으로 볼 수 있는 것도 있다. 이는 도덕성 또는 도덕 문제란 본래가 인지적, 정서·감정적, 행동적 측면으로 구성된다는 점에서 볼 때 당연한 것이다. 이러한 맥락에서 윌슨은 그러한 도덕성 요소들을 학생들에게 계발시키는 도덕교육방법으로 학술적 접근인 도덕적 사고하기, 토의하기, 규칙 및 계약 지키기와 사회적 접근인 가정모형 적용하기를 제시한다. 그는 이러한 학술적 접근과 사회적 접근이 상호 참조되어 조화롭게 이루어질 때, 도덕적으로 교육된 사람을 기르는 도덕교육의 소기의 목적을 달성할 수 있을 것으로 본다.

윌슨의 도덕성 요소 목록은 도덕적 문제를 해결하는 과정에서 요구되는 일련의 절차 및 방법으로 작용한다. 그 과정은 지극히 합리적이다. 구체적 내용이기보다는 도덕적 사고하기에 기초한 하나의 형식으로 작용한다. 윌슨은 도덕이 나름대로의 사고방식, 나름대로의 삶의 형식을 가지고 있을 때 비로소 하나의 학문 또는 교과가 될 수 있다고 본다. 이는 마치 과학이나 역사가 나름대로의 사고방식과 삶의 형식을 가지고 있으므로 하나의 학문(교과)일 수 있는 것과 마찬가지라는 것이다. 이를 위해서는 도덕에도 형식이 있어야 하는데 윌슨은 그가 제시하는 4범주 16요소로 구성된 도덕성 요소 목록을 그러한 형식으로 본다. 더 나아가 그러한 도덕성 요소들이 도덕(교육)을 하나의 학문(교과)으로 정초(定礎)하는 데 기여할 수 있을 것으로 본다.

8 콜버그의 인지발달 도덕교육사상*

콜버그(Lawrence Kohlberg, 1927~1987)는 미국의 발달심리학자다. 이 장에서는 6단계로 구성된 그의 인지발달이론에 기초한 도덕성 발달 및 도덕교육사상에 대해 고찰한다. 그는 도덕교육을 현재의 도덕성 발달 단계가 한 단계 더 높은 다음 단계로 발달하는 과정에서 그 발달을 촉진하는 일로 본다. 그러므로 그의 이론을 교수 · 학습과정에 적용하기 위해서는 무엇보다도 먼저 그가 제시하는 도덕성 발달 단계들에 대한 이해가 요구된다.

1. 도덕성 발달 6단계의 정의와 특징

콜버그는 도덕성 발달을 의미하는 도덕 판단의 단계를 1960년대에 제시한 바 있다. 그러나 그것은 너무 개인주의적이라는 비

* 이 장은 필자의 『현대 도덕교육론』(2008) 제6장 '인지발달 이론과 도덕교육' (pp. 167-219)에서 발췌 · 요약하면서 일부 수정 · 보완한 것이다.

〈표 8-1〉 도덕성 발달 단계의 전 · 후기 비교

수준/단계 \ 전 · 후기 명칭		전기의 명칭(1967)	후기의 명칭(1981)
전 인습 수준 (前因習水準)	제1단계	벌과 복종의 단계	벌과 복종의 단계
	제2단계	순진한 이기주의 단계	개인의 도구적 목적과 교환의 단계
인습 수준 (因習水準)	제3단계	착한 소년 · 소녀 단계	개인 상호 간의 기대와 관계 및 동조의 단계
	제4단계	권위와 사회질서 유지의 단계	사회체제 및 양심 유지의 단계
후 인습 수준 (後因習水準)	제5단계	계약적 법률 존중의 단계	권리 우선과 사회계약 또는 유용성의 단계
	제6단계	양심 또는 원리의 단계	보편적 도덕원리의 단계

판을 받았다. 그는 이를 수용하여 1980년대에 수정 · 보완한 것을 제시했다. 그가 전 · 후기에 각각 제시한 도덕성 발달의 수준 및 단계의 명칭은 〈표 8-1〉과 같다.

이 표에서 볼 수 있는 바와 같이 콜버그가 전 · 후기에 걸쳐 제시한 도덕성 발달 단계의 명칭은 일부 표현상의 차이는 있으나 본질적으로 내용상의 차이가 있다고 생각되지는 않는다. 여기서는 그가 후기에 제시한 도덕성 발달 6단계의 정의(定義)와 특징을 중심으로 살펴본다.

1) 도덕성 발달 6단계의 정의(Kohlberg, 1981, pp. 409-412)

(1) 전 인습 수준

제1단계: 벌과 복종의 단계

- 내용: 옳은 것은 벌을 피하고 신체적 · 물리적 손상을 입히지 않으며 규칙과 권위에 충실하게 복종하는 것이다.
  - 옳다는 것은 규칙의 위반을 피하고 복종 자체를 위해 복종하며 사람과 재산에 대한 신체적 · 물리적 손상을 피하는 것이다.
  - 옳은 행동을 하는 이유는 벌의 회피와 권위자의 우월한 힘 때문이다.
- 사회적 관점: 제1단계의 사람은 다른 사람의 관점을 고려할 줄 모른다. 즉, 다른 사람은 그와 관점이 다를 수 있다는 것을 인식하지 못한다. 다른 사람의 심리적 관점에 의해서보다는 물리적 결과에 의해 행동을 판단한다. 권위자의 관점과 자신의 관점을 혼동한다.

제2단계: 개인의 도구적 목적과 교환의 단계

- 내용: 옳은 것은 자신 또는 다른 사람의 욕구를 만족시키고, 구체적 교환에 의해 공정한 거래를 하는 것이다.
  - 옳다는 것은 규칙을 지키는 것이 누군가의 직접적 이익과 관련될 때 규칙을 지키는 것이다. 옳은 것은 자신의 이익과 욕구를 만족시키는 것이다. 다른 사람에게도 그와 같이 하도록 허용하는 것이다. 옳은 것은 또한 공정한 것이다. 즉, 동등한 교환, 거래, 협약(協約)이다.

- 옳은 행동을 하는 이유는 다른 사람들도 그들 나름대로의 이익에 관심을 가지고 있음을 인정해야 하는 이 세상에서, 그 행동이 자신의 이익이나 욕구를 만족시켜 주기 때문이다.

• 사회적 관점: 제2단계의 사람은 구체적인 개인주의적 관점을 취한다. 자신의 이익 및 관점과 타인 · 권위자의 이익 및 관점을 구별한다. 그는 사람은 누구나 각자 추구해야 할 이익이 있고, 그것으로 서로 간에 갈등할 수 있다는 것을 알고 있다. 그러므로 옳은 것은 (구체적 관점에서) 상대적이라는 것을 알고 있다. 그는 서비스의 도구적 관점을 통해, 다른 사람과 다른 사람의 호의를 위한 도구적 필요를 통해, 또는 각자 똑같게 부여되는 공평함을 통해 갈등하는 개인적 이익을 서로에게 조정 또는 합치(合致)시킬 수 있다.

(2) 인습 수준

제3단계: 개인 상호 간의 기대와 관계 및 동조의 단계

• 내용: 옳은 것은 다른 사람들과 그들의 감정에 관심을 가지고 동반자에 대한 충성과 신뢰를 간직하며 규칙과 기대에 따라 좋은 역할을 하는 것이다.

- 옳다는 것은 자신에게 가까운 사람들에 의해 기대되는 바에 따라, 즉 사람들이 일반적으로 아들 · 누이 · 친구로서 기대하는 역할에 따라 살아가는 것이다. '착하다.'는 것은 중요하다. 이는 다른 사람들에 대해 관심을 보이고 좋은 동기를 가지고 있음을 뜻한다. 이는 또한 신뢰 · 충성 · 존경 · 감사를 간직하면서 상호 관계성을 유지하고 있음을

뜻한다.

- 옳은 행동을 하는 이유는 다른 사람들을 돌보면서 나 자신의 눈으로 보아도, 다른 사람의 눈으로 보아도 착하다는 것이 필요하기 때문이다. 만약에 내가 다른 사람과 입장이 바뀌게 되면, 그는 나에게서 착한 행동을 원할 것이기 때문이다(황금률).

• 사회적 관점: 제3단계는 다른 사람들과의 관계에서 개인적 관점을 취한다. 이 단계의 사람은 공유된 감정, 협약, 기대를 의식한다. 이러한 것은 개인의 이익보다 우세하다. 그는 다른 사람의 신발을 신어 보면서 '구체적인 황금률'을 통해 그의 관점을 말한다. 그러나 그는 일반화된 '체제적' 관점을 고려할 줄 모른다.

제4단계: 사회체제 및 양심 유지의 단계

• 내용: 옳은 것은 사회의 질서를 지지하고 사회 또는 집단의 복지를 유지하면서 사회에서 자기의 의무를 다하는 것이다.
  - 옳다는 것은 자기가 동의한 현실적 의무를 수행하는 것이다. 법은 고정된 다른 사회적 의무 및 권위와 갈등하는 극단의 경우를 제외하고는 준수되어야 한다. 또한 옳은 것은 사회, 집단, 기관에 공헌하는 것이다.
  - 옳은 행동을 하는 이유는 기관이 전체로서 움직일 수 있게 하기 위해서다. 자기가 정의한 의무를 다하는 자아존중 또는 양심을 지키기 위해서다. 또는 '모든 사람이 다 그렇게 하면 어찌될까.'의 결과를 관리하기 위해서다.

• 사회적 관점: 제4단계는 사회적 관점과 개인 간의 협약 또

는 동기를 구별한다. 이 단계의 사람은 역할과 규칙을 정의하는 체제적 관점을 취한다. 그는 체제의 경우(境遇)로 보아 개인의 관계를 고려한다.

※ 과도기 수준

이 수준은 후 인습적 수준이기는 하나 아직 원리적 수준은 아니다.

- 과도기의 내용: $4\frac{1}{2}$단계에서 선택은 개인적이고 주관적이다. 이는 정서에 기초되어 있다. 양심은 '의무'와 '도덕적으로 옳은'과 같은 관념(ideas)처럼 임의적이고 상대적인 것으로 이해된다.
- 과도기의 사회적 관점: 이 단계의 사람은 자신의 사회와 무관하게 개인적 입장을 취한다. 자신을 일반화된 의무 또는 사회계약과 무관하게 결정하는 개인으로 생각한다. 그는 특정한 사회에 의해 정의된 의무를 선택할 수 있다. 그러나 그러한 선택의 원리를 가지고 있는 것은 아니다.

(3) 후 인습 수준

도덕적 결정은 공정하고 유익한 삶을 살아갈 수 있도록 조직된 사회구성원 모두가 동의하는 권리와 가치 또는 원리에서 이루어진다.

제5단계: 권리 우선과 사회계약 또는 유용성의 단계

- 내용: 옳은 것은 기본적 권리, 가치, 사회의 합법적 계약을 지지하는 것이다. 이러한 것들이 집단의 구체적 규칙, 법률

과 갈등할 때에도 그러하다.

- 옳다는 것은 사람들은 다양한 가치와 의견을 가지고 있으며 대부분의 가치와 규칙은 집단에 따라 '상대적'이라는 사실을 깨닫는 것이다. 이 상대적 규칙은 공정성을 위해 일반적으로 지지되어야 한다. 그것은 사회적 계약이기 때문이다. 그러나 생명, 자유와 같이 상대적이지 않은 가치, 권리는 어느 사회에서도 그리고 다수의 의견에 관계없이 지지되어야 한다.
- 옳은 행동을 하는 이유는 일반적으로 법률에 복종해야 하는 의무감 때문이다. 모든 사람의 이익을 위해 법을 만들어 지키기로, 그리고 자신과 다른 사람의 권리를 보호하기 위해 사회적 계약을 한 상태이기 때문이다. 가족, 우정, 신뢰, 직업의 의무도 자유롭게 참여한 충성, 즉 계약이고 다른 사람의 권리를 존중할 것이 요구된다. 이 단계의 사람은 법과 의무는 전체적 유용성, 즉 '최대 다수의 최대 이익'이라는 합리적 계산에 기초되어야 한다는 데 관심을 가진다.

• 사회적 관점: 제5단계는 개인의 가치와 권리를 사회보다 우선하는 관점을 취한다. 즉, 개인의 가치와 권리를 사회적 애착 및 계약보다 우선하는 합리적 개인적인 관점을 취한다. 이 단계의 사람은 협약, 계약, 객관적 공평성, 합당한 절차와 같은 형식적 기제(機制)에 의해 여러 관점을 통합한다. 그는 도덕적 관점과 법적 관점을 고려한다. 그리고 그 과정에서 양자가 갈등할 수 있다는 것을 인식한다. 그러나 양자의 통합이 어렵다는 점을 알게 된다.

제6단계: 보편적 도덕원리의 단계

- 내용: 제6단계는 보편적 도덕원리가 안내하는 것을 모든 인류가 따라야 할 것으로 가정한다.
  - 이 단계는 옳은 것이 무엇인가에 대해 보편적 도덕원리의 안내를 받는다. 특정한 법률이나 협약은 일반적으로 타당하다. 이들은 보편적 도덕원리에 기초되어 있기 때문이다. 원리는 정의, 인간 권리의 평등, 개인으로서의 인간 존엄성의 존중과 같은 보편적 원리다. 이들은 인식되는 가치일 뿐 아니라 특정한 결정을 하기 위해 사용되는 원리이기도 하다.
  - 옳은 행동을 하는 이유는 합리적 인간으로서 원리의 타당성을 알고 그것에 충성하기 때문이다.
- 사회적 관점: 제6단계는 사회적 협정을 이끌고 그것의 바탕이 되는 도덕적 관점을 취한다. 도덕성의 본질, 즉 다른 사람을 수단이 아닌 목적으로서 존중하는 기본적인 도덕적 전제를 인식하는 합리적 개인의 관점을 취한다.

2) 도덕성 발달 단계의 특징

콜버그의 도덕성 발달 6단계는 다음과 같은 다섯 가지 특징을 가지고 있다(Kohlberg, 1980a, pp. 30-31; Reimer, Paolitto, & Hersh, 1983, pp, 52-53 참조).

- 여섯 단계들은 각각 질적으로 다른 사고방식을 가진다. 물론 단계가 다른 사람들 간에 가치가 공유될 수 있다. 그러나 이 경우 그 가치에 대한 그들의 사고방식은 질적으로 다르다. 예를 들면, 갑과

을이 우정을 가치로 여길 수 있다. 갑은 우정이란 친구의 이익에 관심을 가지는 것이므로 자신이 곤란에 처해 있을 때 친구의 도움을 받을 수 있다는 이유에서, 그리고 을은 한 인간으로서의 친구를 좋아하고 그에게 문제가 있을 때 뜻을 같이할 수 있다는 이유에서 우정을 가치로 여길 수 있다. 이 경우 두 사람이 가지는 우정이라는 가치는 같으나 그것에 대한 의미는 질적으로 다른 상태다.

- 단계들은 각각 구조화된 전체를 구성한다. 예를 들면, 아동이 피아제가 말하는 구체적 조작기에 이르게 되면 선택적 반응을 단순히 수정만 하는 것이 아니다. 그는 인과율(因果律), 관점, 보존과 같은 이슈에 대해 그의 전체적 사고방식을 재구성한다. 도덕 영역에서도 단계가 변화하면 도덕적 이슈의 전체 계열에 대한 사고방식을 재구성한다.
- 단계들은 불변의 계열을 형성한다. 아동은 피아제가 제시하는 인지발달의 전 조작단계(前操作段階)를 거치지 않고서는 구체적 조작단계에 이를 수 없다. 도덕발달에서도 '왜 인간의 생명이 성스럽고 어떠한 일이 있어도 보존되어야 하는가.'를 이해할 수 있기에 앞서, '인간의 생명은 재산보다 더 가치 있다.'는 이해가 선행되어야 한다. 계열은 연속되는 각 단계의 논리적 복잡성에 의해 정의된다. 다음 단계는 앞 단계가 발달된 후에 발달된다. 다음 단계의 성취는 앞 단계를 특징짓는 조작보다 논리적으로 더 복잡한 인지조작의 습득을 요구하기 때문이다. 사고는 더 균형 잡힌 상향적 발달이 있을 뿐이다.
- 단계에서 위계적 통합체로 구성되어 있다. 한 사람의 사고가 한 단계에서 다음 단계로 발달될 때, 높은 단계는 낮은 단계에서 발견된 구조들을 통합한다. 피아제의 이론에서도 한 사람이 형식적 조작단계에 이르렀을 때, 그는 구체적 조작의 사용방법을 잊어버리지 않는다. 문제가 단순할 경우에는 구체적 조작을 사용한다.

그러나 복잡할 경우에는 형식적 조작의 사고에 의해 문제를 해결한다.

- 단계의 개념은 다양한 문화적 조건에서도 계열의 보편성을 가진다. 발달은 문화적 가치 또는 규칙을 학습하는 것일 뿐 아니라, 어느 문화에서도 발생하는 발달의 보편성을 반영하는 것이기도 하다. 도덕 판단의 단계는 문화적으로 보편적인 모습을 보여 준다.

2. 도덕성 발달과 도덕교육사상의 이론적 기초

도덕적 가치가 상대적이냐 보편적이냐에 대한 논란이 있다. 그것을 상대적으로 보는 사람들은 '도덕적'이라는 말을 한 사회 구성원들이 일반적으로 '옳다.' '그르다.'고 믿고 있는 행동의 평가로 본다. 이들은 도덕발달을 개인 외적인 사회·문화적 규범의 내면화로 정의한다. 도덕교육을 성장하는 아이들에게 사회·도덕적 가치 및 규칙에 일치하는 행동을 훈련시키는 것으로 본다.

이와는 달리 콜버그는 도덕적 가치는 보편적이라고 주장한다. 그는 도덕성의 형성 및 도덕적 학습의 과정을 기본적으로 정서적인 것으로 보는 정신분석이론이나 사회학습이론 등에 비판적이다. 그러한 이론은 도덕적 가치나 규칙의 학습을 반복, 정서, 때로 제재에 의해 이루어지는 것으로 보는 상대적 가치에 기초하고 있기 때문이다. 이러한 접근은 도덕교육을 개인의 이기적 욕구를 통제하게 하는 것으로 본다. 이에 비해 콜버그는 도덕교육은 학습자 배후에 있는 이유와 원리를 이해하여 수용할 때 비로소 가능하다고 본다. 그는 도덕의 원리를 사회적 기능 및 사고의 자연적 발달 순서의 종점, 즉 도덕성 발달의 제6단계에 해당되는 것으로 임의적인 규칙이나 신념과는 구별된다고 본다. 발달의 자극으로서의 도덕교육은 임의적인 사회 · 문화적 신념을 교시(敎示)하는 것과는 다르다고 본다.

일반적으로 인지와 정서 · 감정에 관한 논의는 양자는 서로 다른 정신 상태라는 가정에 기초되어 있다고 생각하는 경향이 있다. 그러므로 도덕적 판단에서 양자 중 어느 쪽이 양적으로 더 많은 영향을 미치느냐고 묻는다. 그러나 콜버그를 비롯한 인지 발달론자들은 인지와 정서 · 감정은 나란히 발달하는 것이고, 같은 정신적 사건에서 측면이 다를 뿐이라고 생각한다. 콜버그는 도덕적 판단이 흔히 강한 정서적 요소를 수반할 수 있다고 본다. 그러나 그러한 정서가 도덕 판단의 인지적 요소를 약화시킨다고 보지는 않는다.

콜버그는 도덕적 가치를 보편적인 것으로 주장한다. 그러나 그의 이러한 주장이 모든 도덕적 가치가 다 보편적이라는 것은 아니다. 도덕성의 기본적 측면으로 볼 수 있는 다음과 같은 28개의 가치들만이 보편적이라는 것이다(Kohlberg, 1980a, pp. 93-94).

- 책무에 관한 판단: 권리, 권리 주장, 의무, 책임(4)
- 도덕적 가치판단: 비난, 처벌할 만함(2)
- 옹호적 판단: 정당화, 기술적(記述的) · 정의적(定義的)인 도덕과 무관한 가치(2)
- 목적론적 요소: 신중성, 사회복지(2)
- 태도적 요소: 사랑, 존중(2)
- 관계적 요소: 자유로서의 정의, 평등으로서의 정의, 상호성으로서

의 정의(3)

- 규범: 규범에 관한 사회규칙, 개인의 양심, 애정 및 복지에 관한 역할(3)
- 관계 및 역할: 권위, 공민으로서의 자유, 계약적 상호성, 처벌규칙(4)
- 가치: 생명, 재산, 진실, 성적 진실(4)
- 갈등사태에서의 판단: 사회 · 정치적 판단, 규범적 및 메타윤리적 이론 판단(2)

대부분의 심리학이나 사회학습이론에서는 도덕성 발달을 동일시, 보상, 벌 등이 작용하여 부모의 가치나 문화적 규범을 내면화한 산물로 본다. 그러나 콜버그는 그러한 이론을 거부한다. 도덕성 발달을 보편적이고 자연적 현상으로 보기 때문이다. 그는 앞에서도 살펴본 바와 같이 도덕성 발달의 단계를 가정한다. 단계를 자아 및 사회의 개념에 관한 인지 구조가 변화하는 형태로 본다. 단계를 사회적 사태에서 다른 사람의 역할을 채택하는 방식에서의 순위로 본다. 역할 채택의 기회를 도덕성 발달의 사회 · 환경적 결정 요소로 본다. 아동을 자신이 지각한 환경을 구조화할 수 있는 능력을 가진 존재로 본다. 도덕성 발달을 아동의 조직 성향과 환경의 구조적 특징 간의 상호 작용에 의해 이루어지는 것으로 본다.

이처럼 콜버그는 도덕성의 근원을 상호 작용으로, 도덕성 발달의 핵심적 요소를 인지(認知)로 본다. 이러한 견해는 도덕교육의 지적(知的) 접근의 중심이 된다. 상호 작용론은 도덕교육을 고정된 도덕규범의 전수 과정으로 보지 않는다. 개인의 경험을 재조직할 수 있도록 자극하는 과정으로 본다. 콜버그가 의미하는 상호 작용은 인지갈등의 유발을 가능케 하는 내적 재조직을 이끌 수 있는 환경과의 상호 작용이다. 이는 상호 작용의 개념에서 더 높은 외적 사고에의 피동적 노출에 의한 환경적 영향은 배제된다는 뜻이다.

콜버그가 제시하는 도덕성 발달의 사회 · 환경적 결정 요소는 역할 채택의 기회다. 피아제는 도덕적 역할 채택의 자원으로서 또래집단을 강조한다. 사회집단에 대한 참여 자체도 역할 채택의 자원으로 강조한다. 같은 맥락에서 콜버그는 역할 채택의 기회 제공을 인지의 자극과 도덕성 발달을 촉진하는 기본원리로 본다. "역할 채택과 정의의 개념은 도덕원리는 내적으로 받아들인 외적 규칙도 아니고, 생물적 유기체의 자연적 자아 성향도 아니며, 사회적 상호 작용에 의해 발생된 상호 작용적 산물이라는 가정에 구체적 의미를 제공해 준다"(Kohlberg, 1980a, p. 51).

콜버그는 '도덕적'이라는 말을 도덕적 '판단' 또는 도덕적 판단에 기초한 '결정'을 의미하는 말로 사용한다. 그러므로 그에게 있어서 '도덕적'이라는 말의 일차적 지시 대상은 '판단'이지 '행동'이 아니다. 죄의식과 같은 정서도 아니다. 도덕성의 발달 '단계'도 '도덕적 판단'의 단계를 가리키는 의미로 사용한다. 즉, 어떤 사람의 도덕성 발달 단계가 제3단계라는 것은 그의 '도덕적 판단 능력'의 수준이 제3단계라는 뜻이다.

콜버그는 도덕원리를 선택의 보편적 양식으로 본다. 모든 사람들이 모든 사태에서 선택하기를 바라는 선택의 규칙으로 본다. 그는 원리를 일차적 규칙이기보다는 규칙을 만들고 평가하는 초규칙(超規則)으로 본다. 원리는 보통의 규칙에 비해 추상적이다. 도덕원리는 행동의 규칙으로서보다는 선택을 위한 일반적 안내로 작용한다. 도덕적 선택을 위한 사고 과정에서 참고하거나 행동을 정당화하는 이유로 사용된다.

콜버그는 어떤 사태에서 사람들 간의 역할 채택의 기대가 갈등할 때, 즉 관련된 사람들 간의 권리의 주장이 대립할 때, 그러한 사태를 도덕적 문제사태로 본다. 한편 그러한 문제를 해결해 주는 방법을 도덕원리로 본다. 그러므로 도덕원리는 보편화 가능해야 하고, 문제에 관련된 사람들의 권리를 지각(知覺)하는 안내를 해 줄 수 있어야 한다. 콜버그는 이러한 작용을 하는 도덕원리들에는 '정의'가 표현되어 있다고 본다. 그는 그가 도덕성 발달의 제6단계로 제시하는 '정의'를 보편적 도덕원리로 주장한다. 정의를 제1의 도덕원리, 유일하게 참된 도덕원리, 도덕의 원리 중의 원리라고 주장한다. 그가 제시하는 정의에는 분배적 정의로서의 '평등'과 교환적 정의로서의 '호혜성'이 있다. 그는 이들 중에 평등을 호혜성보다 우선하는 정의로 본다.

콜버그가 정의를 제1의 도덕원리로 보는 이유는 일부 다른 이론가들에 의해 주장되는 '복지(福祉)'의 원리는 법적 관점과 도덕적 관점이 갈등할 때, 이를 잘 해결해 줄 수 없다고 보기 때문이다. 즉, 자선 등 복지의 원리는 법을 위반하는 행동이 오히려 도덕적으로 옳거나 의무가 되는 시민 불복종과 같은 상황을 잘 해결할 수 없다고 보기 때문이다. 콜버그(1980a)는 정의의 원리만이 시민 불복종을 정당화하는 근거를 제시할 수 있다고 말한다. 즉, 시민 불복종은 법적으로 용서된 비정의(非正義, injustice)를 방지할 수 있을 경우에만 정당화될 수 있다는 것이다(p. 63).

콜버그는 도덕교육을 고정된 사회·문화적 규칙이나 규범의 교수로 보지 않고, 도덕 판단 능력의 자연적 발달을 자극하는 것으로 본다. 그 이유는 아이들에게 외부의 것을 부여하는 것이 아닌 이미 진행되고 있는 내부의 것인 발달의 다음 단계를 받아들이도록 자극하여 그들의 도덕성 발달을 촉진하는 것을 도덕교육으로 볼 뿐 아니라 도덕발달의 자극으로 자율성 존중교육이 실현될 수 있다고 보기 때문이다. 즉, 발달의 자극은 다른 접근들과는 달리 주입적일 수 없기 때문이다. 교사가 학생들의 도덕발달을 자극하기 위해서는 그들에게 도덕적 갈등을 일으키는 이슈와 새로운 인지적 요소를 제시하여야 한다. 이 같은 과제는 교사와 학생들 간의 상호 작용, 즉 대화 또는 토의 등에 의해 이루어질 수 있다. 이 상호 작용의 과정에서 도덕성 발달의 촉진을 위해 사용되는 중요한 방법적 원리는 인지갈등과 역할 채택의 자극이다. 이는 블래트와 콜버그(Blatt & Kohlberg, 1971)의 다음과 같은 실험 연구에서 설명될 수 있다.

> 11~12세인 초등학교 6학년과 중학교 1학년생 열두 명을 대상으로 일주일에 한 차례씩 토의를 하는 4개월 프로그램을 진행했다. 그들의 도덕성 발달 단계는 사전 검사에서 평균 제3단계에 해당되는 것으로 진단되었다. 그들은 연구가 계속되는 동안 가설적 딜레마를 토의하고 논의했다. 그 과정에서 교사는 제2단계적 사고보다는 제3단계적 사고를 명료화하고 지지했다. 그러나 일단 제3단계적 사고와 판단이 학생들에게 충분히 이해되고, 토의 및 논의가 새로운 사태로 계속 이어질 수 있게 되었을 무렵, 교사는 지금까지 그가 지지하고 합의했던 제3단계적 사고에 도전하여 제4단계적 사고를 지지하고 명료화하기 시작했다.

이 실험의 결과는 실험집단의 경우 약 50% 정도가 한 단계의 상승을 보였다. 약 10% 정도는 두 단계의 상승을 보였다. 약 40% 정도는 변화를 보이지 않았다. 한편 통제집단의 경우 약 10%만이 한 단계의 상승을 보였다. 나머지 90%는 변화가 없었다. 블래트와 콜버그는 1년이 지난 후에 이들의 발달 정도를 다시 조사했다. 그 결과 실험집단과 통제집단 간의 발달의 차이는 1년 전 실험 직후에 보여 주었던 비율을 그대로 유지했다. 그러나 블래트를 비롯한 다른 연구자들의 계속된 연구에 의하면, 발달의 변화 비율은 실험집단의 경우 평균 3분의 1 정도의 상승효과가 일반적이었다고 한다.

콜버그는 앞에서 언급된 바와 같이 '인지의 자극'과 '역할 채택의 자극'을 도덕성 발달의 원리로 제시했다. 그는 이러한 자극의 일환으로 환경자극, 즉 학교 분위기 자체가 작용하는 자극을 제시하기도 한다. 이러한 환경자극은 무엇보다도 참여와 역할 채택의 기회를 증진시켜 줄 수 있다. 광범위한 또래집단에 참여하는 아이들은 그렇지 못한 아이들보다 도덕 판단의 단계가 상당할 정도로 빠르게 발달한다. 이는 사회참여의 중요성을 말해 준다.

콜버그는 교실에서도 학생들에 대한 개별적 접근은 집단적 접근보다 도덕 판단의 발달을 더 느리게 한다고 말한다. 이러한 환경자극, 즉 교실이나 학교의 도덕적 분위기 조성이 도덕성 발달에 미치는 영향을 고려하여 발전시킨 새로운 접근법이 콜버그가 그의 후기 이론으로 제시한 이른바 '정의-공동체(just-community)' 접근이다.

3. 도덕성 발달 촉진 방법의 기본 원리

콜버그의 도덕교육은 이른바 '블래트 효과(Blatt Effect)' 또는 '+1 효과'로 표현되는 도덕 판단 발달 단계의 상향적 이동을 도와주는 발달의 촉진 과정으로 이루어진다. 그러므로 그의 이론에 의해 도덕교육을 하려는 교사는 도덕성 발달을 촉진하는 또는 자극하는 것이 무엇인가를 이해할 수 있어야 한다. 학생들의 도덕성 발달이 지속될 수 있는 환경을 조성하기 위해 교실에서 무엇을 할 수 있는가를 연구해야 한다. 한편 교사는 도덕성 발달을 촉진하기 위한 여건 조성의 과정에서 도구적 기능을 할 수 있어야 한다. 콜버그가 제시하는 이러한 기능에는 두 가지가 있다. 하나는 인지갈등 조성의 기능이고, 다른 하나는 역할 채택 자극의 기능이다.

1) 인지갈등의 조성

콜버그 도덕교육의 기본원리는 각 단계의 사고방식은 '직접' 가르칠 수 없다는 것이다. 한 사람의 도덕적 추론 유형은 사회 · 환경과의 상호 작용에서 자연스럽게 형성되어 점차적으로 변화한다. 교실은 인지갈등을 자극하는 환경을 제공할 수 있다. 라이머 등(Reimer et al., 1983)은 인지갈등을 자극할 수 있는 상호작용으로 ① 학생이 자신의 내적 대화에 의해 인지갈등을 조성하는 '자신과의 대화', ② 자신의 단계보다 더 높은 단계의 도덕적 사고에 노출되는 기회가 제공됨으로써 단계의 상향적 이동을 자극하는 '학생과 학생의 대화', ③ 학생들 중에 아무도 한 단계 더 높은 단계의 사고를 보여 주는 사람이 없을 경우, 단계의 상향 이동을 돕는 인지를 자극하기 위한 '학생과 교사의 대화', 그리고 ④ 교사가 학생들의 효과적인 상호 작용을 자극하기 위해 어떤 여건과 행동이 필요한가에 대해 주의 깊게 생각하는 '교사 자신과의 대화'를 제시한다(pp. 145-147).

이러한 대화는 인지갈등을 조성하는 주요한 방법이다. 교사의 역할은 학생들을 현재의 단계보다 한 단계 더 높은 도덕적 추론에 노출시키는 상호 작용을 격려하여 도덕성 발달 단계의 상향적 이동이 가능하도록 그들을 자극하는 일이기 때문이다.

2) 역할 채택의 자극

인지갈등의 조성과 함께 도덕성 발달을 촉진하는 기본원리는 다른 사람의 역할을 채택해 볼 수 있도록 자극하는 일이다. 여기서도 대화는 기본적인 방법이다. 도덕성 발달에서 역할 채택이 중요한 이유는 도덕적 갈등은 역할 채택이 가능할 때 비로소 일어나는 현상이기 때문이다. 만약에 역할 채택을 통해 다른 사람의 입장이나 관점을 취해 볼 수 없다면, 인지의 갈등도 경험하기 어려울 것이다. 이러한 역할 채택 능력은 나이를 먹음에 따라 질적 변화가 일어난다. 아동기에 이루어지는 역할 채택의 기회와 교육은 청소년기의 도덕성 발달에 중요한 작용을 한다. 다른 사람의 신발을 신어 보는 인지적 능력은 도덕성의 발달을 전 인습적(前因習的) 도덕 판단 단계에서 인습적 도덕 판단 단계로 촉진하는 작용을 한다.

도덕수업에서 교사는 제1의 역할 채택자여야 한다. 그러므로 교사에게는 학생들 각자의 역할을 채택할 수 있는 능력이 요구된다. 사람들은 서로가 비슷하지만 사고, 감정, 세계를 보는 방식에서 나와 다른 측면이 있다는 것을 학생들이 이해하도록 도와주는 능력이 요구된다. 다른 사람의 입장에서 나를 볼 수 있도록 자극하고 격려하는 능력이 요구된다.

도덕교육에서 인지갈등의 조성과 역할 채택의 자극은 중요하다. 그러나 우리는 현실적으로 학생들이 '자연스럽게' 인지갈등을 조성하고, '자동적으로' 다른 사람의 역할을 채택할 것이라고 기대하기는 어렵다. 학생들이 이 두 가지를 자극받을 수 있는 기회를 제공하는 것이 교사의 역할이다. 그러나 교사가 학생들의 인지갈등과 역할 채택을 자극만 해서는 곤란하다. 도덕성 발달의 촉진은 더 높은 수준을 위한 추론의 자극과 함께 새로운 사고 영역을 위한 추론의 확대도 요구하기 때문이다. 즉, 자극 못지않게 새로운 내용사태를 제공하여 학생들이 토의할 수 있게 하는 교사의 역할이 요구된다. 콜버그에 의하면, 사람들은 다음 단계로 발달하기에 앞서 현재의 수준에서 세상을 보는 방식을 공고히 하고 확대한다. 이것이 바로 더 높은 다음 단계에 노출되어 도움받기에 앞서 한 단계에서 사고가 성숙하는 방식이다.

도덕성 발달을 위해서는 자극과 지원 모두가 필요하다. 그들의 생각이 무엇이든 간에 그들을 수용하고 인간으로서 존중해야 한다. 새로운 방식의 삶을 통합할 수 있도록 격려해야 한다. 교사가 학생들에게 격려와 자극을 함께 지원할 때 그들의 도덕성 발달은 촉진될 수 있다고, 콜버그는 말한다.

4. 도덕성 발달 단계의 진단 방법

교사가 학생들과 함께 하는 도덕교육에서 해야 할 첫 번째는 무엇보다도 학생들의 현재의 도덕성 발달 단계를 진단하는 일이다. 이에 따라 그들의 도덕성 발달 단계의 상향 이동을 돕는 도덕교육을 할 수 있기 때문이다. 콜버그는 도덕적 딜레마를 해결하는 과정에서 사용하는 추론에 기초해 도덕성 발달 단계를 진단하는 도구인 '도덕 판단 면담법(the Moral Judgement Interview)'을 개발하였다. 그는 피아제의 예에 따라 직접 면담하는 임상적 방법을 택했다. 도덕적 이유에 대한 사고의 구조를 알아보기 위해서는 직접적 방법으로 접근해야 한다고 생각했기 때문이다. 그가 제시하는 '도덕 판단 면담'의 절차와 방법은 다음과 같다(Reimer et al., 1983, pp. 53-57 참조).

① 내용의 종류가 다르게 구성된 세 가지 가설적 딜레마를 제시한다.
② 딜레마는 어려운 처지에 있는 사람이 두 개의 갈등하는 가치(예: 생명과 법) 중에 어느 하나를 선택해야만 하는 사태로 구성한다.
③ 각각의 딜레마를 피험자(학생)에게 들려주고 몇 개의 표준화된 질문을 한다. 즉, 사태의 주인공이 그 문제를 어떻게 해결해야 한다고 생각하는가를 묻는다.
④ 피험자의 대답대로 행동하는 것이 왜 그 사태 해결의 옳은 방법이 되는가를 묻는다.
⑤ 첫 번째 질문은 피험자의 최초의 생각을 이끌어 내기 위한 것이다. 후속하는 질문은 이 가치가 아닌 저 가치를 선택하는 이유를 조사함으로써 그의 도덕적 추론의 과정을 알아보기 위한 것이다. 추론

의 과정은 그의 도덕적 사고의 형식 또는 구조를 반영한다.

⑥ 피험자가 일련의 도덕적 문제에 대해 일관성 있는 추론을 하면, 그의 도덕적 사고 내지 판단이 여섯 단계 중에 어디에 해당되는가를 확인할 수 있다. 이때 한 단계에 대한 일관성의 정도가 50% 이상이 되면, 그 단계에 해당되는 것으로 진단한다.

딜레마는 아동과 성인 모두에게 사용될 수 있고, 이해될 수 있는 내용으로 도덕적 '문제'를 발견할 수 있는 사태로 구성되어야 한다. 딜레마에서 제기되는 가치 갈등은 여섯 단계의 사람 모두에게 관심 있는 것이어야 한다. 그러할 때 딜레마는 소기의 목적을 달성할 수 있다. 딜레마가 특정한 사람에게 너무 어렵거나 또는 너무 쉬우면, 도덕적 이슈에 대한 철저한 사고를 이끌어 내는 데 실패할 수 있다.

콜버그는 단계의 진단을 위한 자료로 활용할 수 있도록 9개의 딜레마를 제시한 바 있다. 그중의 하나인 '하인츠 딜레마'를 소개하면 다음과 같다(Kohlberg, 1984, pp. 640-651).

> 유럽에서 한 부인이 암에 걸려 거의 죽어 가고 있었다. 의사는 그녀를 구할 수 있는 약이 개발되어 있는 것을 알고 있었다. 마침 그 약은 같은 도시에 살고 있는 어느 약사가 최근에 개발한 라듐 성분의 약이었다. 그 약은 만드는 데 비용이 많이 들기는 했으나, 약사는 비용의 10배나 비싸게 값을 매겼다. 그는 400불을 주고 산 라듐으로 작은 한 알의 약을 만들어 4,000불의 값을 매긴 것이다. 그 부인의 남편인 하인츠(Heinz)는 아는 사람은 모두 찾아다니며 돈을 빌리고 적법한 수단은 다 시도해 보았으나 약값의 절반인 2,000불밖에 마련하지 못했다. 그는 약사에게 그의 아내가 죽어 가고 있다고 말하면서 약을 싸게 팔

든지, 아니면 나머지는 외상으로 해 달라고 간청했다. 그러나 그 약사는 "안 돼요. 나는 그 약을 개발했고 약을 팔아 돈을 벌어야겠소."라고 대답했다. 적법한 모든 수단을 다 강구해 본 하인츠는 절망하게 되었다. 결국 하인츠는 약사의 가게에 침입하여 그 약을 훔칠 생각을 하게 되었다.

① 하인츠는 약을 훔쳐야 하는가?
② 하인츠가 아내를 사랑하지 않는다고 하자. 그래도 그는 아내를 위해 약을 훔쳐야 하는가?
③ 죽어 가고 있는 사람이 그의 아내가 아니고 모르는 사람이라고 하자. 그래도 하인츠는 그 사람을 위해 약을 훔쳐야 하는가?
④ 당신이 모르는 사람을 위해 약을 훔치는 것에 찬성한다고 할 때, 그 대상이 사람이 아니고 사랑하는 애완동물이라고 하자. 그래도 하인츠는 애완동물을 구하기 위해 약을 훔쳐야 하는가?
⑤ 다른 사람의 생명을 구하기 위해서라면 사람들은 그들이 할 수 있는 모든 것을 다 하는 것이 중요한가?
⑥ 하인츠가 도둑질을 하는 것은 법에 위반된다. 그것은 도덕적으로도 악이 되는가?
⑦ 법에 복종하기 위해 사람들은 그들이 할 수 있는 모든 것을 다 해야 하는가?
⑦a 이것은 하인츠가 해야 하는 것에 어떻게 적용되는가?

이 딜레마에서 피험자는 생명과 법의 가치 중에 어느 하나를 선택해야 하는 질문을 받는다. 이 사태에서 아내의 생명의 가치가 법을 준수하는 가치보다 우선해야 하는가? 아니면 법이 생명보다 우선해야 하는가?

딜레마의 첫 번째 질문은 갈등에 대한 피험자의 최초의 생각을 이끌어 내도록 구안(具案)되었다. 후속하는 질문은 피험자의 사고를 더욱 깊이 그리고 엄밀하게 조사하기 위한 것이다. 교사나 연구자의 관심은 저 가치가 아닌 이 가치를 선택하는 피험자의 이유가 무엇인가에 있으므로, 피험자의 추론 과정을 조사하는 것은 특히 중요한 면담의 과정이다. 예를 들면, 어떤 사람이 하인츠가 아내의 생명을 구하기 위해 약을 훔쳐야 하는 것은 아내를 사랑하기 때문이라고 대답한다면, 교사(면담자)는 하인츠가 아내의 생명에 대한 가치를 우선하는 것은 '남편으로서' 아내를 사랑하기 때문인지, 아니면 아내의 생명이 '그 자체로서' 가치있기 때문인지를 조사해 보아야 한다. 그러므로 '하인츠가 아내를 사랑하지 않아도 약을 훔쳐야 하는가?'의 후속 질문은 피험자의 사고를 명료하게 구별하는 데 도움을 줄 수 있다. 이러한 구별은 중요하다. 이는 한 단계와 다른 단계를 구별하는 도덕판단의 질적 차이를 정의(定義)하기 때문이다.

면담이 완료된 후, 교사는 도덕 판단의 구조를 알아보기 위해 면담내용을 분석해야 한다. 교사의 주요 과제는 피험자(학생)들이 사용한 추론을 분석하는 일이다. 학생들이 반응하는 대답이나 결론은 그들의 사고의 '내용'이다. 이에 비해 추론은 사고의 '형식', 즉 구조다. 교사는 몇 개의 딜레마를 통해 피험자가 얼마나 일관성 있게 형식을 사용하는가에 관심을 가지고 조사해 보아야 한다. 이 결과 피험자가 어느 한 단계의 추론 특성을

50% 이상의 수준에서 일관성 있게 사용하는 것이 확인되면, 그 단계를 그의 발달 단계로 진단한다.

도덕교육에서 형식과 내용의 구별은 중요하다. 콜버그의 이 같은 방법론, 즉 면답법은 피험자의 구두 반응에 의존하기 때문에 '피험자의 대답은 그가 비슷한 다른 사태에 직면했을 때 실제로 어떻게 행동할 것인가에 대한 그의 생각을 어느 정도 나타내 주는가?'와 같은 질문이 제기될 수 있다. 콜버그는 피험자의 반응 '내용'은 그의 '실제' 사고에 관한 결론으로 믿을 만한 근거가 될 수 없다고 본다. 예를 들면, "하인츠는 아내의 생명을 구하기 위해 약을 훔쳐야 한다."라고 말하는 피험자가 실제로 비슷한 다른 사태에 처하게 될 때, '그는 약을 훔칠 것이다.'를 반드시 함의하는 것은 아니라는 것이다. 이와는 달리, 피험자의 추론 '형식', 즉 구조에 초점을 둘 때는 그의 '실제' 사고의 견본을 얻을 수 있다는 것이다. 한 사람이 일단 추론의 구조를 개발하면, 그것은 가설적 딜레마를 해결하는 데 있어서만큼이나 실제 생활사태에 관한 사고에 있어서도 이용될 수 있다고, 콜버그는 가정한다.

5. 도덕성 발달 촉진을 위한 교사의 기술 및 역할

학생들의 도덕성 발달을 촉진하는 교사의 기술 및 역할은 무엇보다도 교실수업에서 이루어지는 교사의 중요한 활동이다. 이러한 기술 및 역할은 도덕성 발달 촉진에 필요한 교실 분위기 조성, 도덕의식의 계발, 질문전략 등에서 요구된다.

1) 교실 분위기 조성

인지갈등과 역할 채택에 의해 도덕성의 발달을 촉진하는 도덕교육이 이루어지기 위해서는 학생들의 자아 노출이 가능하고, 도덕적 이슈에 대해 학생들이 생각과 감정을 있는 그대로 드러낼 수 있으며, 신뢰, 감정 이입, 존중, 공정성 등이 작용하는 교실 분위기의 조성이 요구된다. 이러한 분위기의 조성은 효과적인 교수의 한 부분으로 학생들의 도덕성 발달을 촉진하는 데 필요하다. 라이머 등(1983)은 이러한 교실 분위기 조성을 위해서는 물리적 정돈, 소집단 구성, 수용의 모습, 듣기 및 전달의 기술, 학생들 간의 상호 작용 격려 등이 필요하다고 말한다(pp. 177-193).

- 물리적 정돈: 좌석의 원형(圓形) 배치는 참여자 모두가 얼굴을 마주 보고 동등한 가운데 토의 또는 논의를 할 수 있는 기회를 제공한다. 이러한 물리적 정돈은 교사와 학생들이 한 자리에 앉아 언어는 물론 표정에 의한 의사소통도 함께할 수 있다는 점에서 중요하다.
- 소집단 구성: 대개 4~5명으로 구성되는 소집단은 학생들에게 신뢰감과 협동심을 길러 주고 노출에 따르는 위험 부담감을 줄여 주는 데 도움을 줄 수 있다. 소집단은 특정한 문제의 해결책과 관련해서 그것에 동의하는 사람, 동의하지 않는 사람, 결정하지 못한 사람 등으로 구성할 수 있다. 소집단은 도덕적 문제에 대해 서로 다른 해결책을 가진 학생들을 무작위로 표집 하여 구성할 수도 있다.
- 수용의 모습: 교실 분위기 조성을 위해서는 학생들의 사고와 감정을 존중하고 수용하는 모습을 보여 주는 교사의 기술과 역할이 필

요하다. 학생들이 도덕적 이유에 대해 열린 마음으로 이야기 나눌 수 있게 하기 위해서는 교사가 그의 개인적 관점을 피하는 분위기 조성이 필요하다. 물론 교사가 학생들 앞에서 도덕적 문제에 대한 자신의 반응을 감추기는 어렵다. 중요한 것은 학생들 각자가 교사에 의해 유일한 존재로뿐 아니라 인격체로 대우받고 있다는 느낌을 가질 수 있도록 그들을 수용하는 모습을 보여 주는 것이다.

- 듣기 및 전달의 기술: 토의에 참여하는 학생들은 모두가 주제의 흐름을 이해할 수 있어야 한다. 참여자들 간에는 도덕성 발달에 차이가 있을 수 있다. 이로 인해 제시된 도덕적 문제에 대해 서로 다른 유형의 사고와 반응을 보일 수 있다. 원만한 의사소통이 이루어지기 위해서는 무엇보다도 다른 사람의 말을 경청하는 것이 중요하다. 듣기소통을 위해서는 다른 사람이 한 말을 잘 이해하고 있는가를 확인할 필요가 있다. 그 과정에서 명료화를 위한 질문과 함께 자세한 설명을 해 보도록 격려할 필요도 있다.
- 학생들 간의 상호 작용 격려: 앞서 살펴본 기술 및 역할은 교사가 적극적으로 모범을 보이는 것이 중요하다는 내용으로 구성된 편이다. 이는 마치 교사가 도덕교육의 통제자라는 인상을 줄 수도 있다. 그러나 교사의 이러한 모델역할은 학생들 서로가 상호 작용을 할 수 있도록 도와주는 데 목적이 있다. 학생들 간의 상호 작용은 교사에 의해 제공되는 것만큼이나 다양한 관점과 인지 자극을 제공할 수 있다. 이러한 상호 작용은 학생들 스스로가 그들의 학습과정을 주도할 수 있도록 이끌어 주기도 한다.

라이머 등은 이러한 교사의 기술 및 역할을 교실 분위기 조성의 구성요소로 본다. 여기서 중요한 것은 이러한 기술과 역할이 도덕적 토의를 이끄는 교사의 시도와 분리되어 이루어져서는 안 된다는 점이다. 라이머 등은 교수기술의 전제로 요구되는 교실 분위기 조성의 기술은 이어서 살펴볼 도덕의식의 계발, 효과적인 질문전략 등과 함께 교사의 교수행위 속에 통합되어야 한다고 말한다.

2) 도덕의식의 계발

교사가 학생들에게 인지갈등과 역할 채택을 자극하는 기회를 제공할 때, 그에게 요구되는 주요한 과제는 그들의 도덕의식을 계발하는 일이다. 도덕의식의 계발 과정에서 사용될 수 있는 자료에는 가설적 도덕 딜레마, 실제적 도덕 문제, 일상적 문제 등이 있다(Reimer et al., 1983, pp. 148-154 참조).

흔히 교사들은 수업에서 도덕적 토의를 이끌 수 있는 이슈로, 앞에서 살펴본 '하인츠 딜레마'와 같은 가설적 딜레마를 제시한다. 이러한 딜레마는 추상적이고 모호한 인물의 권리, 책임 또는 주장 사이의 갈등을 담은 가설적 딜레마로 자유해답식으로 구성되어 있다. 이러한 딜레마는 우리 모두가 인생에서 상상할 수 있는 삶과 죽음의 사태로 가득 차 있다.

삶의 사실로서의 도덕적 문제는 일상생활 속의 경험이 제공하는 애매성에서 찾아볼 수 있다. 대부분의 실제적 도덕 문제는 학생들에게 갈등의 해결에 따라 행동할 수 있는 가능성을 제공해 준다. 이러한 문제에 대한 토의는 삶에서 흔히 소홀히 취급되었던 갈등 문제에 관심을 가지도록 작용한다. 학생들은 문제해결의 방법에 대해 자신과 다르게 생각하는 사람들이 있다는 것을 알게 될 때, 고조된 관심과 함께 민감하고 어려운 정서적 반응을 경험한다. 다음은 미국의 어느 중학교에서 있었던 실제적 도덕 문제의 예다.

> 캐럴(Carol)은 점심시간에 식당에서 치즈를 던지다 들켰다. 이 일로 인해 그녀의 반 학생들은 모두 일주일 동안이나 아이스크림을 먹을 수 없게 되었다. 그녀는 이러한 행위에 대해 이미 경고를 받은 일이 있었다. 그러나 캐럴은 일이 그렇게 된 것은 그녀의 책임이 아니라고 말했다. 모든 학생들은 캐럴에게 몹시 화가 났다.
>
> - 캐럴의 친구들은 지금 그녀에 대해 어떻게 생각하고 있는가?
> - 그들은 아이스크림을 되찾기 위한 노력을 해야 하는가?
> - 일주일 동안이나 반 학생들에게 아이스크림을 제공하지 않기로 한 것은 옳은 일인가?
> - 다른 좋은 해결책은 없을까? 있다면 그것은 무엇이고 왜 그렇게 생각하는가?

교실에서 발생하는 급우들 간의 일상적인 생활도 토의를 위한 풍요한 도덕적 이슈의 원천이 될 수 있다. 이러한 이슈는 아마도 초등학교 교실에서 가장 밀도 있게 발생할 것이다. 같은 반에서 같은 교사와 같은 학생들이 거의 대부분의 학교생활을 함께하기 때문에 일상생활 가운데에서도 많은 문제가 발생할 수 있다.

- 쉬는 시간에 몇 명의 아이들이 자기들끼리만 공놀이를 하면서 다른 급우들의 참여를 거부할 때, 무슨 일이 일어날까?
- 청소구역을 공정하게 할당하는 방법은 무엇일까?

• 줄을 서지 않고 새치기하는 학생들을 어떻게 다루어야 할까?

도덕의식의 계발은 교사와 학생 모두의 적극적인 참여에 달려 있다. 어른 중에는 아이의 도덕적 문제를 대신 결정해 주는 이들도 있다. 이는 아이의 도덕의식 계발에 도움이 되지 않는다. 교사는 학생들이 생활 속에서 만나는 도덕적 문제를 그들 스스로 다루는 기회를 활용할 수 있도록 도와주어야 한다.

3) 질문전략

교사가 학생들의 도덕의식을 계발하려면 그들의 도덕성 발달을 촉진시킬 수 있는 특별한 전략이 요구된다. 이의 대표적인 것은 질문전략일 것이다. 이슈의 토의에서 도덕적 측면에 초점을 두고 이루어지는 질문은 응답자에게 문제해결을 위한 추론을 도와준다. 추론 과정에서 이루어지는 논리는 도덕성의 발달을 촉진하는 도덕교육과정의 핵심으로 작용한다. 라이머 등(1983)은 질문전략으로 기본적 질문전략과 심층적 질문전략을 제시한다(pp. 155-175).

(1) 기본적 질문전략

기본적 질문전략으로 라이머 등이 제시하는 질문의 종류에는 도덕적 이슈를 강조하는 질문, 이유를 묻는 질문, 상황을 복잡하게 하는 질문, 개인적이고 자연스러운 예를 묻는 질문, 실제적 이슈와 가설적 이슈를 교대하는 질문 등이 있다. 이러한 질문으로 구성된 기본적 전략은 학생들이 도덕적 토의에 입문할 수 있도록 도와주는 것이 목적이다.

- 도덕적 이슈를 강조하는 질문: 이 질문은 학생들에게 도덕적 이슈에 대한 자신의 입장을 분명하게 취하도록 묻는 대화의 시작이다. 예를 들면, '하인츠는 약을 훔쳐야 하는가? 다른 사람의 생명을 구하기 위해서라면 도둑질을 하여도 괜찮은가? 그 상황에서 도둑질한 사람은 벌 받아야 하는가?'와 같은 질문은 학생들에게 문제사태를 갈등 해결을 요구하는 딜레마로서 인식하도록 도와줄 수 있다. 이러한 질문에 학생들이 해결 방법을 다르게 제시하면 토의는 보다 활발하게 진행될 수 있다.
- 이유를 묻는 질문: 이 질문은 학생들이 가지고 있는 도덕적 이유에 대한 자신의 관점을 제시할 수 있도록 작용한다. 이유는 사고의 구조를 반영한다. 그러므로 이러한 질문은 학생들에게 서로 간에 의견의 내용은 같을 수 있으나, 그것의 이유는 다를 수 있다는 점을 인식시켜 줄 수 있다. 사고 유형의 차이는 학생들에게 그들의 관심과 대화를 보다 자극시킬 수 있다. 즉, '너는 그 딜레마에 대한 너의 해결책이 왜 좋은 것이라고 생각하니?' '네가 그 문제를 그렇게 해결하기로 결정한 주요한 이유는 무엇이니?'와 같은 질문은 학생들의 관심을 불러일으키고 사고를 자극시킬 수 있다.
- 상황을 복잡하게 하는 질문: 본래의 도덕적 문제를 복잡하게 하는 질문에는 두 가지 종류가 있을 수 있다. 하나는 본래의 사태에 내재된 인지갈등을 증가시키기 위해 '하인츠의 아내가 특별히 그에게 약을 훔쳐 달라고 부탁했다면 이것이 당신의 입장을 다르게 하겠는가?'와 같은 새로운 정보를 덧붙이는 질문이다. 다른 하나는 도덕적 이슈에서 학생들이

도피하려는 것을 방지하는 질문이다. 흔히 학생들은 무엇이 옳은가의 질문에 정면으로 부딪치는 모험을 언짢아할 수 있다. 그러므로 오히려 딜레마 전체를 변화시켜 갈등을 제거한 채 문제를 해결하려 한다. 예를 들면, 초과 탑승으로 침몰 직전의 표류하는 배에서 몇 사람을 바다에 던져야 하는 결정의 딜레마에 부딪쳤을 때 "그들을 배 한편에 매달자."고 제의함으로써 딜레마에의 직면을 회피하고자 하는 경우, "지금 이 순간에는 그들을 배에 매달 수 없다."고 말함으로써 그들이 이슈에서 도피하려는 것을 방지할 수 있어야 한다. 또는 '만약에 어머니와 20세의 아들 중 어느 한 사람을 바다에 던져야 한다면, 당신은 누구를 택하겠는가?'와 같이 딜레마 자체를 복잡하게 할 수도 있다.

- 개인적이고 자연스러운 예를 묻는 질문: 도덕적 문제를 토의하는 과정에서 교사가 학생에게 하는 '너는 운동장에서 병을 깨 버리는 학생을 교장선생님이 어떻게 다루어야 한다고 생각하니?'와 같은 개인적이고 자연스러운 예의 질문은 학생들의 도덕의식을 계발하는 데 도움이 될 수 있다. 이러한 예는 도덕적 문제는 우리가 일상생활에서 경험하는 사회적 상호 작용의 일부일 뿐 아니라 크게는 사회의 여러 가지 문제와 해결책의 원천이 되기도 한다는 것을 학생들이 깨닫게 해 줄 수 있다.
- 실제적 이슈와 가설적 이슈를 교대하는 질문: 가설적 딜레마는 토의 과정에서 자아 노출에 대한 압력과 학생들의 입장을 대립적이게 하는 위험 부담을 줄 수도 있다. 그러나 실제적 이슈와 가설적 이슈를 번갈아 하는 질문은 그들의 관

심의 범위를 고려할 수 있고, 도덕적 문제를 구성하는 것이 무엇인가에 대한 그들의 이해의 범위를 확대시켜 줄 수 있다는 점에서 유용하다.

(2) **심층적 질문전략**

기본적 질문을 통해 학생들을 도덕적 토의에 입문시켜 어느 정도 도덕의식이 형성되었을 때, 이어서 요구되는 전략은 도덕적 추론의 구조를 변화시키기 위한 심층적 질문이다. 하나의 이슈를 여러 관점에서 고민하며 생각할 수 있어야 인지갈등이 조성된다. 특정한 이슈에 대한 심층적 탐구는 도덕적 추론의 구조적 변화를 일으키는 내적 대화를 촉진할 수 있다. 같은 질문을 여러 문제에 적용하는 것은 현재의 추론 유형을 상향 이동시키는 데 효과적이지 못하다. 교사는 새로운 사고 유형이 출현할 수 있도록 자극하는 질문전략을 사용할 수 있어야 한다. 라이머 등은 이 같은 심층적 전략으로 조사 질문, 인접단계 논의를 강조하는 질문, 명료화 및 요약을 위한 질문, 역할 채택을 자극하는 질문 등을 제시한다.

• 조사 질문: 질문은 하나의 도덕적 이슈가 가지고 있는 여러 측면을 조사할 수 있어야 한다. '왜' 또는 '마땅히'와 같은 질문이 단계의 변화를 자극하는 것으로 충분한 것은 아니다. 학생들은 넓은 범위에 걸친 논의를 들을 수 있어야 한다. 라이머 등이 제시하는 심층적 조사 질문에는 명료화 조사, 특정한 이슈 조사, 이슈 간 조사, 역할 채택 자극 조사, 보편적 결과 조사가 있다.

명료화 조사는 학생들이 말하는 진술의 의미가 모호하거나, 교사가 의미하는 바를 학생들의 말로 잘 전하지 못할 때, 또는 내용 배후의 이유가 잘 전달되지 못할 때 그러한 것을 설명하도록 묻는 질문이다. 특정한 이슈 조사는 사태와 관련된 특정한 도덕적 이슈를 탐구하도록 묻는 질문이다. 특정한 이슈에 초점을 둘 때 학생들은 그들의 신념 배후에 있는 이유를 충분히 탐구할 수 있는 기회를 가질 것이다. 이슈 간 조사는 두 개의 도덕적 이슈 간에 갈등이 발생했을 때 그것을 해결하도록 자극하는 질문이다. 제4단계의 사람은 '법과 질서 유지'의 가치가 제3단계의 사람이 제시하는 '우정'의 가치보다 더 중요하다고 생각한다. 이슈 간 질문은 학생들에게 인지갈등을 일으키게 작용할 수 있다. 역할 채택 자극 조사는 역지사지(易地思之)해 보도록, 즉 다른 사람의 입장이나 관점에서 생각해 보도록 묻는 질문이다. 보편적 결과 조사는 '그의 추론을 모든 사람들이 따르기로 적용한다면 무슨 일이 일어날까.'를 고려해 보도록 묻는 질문이다. 이러한 질문은 일반적으로 공정성이 반영되는 도덕적 결정을 이끌 수 있도록 자극한다.

- 인접단계 논의를 강조하는 질문: 이 질문은 논의의 중점이 인접된 단계에서 이루어지도록 하는 것이다. 도덕성 발달의 자극은 한 단계 더 높은 다음 단계의 수준에서 이루어지는 추론을 통해 가능하다. 이러한 추론의 기회는 두 가지 종류가 있을 수 있다. 하나는 학생들 간의 대화에서 그들이 한 단계 더 높은 인접단계로 토의할 때 발생한다. 교사는 이러한 기회를 발견할 때 학생들이 그들의 사고의 타당성을 탐

구할 수 있도록 격려해야 한다. 다른 하나는 학생들 중에 아무도 한 단계 더 높은 인접된 사고를 보여 주지 못할 때 발생하며, 이때 이를 제기해야 하는 것은 교사의 몫이다.

- 명료화 및 요약을 위한 질문: 이 질문은 교사의 역할이 질문 주도에서 학생들이 말하는 것을 명료화하고 요약하는 것으로 전환하는 전략이다. 토의가 이 국면에 이르게 되면 학생들은 도덕적 갈등의 문제에 접근하는 방법에 대해 어느 정도 알게 된다. 이제 그들은 자유해답식 질문도 할 수 있다. 교사는 토의에서 제기된 서로 엇갈리는 추론 유형을 학생들이 깨닫도록 조정하는 한편, 그들의 인지갈등과 역할 채택을 자극하는 일에 초점을 두어야 한다. 교사는 학생들이 토의를 계속 진행할 수 있다고 판단될 때 그의 개인적인 도덕적 견해를 말해도 괜찮다. 이때쯤이면 '교사는 정답을 가지고 있다.'는 학생들의 생각에 변화가 일어났을 것이기 때문이다.
- 역할 채택을 자극하는 질문: 다른 사람의 역할을 인지적으로 채택해 보는 것은 자아의 세계와 타인의 세계를 연결해 보는 중요한 경험이 된다. 토의, 영화, 역할극 등도 다른 사람의 역할을 채택해 보는 경험을 자극할 수 있다. 다른 질문 전략과 마찬가지로 역할극 등도 사태의 등장인물들이 실제로 보여 주듯, 그들이 사용하는 추론에 학생들의 초점이 모아질 때 효과적이다. 역할극에 부가되는 이러한 추론은 '다른 사람의 입장이 되어 보는' '다른 사람의 생각을 생각해 보는' 기회를 제공해 줄 수 있다. 이러한 기회는 자아 중심적 사고를 넘어서는 경험이 될 수 있다. 자아 중심적 수준에

있는 학생들에게 다른 사람의 사고, 감정, 권리를 고려하는 역할 채택을 자극하여 그들의 도덕성 발달을 촉진하는 데 기여할 수 있다. 역할극이 끝난 다음 그것에 대한 토의는 그들의 도덕성 발달의 자극에 적극적으로 작용할 것이다.

그러나 이러한 심층적 질문전략의 방법들을 효과적으로 습득하는 데에는 많은 연습과 인내가 요구된다. 한편 그러한 방법이 잘 활용된다 하더라도 학생들의 도덕적 추론의 구조가 변화되는 데에는 많은 시간이 걸린다.

6. 정의-공동체와 도덕교육사상

지금까지 이 장에서 살펴본 가설적 딜레마 토의를 중심으로 하는 콜버그의 도덕교육사상은 주로 어떻게 행동하는 것이 '옳은가', 즉 무엇이 '정의(正義, justice)'인가를 추론하는 도덕성 발달에 중점을 둔 이론이었다. 그러나 이러한 콜버그의 이른바 전기 이론은 도덕교육에서 인습, 내용, 정서, 행동, 주입 등 몇 가지 요소들이 소홀하게 다루어진다는 비판을 받았다. 그는 그러한 비판의 일부를 수용하여 전기 이론의 일부를 수정하고, 그것에 '공동체' 원리를 보완하여 '정의-공동체(just-community)' 접근을 그의 후기 도덕교육이론으로 제시하였다.

1) '정의-공동체' 구성의 이론적 배경

• 인습과 원리: 전기의 콜버그는 도덕성 발달을 촉진하는 도

덕교육의 목표를 후 인습(後因習) 수준(제5~6단계)인 원리의 도덕에 두었다. 그러나 원리의 도덕 수준에 이르는 사람들은 극소수의 성인(成人)에 불과하다. 이에 따라 콜버그는 청소년을 대상으로 하는 학교도덕교육에서는 인습 수준에서의 판단과 행동의 일관성을 기하는 교육적 노력이 보다 합당하다고 생각하여, 도덕교육의 실제 목표를 제4단계에 두어야 한다는 생각을 하게 되었다. 대부분의 성인이 도달할 수 있는 발달 수준도 제4단계이고, 공동체는 사회집단으로 사회규범의 영향을 많이 받기 때문이다(Reimer et al., 1983, p. 249). (그러나 이러한 콜버그의 도덕교육목표의 변화가 그의 본래의 목표인 원리 수준을 포기한 것은 아니다. 그는 대학생이나 성인을 대상으로 하는 도덕교육 프로그램에서는 여전히 원리의 수준이 도덕교육의 목표가 되어야 한다고 생각한다.)

• 형식(구조)과 내용: 전기에 시도한 가설적 딜레마 접근은 도덕성 발달이 한 단계 더 높은 다른 사람의 사고방식에 노출되게 함으로써 인지의 갈등과 역할 채택의 자극을 받아 자연적으로 단계의 상향 이동이 이루어지는 과정에서 그러한 이동, 즉 발달을 촉진하는 접근이었다. 따라서 원리 수준을 목표로 한 형식 중심의 도덕교육이었다. 하지만 '정의-공동체' 접근에서는 도덕교육의 목표를 제4단계로 하향함에 따라 인습 수준의 도덕성을 구성하는 사회적 규칙 · 규범 · 가치 등 내용적 도덕교육에 관심을 가지게 되었다. 실제적 도덕 문제를 다루는 '정의-공동체'에서는 '왜 그렇게 되는가?'의 이유만큼이나 결정되는 '내용이 무엇인가'가 중요하기 때문이다.

- 인지와 정서 · 감정: 콜버그는 처음부터 인지와 정서 · 감정은 나란히 발달한다고 보았다. 이는 인지가 발달하면 발달하는 그만큼 정서도 발달한다는 뜻이다. 이러한 그의 생각은 주로 인지발달에 관심을 가지게 작용한 나머지 정서 · 감정의 발달에는 소홀한 것이었다. 그러나 '정의-공동체' 접근에서 형식과 내용의 균형 있는 도덕성 발달을 위해 정서 · 감정 및 행동 발달의 중요성을 새삼 인식하게 되었고, 그 결과 판단에 따른 행동을 지지하는 기제(機制)로서 집단의 힘을 도입하게 되었다(Reimer et al., 1983, p. 251). 인습단계에서 옳다고 판단한 것을 행동으로 옮기는 일관성 있는 내적 동기가 부족한 경우에 개인과 또래 간의 유대와 같은 집단의 힘은 집단의 규범에 따라 살도록 이끄는 외적 동기로 작용한다고 생각했기 때문이다.
- 주입과 비주입: 전기의 콜버그는 도덕교육에서 주입(注入, indoctrination)을 강력하게 비판했다. 그러나 도덕교육의 목표를 제4단계로 하향 조정하고, 인습의 도덕성을 위해 형식과 함께 내용도 다루며, 인지적 판단과 함께 정서적 행동도 고려하는 '정의-공동체' 접근에서는 더 이상 주입을 비판만 할 수 없게 되었다. '정의-공동체'는 '정의'가 작용하는 토의에 의한 자극뿐 아니라 '공동체'가 작용하는 사회집단의 규칙 존중과 집단에 대한 애착을 강조한다. 이는 더 이상 주입을 배제하기 어렵게 만들었다. 그러나 콜버그가 말하는 주입은, 엄격히 말하면 전기에 그가 강력하게 비판했던 주입이기보다는 특정한 내용을 지지 또는 옹호(advocacy)하는 입장이다. 그는 지지가 주입이 되지 않기 위해서는 교실 또는 학교

에서 참여 민주주의가 확립되어야 한다고 말했다(Kohlberg, 1985, pp. 34-35).

2) 공민교육과 참여 민주주의

콜버그의 '정의-공동체' 접근은 공동체의 운영(관리 및 통치) 수단으로서는 민주주의를, 도덕교육의 수단으로서는 공동체에의 참여를 강조한다. 그에게 있어서 이러한 참여 민주주의는 정의와 함께 도덕의 원리로 작용한다. 즉, 참여 민주주의는 '정의-공동체' 접근의 기본원리다. 콜버그는 전통적 학교의 운영은 주로 전통적 권위 유형에 의존해 왔는데, 그러한 운영은 관리적 측면에서는 효과적이었으나 학생들이 지켜야 할 규칙을 결정할 때 정작 당사자인 학생들이 그 과정에서 소외되어, 그들은 왜 그러한 규칙의 준수가 그들에게 의미 있는 것인가에 대해 이해하기도 어렵고, 규칙의 준수에 성의를 보이지도 않게 된다고 말한다. 이러한 경우 그들은 규칙을 도덕적 의무로서보다는 실용적인 측면이나 벌을 피하기 위해서 준수하기 쉽다.

콜버그는 오늘날 학생들이 가지는 주요 문제 중의 하나로 사생활 중심주의(privatism)를 지적한다. 이러한 문제는 학생들을 학교의 운영과 지역사회 활동에 참여시킬 때 해결될 수 있을 것으로 본다(Kohlberg, 1980b, pp. 459-463). 참여 민주주의는 구성원들에게 공동체에의 참여를 촉진할 뿐 아니라 공동체의식 또는 공민의식을 형성시켜 주는 작용도 한다. 그는 참여 민주주의를 통한 공민의식의 계발, 즉 공민교육(公民教育)을 '정의-공동체'가 추구하는 도덕교육으로 본다.

참여의 경험은 도덕성 발달을 촉진시킨다. 그러나 콜버그는 학생들의 참여의 경험이 도덕성 발달로 발전할 수 있기 위해서는 학교가 참여의 역할에 관한 합리적 · 도덕적 토의를 고무해야 한다고 강조한다. 이를 위한 가장 기본적인 방법은 학교가 실제로 참여 민주주의를 운영하는 일이다. 그리하여 학생들에게 참여의 기회를 실제로 제공해야 한다. 이에 의해 이론과 실제 간의, 원리와 운영 간의 일관성을 발견할 수 있도록 해야 한다. 그렇지 않을 경우 그들은 '배운 민주주의'와 '교육의 과정' 모두를 불신하게 된다는 것이다.

3) '정의-공동체' 운영의 일반적 지침

학교의 '정의-공동체'는 자발적으로 참여한 구성원들에 의해 민주적으로 운영되어야 한다. 구성원인 교사와 학생은 누구나 의사결정 과정에서 하나의 투표권을 가진다. 공동체는 모든 구성원이 일주일에 한 차례씩 얼굴을 마주 보는 공동체 회합이 가능할 수 있을 정도의 수로 구성되어야 한다. 교사와 학생은 공동체 정신을 형성하기 위해 함께 일해야 한다. 교사는 도덕성 발달이론을 수업 및 공동체 회합에 적용할 수 있도록 그 이론에 대해 알고 있어야 한다(Reimer et al., 1983, p. 237).

4) 공동체 회합 운영의 일반적 조건

학생들의 관심은 옹호되어야 한다. 분명하고 융통성 있는 절차적 순서가 있어야 한다. 이슈는 구체적 제안에 대한 찬반토의가 이루어질 수 있도록 분명하게 제기되어야 한다. 교사와 학생은 모두 자신의 주장에 대한 이유의 제시와 함께 토의를 해야지 개인적 입장에서 서로를 공격하는 식으로 토의해서는 안 된다. 구성원 모두는 공동체 회합에서 이루어진 결정은 실천될 수 있다는 생각을 해야 한다. 높은 지위의 사람이나 소수의 반대자에 의해 결정이 전복될 수 있다는 생각을 해서는 안 된다(Reimer et al., 1983, p. 249).

5) 공동체 회합의 절차와 방법

전체 공동체를 소집단으로 나눌 수 있다. 전체 회합에 앞서 교사 구성원은 각 소집단의 학생 구성원들과 만나 그 주(週)의 의제(topic)에 대해 토의한다. 각 소집단의 학생들은 그 집단의 입장을 정하는 과정에서 각자 자신의 의견을 말한다. 교사는 공정성을 강조하고 의견 및 추론에 도움을 주며 토의를 사회한다. 전체 회합에서 각 소집단의 대표는 그 소집단의 입장을 발표한다. 공동체 회합의 주관은 매주 각 소집단들이 차례로 돌아가며 맡는다. 주관을 맡은 소집단 구성원 가운데 한 사람을 의장으로 선출한다. 의장의 의제 발표와 함께 각 소집단의 보고가 있은 후, 토의를 시작한다. 의장은 한 차례 토의가 끝났다고 생각되면 비공식 투표를 요구한다. 투표 결과가 발표된 후, 이어서 토의가 계속된다. 계속된 토의에서 소수의견에 속한 사람들은 그들의 의견이 다시 지지받는 역전의 기회를 가질 수도 있다. 찬반토의가 계속된 후, 최종 투표에 의해 공동의 결정이 이루어진다. 공동체가 결정하여 규칙으로 채택하면 그 규칙은 교사와 학생 구성원 모두에 의해 준수될 것이 기대된다. 그러나 규칙의 준수가 반드시 이루어지지는 않는다. 그러므로 공동체는 위반자들을 다루기 위해 각 소집단의 대표 학생 각 한 명과 두 명의 교사로 규율위원회(discipline committee)를 구성하여 교대로 운영한다. 위반이 발생하면 매주 한 차례씩 개최되는 위원회에 그 사례를 보고한다. 반복된 위반자에 대해서는 위원회가 공동체에 징계를 요구할 수 있다. 요구가 접수되면 공동체는 회합을 열어 그 문제에 대해 토의하여 결정한다. 위반자에게는 위반 사항을 바로잡을 수 있는 기회가 주어진다. 그러나 계속 위반할 경우 부모에게 통보되고, 결국에는 '공동체 학교'에서 축출(逐出)당한다.

지금까지 살펴본 '정의-공동체' 접근의 일반원리, 운영지침 및 조건, 공동체 회합의 절차 및 방법 등이 적용된 '정의-공동체' 학교가 콜버그에 의해 실제 대안학교의 형식으로 운영된 일이 있다. 수년간에 걸쳐 연구 · 운영된 그의 대표적인 대안학교에는 케임브리지 집단학교(Cambridge Cluster School)와 스카스데일 대안학교(Scarsdale Alternative School)가 있다.

7. 결 론

콜버그는 3수준 6단계의 도덕성 발달 단계를 제시했다. 도덕교육을 아동의 현재 도덕성 발달 단계가 인접된 다음 단계로 상향 이동이 이루어질 수 있도록 발달을 촉진하는 과정으로 보았고, 이의 최종 목표는 원리 수준인 제6단계였다. 그는 인지와 역할 채택의 자극을 도덕성 발달의 기본원리로 제시했다. 이를 위한 자료로는 가설적 딜레마가 사용되었다. 그러나 이 접근은 형식, 구조, 사고방식 등이 작용하는 인지발달에 비중을 둔 나머지 도덕성의 내용과 이의 전달방법, 정서·감정적 측면에 소홀하였다는 비판을 받았다. 판단과 행동의 관계에 대해서도 소홀하였다는 비판을 받았다.

콜버그는 그러한 비판을 수용하여 가설적 딜레마를 중심으로 하는 교실수업 접근법을 수정·보완한 '정의-공동체' 접근법을 제시했다. 그가 전기의 이론을 수정한 주요 이유는 전기의 이론이 '심리학자가 심리학적 실험·연구에 의해 발견한 이론을 교육현장의 실제에 그대로 적용하는 것은 오류'라는 이른바 '심리학자의 오류'를 범했다는 점을 인정했기 때문이다.

'정의-공동체' 접근은 학생들의 도덕교육목표를 인습 수준인 제4단계에 두고, 인습의 도덕성을 위해 내용과 추론을 함께 다룬다. 내용의 전달방법으로 '지지적(支持的) 접근'도 사용한다. 내용을 위해 가설적 딜레마보다는 실제적 문제를 다룬다. 표면적 교육과정보다는 잠재적 교육과정에 의존한다. 개인적 차원의 도덕성보다는 집단적 차원의 도덕성 발달에 관심을 가진다. 이러한 맥락에서 '정의-공동체'는 참여 민주주의 또는 정의공동체 자체를 도덕의 원리로 보고, 이의 적용에 의한 공민교육을 도덕교육의 목적으로 한다.

'정의-공동체'에서 정의는 의(義)를, 공동체는 선(善)을 상징한다. 여기서 '의'는 형식을, '선'은 내용을 의미하는 것으로 볼 수 있다. 그러므로 '정의-공동체'는 '형식'인 정의와 '내용'인 공동체가 통합된 접근이다. 즉, 이론상으로 볼 때 '정의-공동체' 접근은 내용과 형식이 통합된 도덕교육사상이라고 할 수 있다.

한편 콜버그가 '정의-공동체' 접근에서 전기에 소홀하게 다루었던 내용, 정서·감정, 행동 등에 비록 더 많은 관심을 보여 주기는 하였으나 '정의-공동체' 접근 역시 공동체 구성원들의 도덕성 발달 촉진을 도덕교육의 목적으로 하였다는 점에서, 그리고 촉진의 방법으로 인지를 자극하는 토의 및 논의가 중심이 되었다는 점에서 그가 전기에 시도한 것과 본질적으로 다르지 않다는 점에 유의해야 할 것이다(Kohlberg, 1985, p. 74). (콜버그가 '정의-공동체' 학교로 실제로 운영한 바 있는 케임브리지와 스카스데일 대안학교에서도 학생들의 도덕성 발달 단계가 매년 평균 4분의 1단계씩 발달했다.)

9 리코나의 인격 도덕교육사상

이 장에서는 미국의 발달심리학자 리코나(T. Lickona)의 저서 『인격을 위한 교육: 학교는 존중과 책임을 어떻게 가르칠 수 있는가(*Educating for Character: How Our Schools Can Teach Respect and Responsibility*)』(1991)에 제시된 '가치와 인격을 위한 교육(Educating for Values and Character)' (pp. 3–63)을 중심으로 그의 인격 도덕교육사상에 대해 살펴본다.

1. 가치교육의 정당성 논거

리코나의 『인격을 위한 교육』은 "학교는 가치를 가르쳐야 하는가?"라는 물음으로 시작한다. 리코나는 수년 전만 해도 이러한 물음은 논란을 일으켰다고 말한다. 이러한 물음에 긍정적으로 답하면 "그렇다면 누구의 가치를 가르쳐야 하는가?"라는 반론과 함께, 서로가 다른 가치를 가지고 살아가는 현대 사회의 공교육에서 어떤 가치를 가르쳐야 할 것인가에 대한 합의를 이끌어 내는 것이 불가능하다고 생각했었기 때문이다.

그러나 사회 곳곳에서 탐욕, 부정직, 폭행 등을 비롯해 약물 복용, 자살과 같은 자멸적인 도덕적 문제가 빈번하게 발생하게 되자 "학교는 가치를 가르쳐야 하는가?"라는 물음에 대해 새로운 여론이 형성되기 시작했고, 이러한 사회적 분위기는 학교에서 아이들의 도덕교육을 위한 교사의 역할을 새삼 강조하게 되었다고, 리코나는 말한다. 한편 그는 오늘날 청소년들은 도덕적 가치의 결핍을 보여 주고 있는데, 이것을 무엇보다도 그들이 빈약한 가정교육과 대중매체가 보여 주는 지나친 폭행 장면 등에 노출되어 있기 때문인 것으로 본다. 그는 이러한 환경과 문화에서는 청소년들이 그들의 도덕적 판단력을 계발하기 어렵다고 본다. 도덕적 가치의 결핍 요인은 물질주의 풍조에서도 찾아볼 수 있는데, 그는 이러한 사회 · 문화에서는 청소년들이 기본적인 도덕적 지식을 갖추기 어렵다며 다음과 같이 주장한다.

> 미국에서는 아직도 학교가치교육에 대한 찬반 논란이 일고 있지만, 도덕적 문제가 만연한 오늘날 학교가 도덕적 방관자가 되어서는 안 된다는 사회적 합의가 점차 확대되고 있다. 학교는 젊은이의 인격과 국가의 도덕적 건강에 기여하는 도덕교육을 해야 한다(Lickona, 1991, p. 5).*

---

* 이 장에서 서술된 리코나의 말은 모두 그의 저서 『인격을 위한 교육』(1991)의 pp. 3-63에 제시된 '가치와 인격을 위한 교육'에서 발췌 · 요약하며 살펴본 것이므로, 이하의 인용된 글에서는 그의 이 저서를 가리키는 'Lickona, 1991'의 표시를 하지 않고 쪽수 표시만 하였다.

한편 리코나는 학교에서 아이들을 똑똑하고(smart) 착한(good) 사람이 되도록 교육하는 것을 학교교육의 두 가지 주요한 목적으로 생각한다. 하지만 똑똑한 것과 착한 것은 다르다며, 이러한 사례로 비행 학생들 중에 공부 잘하는 똑똑한 학생들이 있다는 사실을 지적한다. 이러한 맥락에서 그는 도덕교육의 필요성을 주장한다. 그는 도덕교육을 민주주의의 기초가 되는 교육으로 본다. 실제로 민주주의의 창시자들은 민주주의 사회의 성공 요건으로 도덕교육을 주장하였다. 리코나는 그들이 그렇게 주장한 이유를 다음과 같이 설명한다.

> 민주주의는 국민에 의한 정부다. 따라서 국민들은 자유롭고 정의로운 사회 건설에 책임이 있다. 그러한 책임을 다하기 위해서는 국민들이 선해야 한다. 국민들이 민주주의의 도덕적 바탕이 되는 개인의 권리 존중, 법 존중, 공적 생활에의 자발적 참여, 공동선에 대한 관심 등을 이해하고 실천해야 한다. 토머스 제퍼슨(Thomas Jefferson)이 주장한 바 있는 이러한 민주주의 덕들에 대한 충성을 어린 시절부터 배워 익혀야 한다(p. 6).

이러한 민주주의 신념에 힘입어 학교는 건국 초부터 인격교육에 매진하였고 학생들에게 애국심, 정직, 검소, 이타주의, 용기, 노력과 같은 덕들을 규율, 모범 사례, 교육과정을 통해 가르쳤다고, 리코나는 강조한다.

하지만 시간이 지나면서, 즉 20세기 초반에서 중반에 이르기까지 학교교육으로서의 도덕교육의 중요성에 대한 인식은 저하되었다. 리코나는 다윈(C. Darwin)의 진화론, 아인슈타인(A. Einstein)

의 상대성 이론, 경험 심리학, 논리 실증주의 등을 도덕교육의 중요성에 대한 인식을 저하시킨 요인으로 본다. 다윈의 진화론은 도덕성도 변화 또는 진화하는 것으로, 아인슈타인의 상대성 이론은 도덕적 가치도 상대적인 것으로 보도록 작용했다는 것이다. 하트숀(H. Hartshorne)과 메이(M. May)의 아동의 행동에 관한 경험적 연구는 아이들의 도덕적 가치는 상황에 따라 다르고, 논리 실증주의는 도덕적 가치 진술을 사실이나 진리의 표현이기보다는 감정의 표현인 사적인 것에 불과한 것으로 보도록 작용했다는 것이다. 이러한 점들이 작용하여 학교에서 도덕교육자로서의 교사의 역할이 약화되었다고, 리코나는 말한다.

그는 1960년대에 이르러 미국 사회에 고조된 이른바 '개인주의(personalism)'와 관련해서 다음과 같이 말한다.

> 개인주의는 개인의 가치, 존엄, 자유 내지 자율 등을 찬양한다. 책임보다는 권리, 헌신보다는 자유를 더 강조한다. 개인주의는 사람들에게 가족, 교회, 지역사회, 국가의 구성원으로서의 의무 수행보다는 자유로운 개인으로서의 자아실현에 더 관심을 가지도록 작용한다. 이러한 개인주의는 인권 운동, 여성의 권리, 아동 존중과 같은 긍정적 영향을 미쳤다. 하지만 문제점 또한 적잖게 야기하였다. 개인주의는 조금이라도 자신의 자유가 제한되는 일은 참아 내지 못한다. 개인의 자유를 강조한 나머지 부모, 교사, 사회의 권위에 도전하고, 급기야 이기주의적 모습을 띠게 되었다(p. 9).

리코나는 이러한 개인주의는 래스(L. Raths) 등의 '가치명료화' 이론이 학교도덕교육에 끼친 영향에서도 나타났다고 보았다. 그는 가치명료화 이론은 교사가 학생들에게 가치를 가르쳐서는 안 되고 그들이 가치를 명료화하는 방법을 배우도록 돕는 것만을 가치교육으로 본 나머지 아이들에게 옳고 그름을 직접 가르치는 것은 물론 가치에 대한 어떤 입장을 취하는 것마저도 거부한다고 비판한다.

1970년대에 이르러 가치명료화는 콜버그(L. Kohlberg)의 '도덕적 딜레마 토의'나 도덕철학자들이 개발한 '합리적 의사결정'과 같은 도덕교육방법들과 경쟁하게 되었다. 리코나는 이러한 방법들은 가치명료화의 도덕적 상대주의를 거부하고 도덕적 이슈에 대해 도덕적으로 타당한 추론 방식을 학생들이 개발하도록 돕는 이론으로, 이들은 도덕의 '내용'보다는 일종의 사고 기술로서의 '과정', 즉 방법 내지 형식에 초점을 둔 이론이라는 점을 지적한다.

리코나는 청소년들이 보여 주는 폭행 및 문화 · 예술 파괴, 절도, 부정행위, 권위 경시, 잔인함, 편협함, 욕설, 성적 조숙 및 남용, 자아 중심성의 증가와 시민적 책임성의 감소, 자기 파괴적 행위 등은 사회가 개인을 찬양하고 학교가 가치중립적이 됨에 따라 도덕이 쇠퇴하여 나타난 사회적 현상으로 본다.

리코나는 21세기를 바라보는 시점에서 학교가 학생들에게 가치교육 내지 인격교육을 해야 할 정당한 근거를 다음과 같이 제시한다.

- 젊은이들이 자신이나 타인을 해치는 일이 증가하고, 타인의 복지에 기여하고자 하는 관심이 감소하는 사회 현실에서 가치교육은 그 어느 때보다도 필요하다.

- 가치전수는 문명의 행위이고, 가정과 교회 그리고 학교에서 항상 있어 왔던 일이다. 사회는 생존과 번영을 위해 가치교육이 필요하다.
- 많은 아이들이 부모에게서 가치교육을 제대로 받지 못하고 있고, 교회가 아이들의 삶에 미치는 가치의 영향도 미미한 오늘날, 도덕교육자로서의 학교의 역할은 그 어느 때보다도 중요하다.
- 낙태, 동성애, 안락사, 사형제도 등에서 가치 갈등을 겪고 있는 오늘의 사회에서도 정의, 정직, 예의, 민주적 과정, 진리에 대한 존중 등은 공통된 도덕적 가치다.
- 타인의 권리 및 공동선에 대해 관심을 가져야 할 뿐 아니라 민주시민으로서의 책임을 져야 하는 민주주의는 무엇보다도 도덕교육을 필요로 한다.
- 학교교육에서 가치교육이 아닌 것은 없다. 학교가 하는 일은 모두 가치교육인 셈이기 때문이다. 문제는 "학교는 가치를 가르쳐야 하는가?"가 아닌 "어떤 가치를 가르쳐야 하고, 어떻게 잘 가르칠 수 있는가?"다.
- 도덕적 문제는 인류가 직면하는 가장 중요한 문제 중의 하나다. "나는 어떻게 살아야 하는가?" 뿐 아니라 미래세대의 삶에도 관심을 가지고 자연과의 관계도 고려해야 한다.
- 부모는 물론 정부, 의회, 기업 등의 사회와 학교에서 가치교육을 해야 한다는 지지가 늘어나고 있다.
- 훌륭한 교사의 유치와 유지를 위해서도 학교에서의 도덕교육은 필요하다. 교사들은 도덕교육이 학교생활의 중심이 되어야 한다고 생각하기 때문이다.
- 학교에서의 가치교육은 '수행 가능한(doable)' 일이다(pp. 20–22).

2. 가정의 도움이 필요한 학교인격교육

리코나는 학교는 가치의 부재, 혼란의 시대에 아이들에게 가치를 가르치기 위해 무엇인가를 해야 하는데, 그렇게 하려면 학교가 가치를 가르칠 수 있다는 '희망'과 가치교육을 가정과 함께한다는 '감정'을 느껴야 한다고 말한다.

1980년대에 접어들면서 미국과 캐나다의 일부 학교에서 긍정적인 가치와 훌륭한 인격을 함양하기 위한 가치교육 프로그램이 실시되었다. 이들 중 리코나는 5년여에 걸쳐 수행된 '캘리포니아 아동 발달 프로젝트'의 효과를 다음과 같이 소개한다.

- 프로그램에 참여한 학생들이 교실에서 서로 도와주고 협조하며 호의를 베풀고 격려하기에서 비교집단 학생들보다 더 자발적인 행위를 보여 줬다.
- 프로그램에 참여한 학생들이 운동장에서 비교집단 학생들보다 타인에 대한 관심을 더 보여 줬다. 그러나 주장적인 태도에서는 차이가 없었다.
- 프로그램에 참여한 학생들이 사회적 갈등 문제해결에서 타인에 대한 관심을 더 보여 줬고, 덜 공격적인 해결책과 더 대안적인 방법을 제시했다.
- 프로그램에 참여한 학생들이 민주적 가치 지지에서 구성원 모두가 집단의 결정 및 활동에 참여할 권리를 가진다는 신념을 더 보여 줬다(p. 29).

리코나는 학교가 아이들의 인격교육에 긍정적인 영향을 미친다는 증거를 여러 연구에서 보여 주고 있다고 말한다. 하지만 학교가 인격교육의 전부를 할 수 있는 것은 아니라면서 가정에서의 인격교육을 강조한다. 아이들의 제1의 도덕교육은 가정에서 이루어질 뿐 아니라 부모는 아이들의 최초의 도덕 교사이기 때문이다. 그가 강조하는 부모의 도덕교육자적 역할은 다음과 같은 것들이다.

- 부모는 아이들이 비도덕적 행동을 했을 때 그것을 지적하며 분노해야 한다. 비도덕적 행동에 대해 책임을 느끼게 하고, 사과 및 배상하도록 요구해야 한다.
- 부모는 아이들에게 부모의 권위를 존중하도록 가르쳐야 한다. 여기서 권위는 '권위주의적(authoritarian)'이어서는 안 된다.
- 부모는 아이들을 사랑해야 한다. 어머니의 아이들에 대한 지도 · 감독이 친밀할수록 아버지와의 의사소통도 좋아지고, 부모 자식 간의 사랑이 돈독할수록 비행도 적어진다(p. 30).

리코나는 가정이 아이들의 도덕적 사회화를 돕는 데 큰 영향력을 가지고 있으나, 한편으로 도덕교육을 어렵게 하는 가정에서의 문제점을 다음과 같이 지적한다.

> 오늘날의 가정은 변화하고 있다. 어느 때보다도 부모의 이혼율이 높다. 이에 따라 편부모 슬하에서 살아가는 아이들이 많아졌다. 맞벌이 부부의 증가에 따라 가정에서 홀로 지내는 아이들도 많아졌다. 이처럼 변화된 가정에서 자녀와 부모의 관계는 친밀하기 어렵다. 아이들이 가정 정체성을 형성하기도 어렵다. 이러한 현상에서는 아이들이 또래의 압력에 노출되기 쉽다. 이에 따라 약물 및 알코올 중독자가 생기고, 우

울증에 시달리며, 심지어 난잡한 성관계를 가지는 등 비행 청소년이 늘어 간다(pp. 30-33).

리코나는 이러한 가정의 변화는 가정도덕교육뿐 아니라 학교 도덕교육도 어렵게 하는 요인으로 작용한다며 다음과 같이 말한다.

> 그러한 가정의 아이들은 아침을 거르고, 충분한 수면을 취하지 못하며, 숙제도 하지 못하고, 누군가 자신을 돌봐 주는 사람이 있다는 느낌을 갖지 못한 채 등교한다. 가정이 아이들의 기본적인 신체적 · 정서적 욕구를 충족시켜 주지 못할 때 그들은 학교공부를 위한 준비를 제대로 할 수 없다. 이는 아이들에게 학습장애와 문제행동을 유발하는 작용을 한다(p. 34).

리코나는 부모가 아이들과 밀접한 관계를 형성하지 못하면 그들의 도덕교육에 필요한 부모 자식 간의 관계성을 활용하지 못하게 되어 결국 학교가 아이들의 도덕교육을 떠맡을 수밖에 없지만, 이 경우에도 부모의 지원은 여전히 필요하므로 학교와 가정이 파트너가 되어 아이들의 도덕교육에 힘써야 한다고 강조한다. 아이들을 위한 학교도덕교육이 효과가 있어도 가정의 지원을 받지 못하면 그 효과는 줄어들 수밖에 없다며 아이들의 도덕교육을 위해 학교와 가정은 밀접한 협력관계를 가져야 한다고, 리코나는 말한다. 그는 이러한 협력관계를 새 인격교육의 중요한 요소로 본다.

3. 학교에서 가르쳐야 할 가치

리코나는 여론조사는 학교에서 도덕교육을 하는 것을 지지하는 편이지만 일부 학교에서는 여전히 도덕교육을 해야 하는가에 대해 주저하고 있을 뿐 아니라 도덕교육을 하더라도 아이들에게 특정한 가치를 채택하도록 하는 가치교육을 해야 하는지, 가치에 '관하여' 가치교육을 해야 하는지에 대해 망설인다고 말한다. 그는 특정한 가치의 교육은 가치의 주입이 될 수 있고, 가치에 '관하여' 하는 교육은 가치에 관한 비판적 사고력을 길러 줄 수 있는데, 이러한 맥락에서 학교는 다음과 같은 두 가지 확신을 가지고 가치교육을 해야 한다고 말한다.

- 다원화 사회에서 학교가 가르칠 수 있고 가르쳐야 할 객관적으로 가치 있고 보편적으로 합의된 가치가 있다.
- 그러한 가치에 학생들을 노출시켜야 할 뿐 아니라 그들이 그러한 가치를 이해하고 내면화하여 행동으로 옮길 수 있도록 도와주어야 한다(p. 38).

리코나는 이러한 주장에 대한 확신을 가질 수 있으려면 가치가 무엇인가에 대한 이해가 필요하다며 가치를 '도덕적 가치'와 '도덕과 무관한(nonmoral) 가치'로 나눈다. 이에 대해 그는 다음과 같이 말한다.

정직, 책임, 공정성과 같은 가치들은 도덕적 가치다. 이러한 도덕적 가치는 의무를 수반한다. 우리는 약속을 지키고, 세금을 내며, 자녀를 돌보고, 공정하게 분배하는 데에서 의무감을 가진다. 도덕적 가치는 우리가 '마땅히(ought)' 무엇을 해야 하는가를 말해 준다. 이에 비해 고전 음악 감상이나 소설 읽기, 운동하기 등은 도덕과 무관한 가치다. 이들은 우리가 하고 싶거나 하기를 원하는 것의 표현일 뿐이다. 우리가 그렇게 해야 할 의무가 있는 것은 아니다(p. 38).

한편 리코나는 도덕적 가치를 '보편적 도덕 가치'와 '보편과 무관한 도덕 가치'로 나눈다. 이에 대한 그의 설명은 다음과 같다.

보편적 도덕 가치는 공정한 인간 대우를 비롯해 인간의 생명, 자유, 평등에 대한 존중 등이다. 이들은 기본적인 인간 가치이고, 따라서 모든 사람은 그러한 가치에 따라 행동해야 할 의무가 있다. 한편 '보편과 무관한 도덕 가치'의 예로 종교적 가치를 들 수 있다. 종교인이 교리에 따라 예배를 보거나 금식을 하는 것 등은 개인으로서는 진지한 종교적 의무일 수 있다. 하지만 이러한 종교적 가치는 보편적인 도덕적 의무가 따르는 보편적인 도덕적 가치가 될 수는 없다(p. 38).

여기서 우리는 도덕과 종교의 관계에 대해 살펴볼 필요가 있다. 이에 대해 리코나는 다음과 같이 생각한다.

- 미국 사람 대부분은 나름대로의 종교적 신념 내지 정체성을 가지고 있다.
- 종교는 많은 사람에게 도덕적 삶을 이끄는 주요한 동기다.
- 신은 인간에게 그가 명령한 선을 성취해야 한다는 은총을 내렸다.
- 미국의 건국자들은 종교, 인간의 권리, 민주주의 정부 간의 관계

가 밀접하다고 보았다.
- 오늘날 대부분의 학생은 도덕의 기원과 국가 발전에서 종교의 역할에 대해 무지하다.
- 개인의 삶에서 종교가 중요한 역할을 한다고 생각하지 않는 사람도 많이 있다.
- 타인에게 부정한 행위를 금하는 '자연도덕법칙'이 있다(pp. 39-41).

리코나는 자연도덕법칙은 인간의 이성에 의해 이해할 수 있는 것으로 '타인에게 공정하고 관심을 가지는' 계시종교의 원리와 양립 가능한 것으로 풀이한다. 따라서 자연도덕법칙은 종교적으로 다양한 사회의 공립학교에서 가르칠 수 있는 객관적인 도덕의 내용이 될 수 있다는 것이다. 그는 공립학교가 실천해야 할 자연도덕법칙에 따른 주요한 두 가지 도덕적 가치로 '존중'과 '책임'을 제시한다. 그는 이 두 가지 가치를 개인과 공동체의 선을 촉진하는 객관적이고 논증 가능한 가치일 뿐 아니라 보편적이고 공적인 도덕성의 핵심이 된다고 생각한다. 그는 존중과 책임을 건강한 개인의 계발, 상호 관계에 대한 관심, 인간적이고 민주적인 사회, 정의롭고 평화로운 세계를 위해 필요한 가치로 본다.

리코나는 존중이란 어떤 사람이나 어떤 것의 가치에 대해 마음 씀을 보여 주는 것으로, 이를 자기 존중과 타인 존중 그리고 환경 존중으로 나누어 다음과 같이 설명한다.

자기 존중은 자신과 자신의 생명을 본래적 가치를 가진 존재로 대우

할 것을 요구한다. 이 점이 약물이나 알코올 중독과 같은 자멸적 행위를 하는 것이 그르다는 이유가 된다. 타인 존중은 다른 모든 사람의 권리와 존엄성을, 비록 내가 그들을 싫어하는 경우일지라도, 나의 것과 동등하게 다룰 것을 요구한다. 이것이 바로 '내가 남에게 대접을 받고자 하는 대로 남을 대접하라.'라는 황금률의 핵심이다. 환경 존중은 동물에 대한 잔인한 행위를 금할 뿐 아니라 모든 생명이 의존하는 자연환경과 생태계에 대해서도 마음 쓸 것을 요구한다. 재산권 존중, 권위 존중, 공공 예절 등도 이러한 존중의 원리에서 이끌어진 것이다(p. 43).

리코나는 내가 다른 사람을 존중한다는 것은 그를 소중히 여긴다는 것이고, 이는 내가 그의 복지에 대해 어느 정도 책임을 느끼는 것으로 책임은 존중의 확장이라며 다음과 같이 말한다.

책임은 글자 뜻 그대로 '응답하는 능력'이다. 이는 나의 마음이 다른 사람에게로 향하여 그에게 관심을 가지고 그의 욕구에 적극적으로 응답하는 것을 뜻한다. 이처럼 책임에는 서로를 배려하는 적극적(positive)인 의무의 개념이 내포되어 있다. 이에 비해 존중에는 소극적(negative)인 의무가 내포되어 있다. 존중은 대개의 경우 '거짓말하지 마라.' '도둑질 하지 마라.' '남을 해하지 마라.' 등과 같이 우리에게 '하지 말아야' 할 것, 즉 도덕적 금지를 말해 준다. 이러한 도덕적 금지, 즉 소극적 의무는 우리에게 '이웃을 사랑하라.'와 같은 적극적 의무에 비해 보다 정확한 의무를 말해 준다. 이 점에서 도덕적 금지의 힘을 과소평가해서는 안 된다.

존중의 도덕이 '남을 해하지 마라.'라고 말할 때 책임의 도덕은 '남을 도와줘라.'라고 말한다. '이웃을 사랑하라.' '남을 생각하라.' 와 같은 책임의 도덕은 한도가 없다(open-ended). 이러한 책임의 도덕은 우리가 남을 위해 얼마나 희생을 하고 자비를 베풀어야 하는가에 대해

> 정확하게 말해 주지는 못하지만, 우리가 나아가야 할 올바른 방향을 지적해 준다는 점에서 적극적인 모습을 보여 준다. 긴 안목으로 볼 때 책임 윤리는 우리가 서로에게 가르침과 힘을 북돋아 주고, 서로의 고통을 덜어 주게 하여 우리 모두가 더 살기 좋은 세상을 만들어 줄 수 있다. 책임은 다른 사람을 저버리지 않고 상호 신뢰할 수 있는 것이기 때문이다(pp. 44-45).

이처럼 리코나는 존중과 책임을 학교가 학생들에게 가르쳐야 할 두 가지 기본적인 도덕적 가치로 생각한다. 그 밖에 학교가 가르쳐야 할 도덕적 가치로 정직, 공정성, 관용, 신중성, 자제력, 돕기, 동정심, 협조, 용기, 민주적 가치 등을 제시한다. 그는 이들 중 정직, 공정성, 관용, 신중성, 자제력과 같은 가치는 존중의 가치를 실현하는 과정에서 요구되는 가치로 본다. 이에 비해 돕기, 동정심, 협조와 같은 가치는 책임의 가치를 실현하는 과정에서 요구되는 가치로 본다. 한편 용기와 민주적 가치는 존중과 책임 모두를 실현하는 과정에서 요구되는 도덕적 가치로 본다.

4. 훌륭한 인격

존중과 책임은 물론 여기에서 이끌어지는 일련의 가치들은 민주사회의 학교에서 학생들에게 가르칠 수 있고 가르쳐야 할 도덕적 내용이 된다고, 리코나는 생각한다. 하지만 그는 학교는 가치의 목록 이상의 것, 즉 학생들에게 인격을 계발시켜 주어야 한다고 주장한다. 사적인 인격과 공적 생활은 밀접하게 관련되어 있고, 오늘날 사회에서 발견되는 도덕적 문제에는 개인의 악이 반영된 것이 적잖다고 보기 때문이다. 그는 학계에서 벌어지고 있는 학술 토론에서부터 대중매체의 분석, 일상의 대화에 이르기까지 선출된 지도자는 말할 것도 없고 일반 시민이나 아이들의 인격에도 사람들의 관심이 쏠려 있다면서, 이것이 지난 20여 년 동안에 미국 사회에서 이루어진 가장 중요한 도덕 계발의 하나라고 말한다.

리코나는 우리가 아이들에게 바라는 것은 바로 훌륭한 인격이라며, 아리스토텔레스의 말에 따라 훌륭한 인격을 '옳은 행위의 삶'으로 정의한다. 아리스토텔레스가 말하는 덕 있는 삶은 관용이나 연민과 같은 타인 지향적 덕뿐 아니라 자아 통제나 절제, 중용과 같은 자아 지향적 덕도 포함한다. 그런데 이 두 종류의 덕은 서로 연결되어 있다. 따라서 우리가 다른 사람에게 옳은 행위, 정의를 행하기 위해서는 자신의 욕망이나 열정 등을 통제해야 한다는 것이다.

한편 리코나는 노박(M. Novak)에 따라 역사를 통해 전해 온 종교적 전통, 문학 이야기, 성현, 상식을 가진 사람들에 의해 확인된 덕들이 조화롭게 결합된 모습을 인격으로 보기도 한다. 노박은 누구도 모든 덕을 다 갖출 수는 없고, 우리 모두는 약점이 있다면서 아주 훌륭한 인격자들도 서로 다를 수 있다고 말한다. 리코나는 이러한 고전적 이해에 기초하여 '인격은 활동적인 가치로 구성되며 가치가 덕이 될 때 계발된다.'고 본다. 여기서 그가 말하는 덕이란 도덕적으로 선한 방식으로 사태에 반응하는 신뢰 가능한 내적 성향을 가리킨다.

리코나는 이러한 인격은 도덕적 앎과 도덕적 감정 그리고 도덕적 행동이라는 3요소로 구성된다며 다음과 같이 말한다.

> 훌륭한 인격은 선을 알고 선을 바라며 선을 행하는 것으로 구성된다. 이를 지성의 습관, 마음의 습관, 행동의 습관으로 말할 수도 있다. 이 세 요소는 도덕적 삶을 이끄는 데 필요하다. 이 세 요소가 함께 도덕적 성숙을 이룬다. 우리가 아이들에게 바라는 인격은 바로 이런 것이다. 우리는 아이들이 외적 압력이나 내적 유혹에 부딪칠 때도 옳은 판단을 할 수 있고, 옳은 것에 깊은 관심을 가질 수 있으며, 옳다고 믿는 것을 행할 수 있기를 바란다(p. 51).

리코나는 19세의 앤디(Andy)가 이른바 직업윤리 영역에서 보여 준 다음의 이야기를 통해 훌륭한 인격의 사례를 설명한다.

> 앤디는 음악에 재능을 가진 총명한 소년이다. 그러나 그가 원하는 삶이 무엇인가에 대해 잘 몰랐기 때문에 어려운 시간을 가졌었다. 삶의 방향이 없었기 때문에 대학에 갈 마음도 생기지 않았고, 어떤 일에도 관심을 가지지 못했다. 그는 부모와 같이 살고 있었는데, 그의 불행한 삶은 흔히 부모와 긴장된 관계를 야기했다. 그러던 중 그는 그의 음악적 재능과 특히 그의 오르간 기술을 사용할 수 있는 직업을 가지게 되었다. 그는 20대 후반에 오르간 및 피아노 조율사의 조수로 일하게 되었다. 그 조율사는 돈을 많이 버는 사람이다. 그 조율사가 일하는 도시에는 오르간 조율을 필요로 하는 교회가 많이 있기 때문이다. 덕분에 앤디도 생애 처음으로 그가 좋아하는 일을 통해 돈을 많이 벌 수 있는 직업을 가지게 되었다. 그러나 앤디는 3주쯤 지나서 아버지를 찾아가 그 조율사는 부정직한 사람이라며, 괴로운 마음을 토로하였다. 그 조율사는 교회의 오르간은 일 년에 네 번의 조율이 필요하다고 말하지만 이는 사실이 아니며, 그는 오르간을 30여 분 치고는 실제로는 조율을 한 것이 아무것도 없는데도 마치 조율을 한 것처럼 말한다. 앤디는 그런 사람을 위해서는 더 이상 일해 줄 수 없다고 생각했다. 앤디는 며

칠 후에 그 일을 그만두었고, 그가 알고 있는 신부를 찾아가 그 교회의 오르간 조율은 다른 조율사에게 맡기는 게 좋겠다는 말을 해 줬다. 앤디의 아버지는 아들은 정당한 이유로 돈을 포기했고, 그러한 아들의 행위가 자랑스럽다고 말했다(pp. 51-52).

5. 훌륭한 인격의 구성요소

리코나는 앤디의 결정에는 인격의 세 가지 구성요소인 도덕적 앎과 도덕적 감정, 도덕적 행동이 포함되어 있다고 본다. 즉, 앤디는 그의 고용주의 행동이 그르다고 판단했고, 교회에 부당한 요금을 청구한 데 대해 당황했을 뿐 아니라 부정직한 일에 대해서도 혼란스러워 했으며, 일을 그만두면서 적어도 한 교회에 그러한 사실을 통보해 주었다. 이 경우 도덕적 판단은 감정을 유발했고 판단과 감정이 함께 도덕적 행동을 유발했다고, 리코나는 말한다. 리코나는 도덕적 앎과 도덕적 감정, 도덕적 행동이 함께 작용하는 훌륭한 인격의 구성요소들을 [그림 9-1]에서 보는 바와 같이 도형(diagram)으로 제시한다.

리코나는 이러한 요소들은 아이들과 사회를 위해 아이들이 계발하도록 우리가 도와주어야 할 구체적인 특성들이라고 말한다. 하나의 영역이 다른 두 영역과 연결된 화살표는 세 영역이 분리되어 기능하지 않고 여러 가지 방식으로 서로에게 스며들어 영향을 미치는 세 영역의 상호 관련성을 강조하는 뜻이라고 말한다.

리코나는 도덕적 판단이 도덕적 감정을 유발할 수 있지만 도덕적 정서 역시 사고하기에 영향을 미칠 수 있다며, 캘러한(S.

[그림 9-1] 훌륭한 인격의 구성요소들

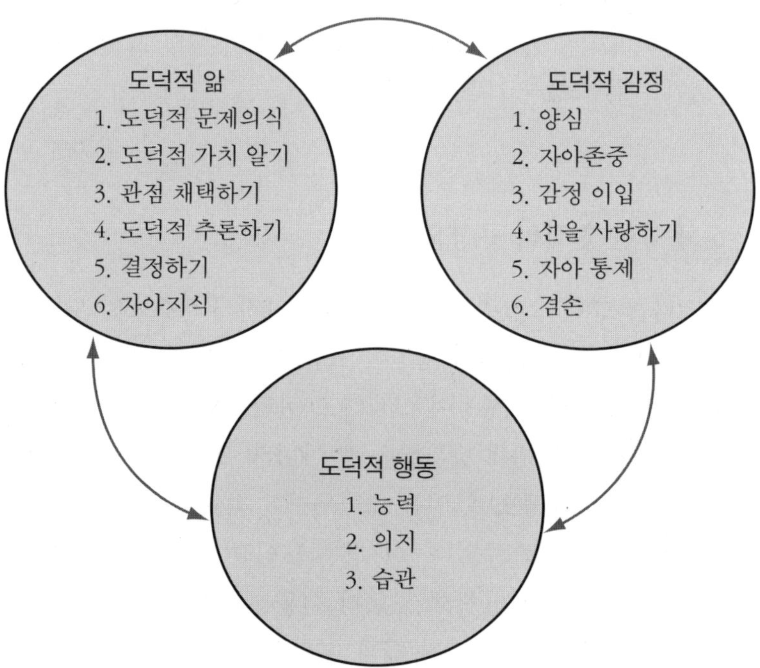

Callahan)의 말에 따라 대부분의 창의적인 도덕적 사고는 정서적인 경험에서 생긴다고 본다. 리코나는 중요한 도덕적 혁명은 노예, 여성, 노동자, 아이들, 장애인과 같이 이전에 배제된 사람들에 대해 느낀 감정 이입에서 시작되었으며, 도덕적 판단과 도덕적 감정은 확실히 우리의 도덕적 행동에 영향을 미치는데, 판단과 감정이 함께 작용할 때 더욱 그러하다고 말한다. 그러나 여기서 그 영향은 상호적이며, 행동 역시 사고와 감정에 영향을 미친다고 생각한다.

이제 리코나가 제시하는 인격 구성의 세 영역, 즉 도덕적 앎과 도덕적 감정, 도덕적 행동 각각에 따른 구성요소들에 대해 살펴보자.

1) 도덕적 앎

리코나는 우리가 삶에서 도덕적 도전을 다룰 때 마음 써야 할 도덕적 앎에는 여러 가지 종류의 것이 있는데, 그들 중 도덕적 문제의식, 도덕적 가치 알기, 관점 채택하기, 도덕적 추론하기, 결정하기, 자아지식을 도덕적 앎의 주요한 여섯 가지 구성요소로 제시한다.

(1) 도덕적 문제의식

리코나는 일반적으로 도덕적 실패의 공통점은 도덕적 무지 때문이라고 생각한다. 눈앞에 놓인 어떤 사태가 도덕적 문제인데도 그것이 도덕적 문제인 줄 몰라서 도덕 판단을 하지 못한다는 것이다. 특히 젊은이들이 그러하다고 하였다. 이와 관련해서 리코나는 다음과 같은 사례를 소개한다.

> 수학여행을 갔을 때 지성적이고 믿음직한 존(John)은 네 명의 친구들과 함께 시내에 나가 식사를 하겠다고 담임에게 허가를 요구하였다. 담임은 평소에 그들이 책임감이 있는 학생들이라고 믿고 있어서 외출을 허가하였다. 그런데 그들은 저녁을 먹으면서 와인도 한 병 시켜 마셨다. 이는 '수학여행에서 음주 금지' 교칙을 어긴 것이다. 물론 그들은 이러한 교칙을 알고 있었다. 나중에 이를 알게 된 담임은 그들의 행동에 배신감이 들었다. 학교에 돌아온 후 교장은 5명 학생 모두에게 하루 수업 참가를 금지하는 벌을 내렸다. 이러한 사실을 알게 된 존의 아버지는 당황하며 아들에게 왜 그랬느냐고 물었다. 존은 "솔직히 말해

저는 식사하면서 술 한 잔 한 게 무슨 잘못을 했다는 건지 잘 모르겠어요."라고 대답했다. 아버지는 아들에게 그들이 무슨 잘못을 했는가에 대해 말해 줬다. "너희들은 담임의 믿음을 저버렸다. 너희들이 이해했고 동의한 수학여행에서의 음주 금지 교칙을 어겼다. 이로 인해 앞으로 예정되어 있는 수학여행을 어렵게 할 수 있다." 존의 아버지는 아들이 그의 친구들과 함께 와인을 시킬 때 그러한 결정이 가져다줄 문제점들을 합리적으로 예측하지 못한 데 대해 놀라움을 금치 못했다(p. 54).

리코나는 학생들은 도덕 판단을 요구하는 사태가 언제인가를 알아야 할 책임이 있고, 그러기 위해서는 그들의 지성을 사용하여 어떻게 행동하는 것이 옳은가에 대해 생각할 수 있어야 한다고 말한다.

도덕적 문제의식을 가지기 위해서는 문제사태에서 사실(true)을 알려는 노력도 해야 한다고, 리코나는 말한다. 대개의 경우 우리는 무엇이 사실인가를 알지 못하고서는 무엇이 옳은가의 도덕적 결정을 할 수 없기 때문이다. 예를 들면, 국제적으로 무슨 일이 벌어지고 있는가에 대해 전혀 모르면 한 나라의 외교정책에 대한 건전한 도덕 판단을 할 수 없다는 것이 리코나의 주장이다. 그는 책임 있는 시민은 이러한 사실을 알려는 노력을 해야 하고, 가치교육은 학생들이 도덕 판단에 앞서 사실 판단을 할 수 있도록 교육해야 한다고 말한다.

(2) 도덕적 가치 알기

리코나는 생명과 자유에 대한 존중, 타인에 대한 책임, 정직, 공정성, 관용, 예의, 자제(自制), 성실, 친절, 연민, 용기와 같은 가치들은 도덕적 가치로서 훌륭한 사람의 다양한 존재 방식을 나타내 주는 특성들이라고 말한다. 한편 그는 도덕적 가치 알기와 가치교육에 대해 다음과 같이 설명한다.

> 도덕적 가치들은 한 세대에서 다음 세대로 전해진 도덕적 유산일 뿐 아니라 도덕적인 지적 능력을 구성하는 요소들이기도 하다. 가치를 안다는 것은 그것을 다양한 사태에 적용하는 방법을 안다는 뜻이다. 어떤 사람이 학교 기물을 훼손하는 것을 목격할 때 '책임'이란 무슨 뜻인가? 어떤 사람이 다른 사람의 명예를 훼손하는 말을 전할 때 '존중'은 나에게 무엇을 하라고 말하는가? 도덕교육은 학생들이 추상적 가치인 존경과 책임을 구체적인 도덕적 행동으로 옮길 수 있도록 그들을 도와주는 일이다(p. 55).

(3) 관점 채택하기

리코나는 관점 채택하기를 한 사태에서 다른 사람들의 관점을 취하여 그들이 그 사태를 보는 대로 보고, 그들이 어떻게 생각하고 반응하며 느끼는가를 상상할 수 있는 능력으로 본다. 이에 대해 그는 다음과 같이 설명한다.

> 관점 채택하기는 도덕 판단의 필요조건이다. 다른 사람들을 이해하지 못하면 그들을 존중하고, 그들이 요구하는 바에 따라 정당하게 행동할 수 없다. 도덕교육의 기본적 목적은 학생들이 다른 사람들, 특히 자신과는 다른 사람들의 관점에서 세상을 볼 수 있도록 도와주는 것이다(p. 55).

(4) 도덕적 추론하기

리코나는 도덕적 추론은 '도덕이란 무엇인가?' '왜 우리가 도덕적이 되어야 하는가?' '약속을 지키는 것은 왜 중요한가?' '내가 가진 것을 이를 필요로 하는 다른 사람과 나누어야 하는가?'와 같은 물음에 대한 대답을 이끌어 낼 수 있도록 작용한다고 본다. 그에 의하면 도덕적 추론하기는 피아제의 『아동의 도덕 판단(*The Moral Judgment of the Child*)』(1932) 이래 콜버그, 길리건(C. Gilligan), 레스트(J. Rest) 등에 이르기까지 20세기의 도덕발달에 관한 심리학적 연구의 중심을 이루었다. 리코나는 아이들이 도덕적 추론을 계발함에 따라 그들은 어떤 행위를 함에 있어서 무엇이 도덕적 이유이고 아닌가를 배우는데, 높은 수준에서의 도덕적 추론은 '모든 사람의 본래적 가치를 존중하라.' '최대 다수의 최대 이익을 성취하는 행위를 하라.' '모든 사람들이 비슷한 상황에서 해 주기를 바라는 대로 행위 하라.'와 같은 고전적 도덕원리의 이해에 도움을 준다고 본다. 이러한 원리들은 다양한 사태에서 도덕적 행동을 안내해 주는 작용을 하기 때문이다.

(5) 결정하기

리코나는 결정하기를 13세 된 7학년 학생이 경험한 다음과 같은 실생활 딜레마를 통해 설명한다.

> 대부분의 정규반 급우들에 비해 지능이 훨씬 처지는 한 아이가 있다. 그는 초등학교 때부터 나의 친구였는데 언제부턴가 지능의 발달이 더디기 시작했다. 지금 나의 몇몇 친구가 그를 놀려 대고 있다. 하지만 나는 그들에게 어떤 말도 하지 않았다(pp. 55-56).

리코나는 그 학생은 자신의 옛 친구에게 인정 없이 모질게 대하는 또래들의 행동을 묵인하지만 영 마음이 편하지 않으므로 도덕적 결정을 해야 한다고 말한다. 하지만 그가 사려 깊은 도덕적 결정을 할 수 있으려면 다음과 같은 물음에 답할 수 있어야 한다고 부언한다.

> 내가 선택할 수 있는 것은 무엇인가? 내 결정에 따라 영향을 받게 될 사람들을 위한 여러 행동의 결과는 무엇일까? 어떤 행동이 최대 다수의 최대 이익을 가져올 수 있고, 문제가 되고 있는 중요한 가치에 충실한 것일 수 있을까(p. 56)?

이러한 물음에 대답하는 과정에서 반성적인 결정 기술을 개발할 수 있다고, 리코나는 말한다.

(6) 자아지식

리코나는 '자기 알기'는 성취하기가 가장 어려운 종류의 도덕적 지식이지만 인격 계발을 위해 필요한 지식이라며 다음과 같이 말한다.

> 도덕적인 사람이 되기 위해서는 자신의 행동에 대한 검토와 비판적인 평가 능력이 있어야 한다. 도덕적 자아지식을 개발하기 위해서는 자기 인격의 강점과 약점을 깨닫고 약점을 보충할 수 있어야 한다. 이러한 것에는 인간의 보편적 성향이라 할 수 있는 자기가 원하는 것을 하고 나서 그것을 정당화하는 것도 포함된다(p. 56).

리코나는 도덕적 문제의식, 도덕적 가치 알기, 관점 채택하기,

도덕적 추론하기, 결정하기, 자아지식은 모두 도덕적 앎을 구성하는 지성의 속성들로서 이들 모두는 인격의 인지적 측면에 중요한 기여를 한다고 말한다.

2) 도덕적 감정

리코나는 도덕교육에서 인격의 정서적 측면을 구성하는 양심, 자아존중, 감정 이입, 선을 사랑하기, 자아 통제, 겸손 등은 매우 중요하지만 그동안 무시되어 왔고, 단지 무엇이 옳은가를 아는 것은 옳은 행동에 대한 보장이 되지 못한다며 다음과 같이 말한다.

> 사람들은 옳고 그름에 대해 잘 알 수 있다. 하지만 여전히 그른 것을 택할 수 있다. 우리가 다른 사람들에게 정직하고 공정하며 예의 바른가에 대한 관심을 얼마나 많이 가지고 있는가는 우리의 도덕적 지식이 도덕적 행동을 이끄는 데에 분명히 영향을 미친다. 학교와 가정은 지적 측면과 마찬가지로 정서적 측면의 인격 계발에도 관심을 가져야 한다. 정서적인 도덕적 삶의 측면은 훌륭한 인격교육에 대한 우리의 관심을 정당화해 줄 수 있다(p. 57).

(1) 양심

리코나는 양심은 '옳은 것을 아는' 인지적 측면과 '옳은 것을 해야 할 의무를 느끼는' 정서적 측면으로 구성된다며 다음과 같이 말한다.

> 사람들은 무엇이 옳은가를 알지만 그에 따라 행동해야 하는 의무감은 별로 가지고 있지 않다. 여러 연구결과를 보면 거의 대부분의 학생

은 시험에서 '속임수를 쓰는 것은 그르다.'라고 판단은 하지만, 들키지 않을 수 있다고 생각할 경우 부정행위에 대한 유혹을 억제하지 못해 결국 '정직'의 가치를 실현하지 못한다. 여기서 '해서는 안 된다.'에 대한 의무감을 가지고 있지 않은 사람은 양심을 충분히 계발하지 못한 상태다(p. 58).

리코나는 양심상 특정한 방식으로 행동해야 할 의무감을 가질 경우, 하지만 그렇게 하지 못했을 때 '나는 나의 표준대로 살지 못했다. 나는 이에 대해 유감스럽게 생각한다. 앞으로는 더 잘할 것이다.'와 같이 자신의 잘못을 깨치고 뉘우치는 태도를 '건설적 죄책감'이라 말하며 단지 '나는 나쁜 사람이다.'라고 생각하는 '파괴적 죄책감'과 구별한다. 그는 건설적 죄책감을 도덕적 의무감과 함께 성숙한 양심으로 본다.

(2) 자아존중

리코나는 자존심을 가진 사람은 자신을 가치 있는 사람이라고 생각할 뿐 아니라 자신을 존중한다며 다음과 같이 말한다.

자신을 존중하는 사람은 다른 사람의 인정(認定)에 별로 의존하지 않는다. 자아존중감이 높은 아이들은 그렇지 않은 아이들에 비해 또래의 압력에 더 저항하고 자신의 판단에 더 따른다는 연구 보고도 있다. 우리가 자신에 대해 긍정적으로 생각하면 다른 사람에 대해서도 긍정적으로 생각한다. 우리가 자신을 존중하는 마음이 적거나 없으면 다른 사람을 존중하기도 어렵다. 그렇다고 높은 자아존중감 자체가 훌륭한 인격을 보장할 수 있다는 것은 아니다. 소유, 인기, 힘, 미모 등 훌륭한 인격과 관계없는 것에 근거하여 자아존중감을 가지는 것이 가능하기 때문이다. 교육자로서 우리가 도전해야 할 것은 책임, 정직, 친절과 같은 가치에 근거한 긍정적인 자아존중감을 아이들이 계발하도록 도와주는 일이다(pp. 58-59).

(3) 감정 이입

리코나는 감정 이입을 다른 사람의 상태를 나의 것과 동일시하는 것으로 본다. 자신의 피부 밖으로 나와서 다른 사람의 피부 안으로 들어갈 수 있게 해 주는 관점 채택하기의 정서적 측면으로 본다. 그는 이와 관련된 아이들의 모습을 다음과 같이 소개한다.

한두 살 된 아이들은 고통스러워 하는 다른 아이들에 대해 다양한 반응을 보인다. 관심을 가지고 위로하거나 도와주는 아이들도 있고, 호기심만 보여 주는 아이들도 있으며, 움츠리는 아이들도 있고, 심지어 비난하거나 때리는 등 공격적인 아이들도 있다(p. 59).

이처럼 아이들의 감정 이입에 대한 자연적 경향성이 다양하다는 사실은 부모와 교사가 아이들이 타인의 감정을 이해하고 동정할 수 있도록 더 열심히 지도해야 할 필요성에 대한 시사라고, 리코나는 말한다. 그는 이와 관련해서 다음과 같은 말을 한다.

오늘날 청소년 범죄는 잔인한 행동을 보여 준다. 흔히 가해자들은 가정이나 이웃에서 '착한 아이'로 인정받는다. 대개의 경우 이들은 자신이 알고 있는 사람들에 대해서는 감정 이입을 하여 배려할 수 있으나 피해자에 대해서는 감정 이입을 할 줄 모른다. 교육자로서 우리의 과제 중의 하나는 아이들이 일반화된 감정 이입을 계발할 수 있도록 그들을 돕는 일이다(p. 59).

(4) 선을 사랑하기

리코나는 가장 훌륭한 인격은 진정으로 선에 관심을 가지는 것이라며 라이언(K. Ryan)과 킬패트릭(K. Kilpatrick)의 말을 다음과 같이 소개한다.

- 라이언: 부모로서 나는 나의 아이들이 선한 사람에 대한 정서적 애착심을 가지기를 바란다. 학교에서 이루어지는 도덕교육을 생각할 때, 내가 가지는 관심은 아이들을 위한 도덕교육으로 선을 사랑하는 교육을 어떻게 하고 있는가다.
- 킬패트릭: 덕교육은 지성은 물론 마음도 교육한다. 덕 있는 사람은 선악을 구별할 수 있을 뿐 아니라 선을 사랑하고 악을 미워할 줄도 안다(pp. 59-60).

한편 리코나는 선의 사랑과 관련해서 다음과 같이 말한다.

사람들이 선을 사랑할 때 그들은 선한 행위를 하는 과정에서 즐거움을 느끼며 의무의 도덕성뿐 아니라 소망(desire)의 도덕성도 실현한다. 봉사를 통한 성취의 경험이 성현들에게 한정된 것은 아니다. 이는 보통 사람들, 심지어 아이들도 가지고 있는 도덕적 잠재력의 주요 부분이다. 이러한 잠재력은 또래교수나 공동체 봉사와 같은 프로그램을 통해 계발될 수 있다(p. 60).

(5) 자아 통제

리코나는 정서는 이성을 압도하므로 도덕적 덕으로 자아 통제가 요구된다고 본다. 다음은 수업 시간에 한 학생이 다른 학생에게 한 말을 리코나가 소개한 것이다.

> 너는 우리가 항상 도덕적일 수 없다는 것을 알지 못하니? 실제로 우리는 항상 도덕적이기를 원하지 않아! 때로 우리는 다른 사람들에게 잔인해. 우리는 그들에게 상처를 주기를 원하니까(p. 60).

리코나는 우리는 항상 도덕적이기를 원하지 않기 때문에 그 학생이 한 말은 맞는 말일 수 있다고 말한다. 하지만 그는 자아 통제는 우리가 도덕적이기를 원하지 않을 때에도 도덕적이 되도록 작용하므로 우리는 방종을 억제하기 위해서도 자아 통제가 필요하다고 말한다. 그는 오늘날 사회의 도덕적 무질서는 방종이나 쾌락 추구에서 찾아볼 수 있다며, 이 점에서 자아 통제를 인격을 구성하는 주요한 요소로 본다.

(6) 겸손

리코나는 겸손을 자아지식의 정서적 측면으로 본다. 훌륭한 인격의 본질적 요소로 생각한다. 그는 이러한 겸손에 대해 다음과 같이 말한다.

> 겸손은 진리에 개방적일 뿐 아니라 기꺼이 우리의 잘못을 바로잡아 주는 작용도 한다. 겸손은 또한 우리에게 자랑을 극복하도록 도와주는 작용도 한다. 레위스(C. S. Lewis)는 "자랑은 가장 나쁜 악이고 영혼의 암"이라고 했다. 자랑은 거만과 편견 그리고 타인 무시의 원천으로 작용한다. 겸손은 악을 방위(防衛)하도록 작용하기도 한다. 파스칼(B. Pascal)은 "악은 훌륭한 양심이 작용할 때 결코 철저하게 이루어질 수 없다."라고 말했다. 자랑의 근본적인 죄는 악을 행하면서 그것을 선이

라 생각하는 자기기만(自己欺瞞)이다. 펙(S. Peck)은 독선적인 사람은 자신은 악을 행할 수 없는 사람이라고 믿고 있지만, 그런 사람은 자아 비판 능력이 결여되고 실제로 악을 행할 수 있는 사람이라고 말한다 (p. 61).

이상에서 살펴본 바와 같이 리코나는 양심, 자아존중, 감정이입, 선을 사랑하기, 자아 통제, 겸손을 도덕적 자아의 정서적 측면을 구성하는 요소로 본다. 그는 자아 및 타인에 대한 이러한 감정과 선 자체는 도덕적 동기의 원천을 형성하기 위해 도덕적 앎과 협력하면서 우리가 우리의 도덕적 앎과 도덕적 행동 사이에 놓여 있는 다리를 건너갈 수 있도록 도와준다고 말한다. 이러한 도덕적 감정을 가지고 있는 사람은 도덕적 원리를 실천하는데, 그것을 가지고 있지 못한 사람은 실천하지 못한다고 말한다. 이러한 맥락에서 그는 지성만을 다루고 마음은 다루지 않는 지적 가치교육은 인격의 중요한 부분을 놓칠 수 있다고 경고한다.

3) 도덕적 행동

리코나는 도덕적 행동은 크게 보아 인격의 다른 두 요소인 도덕적 앎과 도덕적 감정의 결과라며, 우리가 지적이고 정서적인 도덕성을 가지고 있다면 우리는 옳다고 알고 느끼고 있는 것을 행할 것이라고 말한다. 하지만 우리가 무엇을 해야 하는가를 알고 그것을 해야 한다고 느낄 때에도 그러한 생각과 감정을 행동으로 옮기는 데 실패할 수 있다며, 무엇이 우리를 도덕적으로 행동하도록 이끄는가와 지속하게 하는가에 대해 충분히 이해하려면 인격의 나머지 구성요소인 능력과 의지와 습관의 개발도 함께 이루어져야 한다고 강조한다.

(1) **능력**

리코나는 도덕적 능력을 도덕적 판단과 감정을 효과적인 도덕적 행동으로 옮길 수 있는 것으로 본다. 그는 대인관계에서의 갈등을 공정하게 해결하는 데 필요한 경청하기, 자신의 관점에 대해 다른 사람을 모욕하지 않으면서 의사소통하기, 상호 수용 가능한 해결책을 산출하기와 같은 실천적 기술을 도덕적 능력의 예로 본다. 리코나는 그가 결혼 및 가정 상담사로 일할 때 본 대부분의 사람은 이러한 기술을 갖추지 못했다고 말한다.

(2) **의지**

리코나는 도덕적 사태에서 정당한 선택을 한다는 것은 대개의 경우 어려운 일이라며 다음과 같이 말한다.

> 흔히 선은 실제적인 의지의 행위, 즉 우리가 해야 한다고 생각하는 것을 행하는 도덕적 에너지를 발휘할 것을 요구한다. 이러한 선은 이성의 통제하에 정서를 유지할 수 있는 의지, 한 사태의 모든 도덕적 측면을 통해 보고 생각할 수 있는 의지, 즐거움에 앞서 의무를 부과할 의지, 유혹에 저항하고 또래 압력에 맞서며 시류(時流)를 거스를 수 있는 의지를 필요로 한다. 무엇보다도 의지는 도덕적 용기의 핵심이다(p. 62).

(3) **습관**

리코나는 거의 모든 사태에서 도덕적 행위는 습관의 산물이고, "훌륭한 인격을 갖춘 사람들은 정직하고 성실하며, 용감하고 친절하며 공정하게 행동할 뿐 아니라 이러한 행동을 어긋나게 하는 유혹에도 넘어가지 않는다."라는 베넷(W. Bennett)의 말을 인용하면서 다음과 같이 말한다.

> 인격자들은 습관의 힘으로 옳은 일을 하기 때문에 흔히 '옳은 선택'에 대해 의식적으로 생각하지 못할 수 있다. 이는 도덕교육에는 아이들에게 좋은 습관을 개발할 수 있는 기회의 제공과 좋은 사람이 될 수 있는 실천이 필요하다는 뜻이다. 이는 또한 타인을 돕고, 정직하며, 예의 바르고, 공정한 행위는 반복된 경험에 의해 이루어지는 것이라는 뜻이기도 하다. 이렇게 형성된 좋은 습관은 해야 할 일이 다루기 힘들 때에도 조력 작용을 하여 그 일을 잘 해낼 수 있도록 한다(p. 62).

리코나는 훌륭한 인격자에게서는 대부분의 경우 도덕적 앎과 도덕적 감정, 도덕적 행동이 서로를 지원하며 함께 작용하지만, 항상 그런 것은 아니라고 말한다. 아주 훌륭한 사람도 최선의 도덕적 자아에 미치지 못할 수 있기 때문이다. 그러나 그는 우리가 생애에 걸쳐 인격을 계발하면 우리가 이루고자 하는 도덕적 삶은 점차 판단과 감정 그리고 옳은 행동 유형을 통합할 것으로 본다.

6. 인격과 도덕적 환경

한편 리코나는 인격은 진공이 아닌 사회적 환경에서 기능한다며 다음과 같이 말한다.

> 때로 사람들이 도덕적 삶을 약삭빠르지 못한 것이라고 생각하는 것처럼 흔히 환경이 도덕적 관심을 억압하기도 한다. 사람들이 어떻게 도덕적으로 실패하고 어떻게 선하게 되는가를 이해하기 위한 인격 심리학은 환경의 영향에 관심을 가져야 한다. 학교도 학생들의 인격을 계발하기 위해서는 환경의 영향에 관심을 가져야 한다. 학교는 선한 가치를 강조해야 할 뿐 아니라 아이들이 그것을 의식할 수 있는 도덕적 환경을 제공해야 한다. 단순한 지적 문제의식이 사고하고 느끼며 행동하는 습관으로 개발되는 데에는 많은 시간이 걸린다. 즉, 가치가 덕이 되는 데에는 많은 시간이 걸린다. 학교의 모든 환경과 도덕적 문화가 그러한 개발과 성장을 지원해야 한다(p. 63).

리코나는 존경과 책임 그리고 여기에서 이끌어지는 가치들이 바로 학교가 합리적으로 가르칠 수 있는 것들이며, 도덕적 앎과 도덕적 감정 그리고 도덕적 행동은 도덕적 가치들이 살아 있는 실제가 되게 하는 인격의 특성들이라고 강조한다.

7. 요약 및 결론

리코나는 학교에서 학생들의 인격을 계발하는 교육을 도덕교육으로 본다. 하지만 그는 학생들의 인격교육의 전부를 학교가 할 수는 없는 실정이므로 가정에서의 인격교육 또한 강조한다. 아이들의 제1의 도덕교육은 가정에서 이루어질 뿐 아니라 부모는 아이들의 최초의 도덕 교사이기 때문이다. 그는 학교에서의 도덕교육은 부모의 지원이 필요하고, 학교와 가정이 파트너가 되어 아이들의 인격교육에 힘써야 한다고 강조한다. 아이들을 위한 학교도덕교육이 효과가 있어도 가정의 지원을 받지 못하면 그 효과는 줄어들 수밖에 없으므로 아이들의 도덕교육을 위해 학교와 가정은 밀접한 협력관계를 가져야 한다는 것이다.

리코나는 공립학교에서 학생들에게 가르쳐야 할 두 가지 기본적인 도덕적 가치로 '존중'과 '책임'을 제시하는데, 이 두 가지 가치는 개인과 공동체의 선을 촉진하는 객관적이고 논증 가능한 가치일 뿐 아니라 보편적이고 공적인 도덕성의 핵심이 된다고 생각하기 때문이다. 그는 존중과 책임을 건강한 개인의 계발, 상호 관계에 대한 관심, 인간적이고 민주적인 사회, 정의롭고 평화로운 세계를 위해 필요한 도덕적 가치로 본다. 그는 존중과 책임 외에 학교에서 가르쳐야 할 도덕적 가치로 정직, 공정성, 관용, 신중성, 자제력, 돕기, 동정심, 협조, 용기, 민주적 가치 등을 제시한다. 이들 중 정직, 공정성, 관용, 신중성, 자제력과 같은 가치는 존중의 가치를 실현하는 과정에서 요구되는 가치로 본다. 이에 비해 돕기, 동정심, 협조와 같은 가치는 책임의 가치를 실현하는 과정에서 요구되는 가치로 본다. 한편 용기와 민주적 가치는 존중과 책임 모두를 실현하는 과정에서 요구되는 도덕적 가치로 본다.

리코나는 훌륭한 인격자를 '선을 알고' '선을 바라며' '선을 행하는' 사람으로 본다. 여기에서 그는 도덕적 앎, 도덕적 감정, 도덕적 행동을 인격의 세 가지 구성요소로 제시한다. 그는 도덕적 문제의식, 도덕적 가치 알기, 관점 채택하기, 도덕적 추론하기, 결정하기, 자아지식을 도덕적 앎의 여섯 가지 구성요소로 제시한다. 양심, 자아존중, 감정 이입, 선을 사랑하기, 자아 통제, 겸손을 도덕적 감정의 여섯 가지 구성요소로 제시한다. 능력과 의지와 습관을 도덕적 행동의 세 가지 구성요소로 제시한다.

리코나는 이러한 인격의 구성요소들을 학생들에게 길러 주는 교육을 인격교육으로서의 도덕교육으로 본다.

10 길리건과 나딩스의 배려 도덕교육사상

이 장에서는 현대 배려 도덕교육사상의 대표적 학자로 볼 수 있는 길리건(C. Gilligan)과 나딩스(N. Noddings)의 이론에 대해서 살펴본다.

1. 길리건의 배려 도덕교육사상

길리건(1936~)은 미국의 남녀동권론자(feminist), 윤리학자, 심리학자다. 그녀는 1964년 미국 하버드 대학교에서 박사학위를 취득한 후 1970년에 도덕발달이론가인 콜버그(L. Kohlberg)의 연구 조교가 되면서 그와 함께 공동 연구를 하였다. 하지만 그녀는 〈표 10-1〉에서 보는 바와 같은 콜버그의 도덕발달 단계에 대해 불만을 가지게 되었다.

길리건도 도덕성 발달에서 단계 이론을 중요하게 생각한다. 하지만 그녀는 콜버그의 단계 이론으로서는 망라하지 못하는 대

〈표 10-1〉 콜버그의 도덕발달 단계

발달 수준	발달 단계	단계 명칭
전 인습 수준 (pre convention)	제1단계	벌과 복종의 단계
	제2단계	순진한 이기주의 단계
인습 수준 (convention)	제3단계	착한 소년 · 소녀 단계
	제4단계	권위와 사회질서 유지의 단계
후 인습 수준 (post convention)	제5단계	계약적 법률 존중의 단계
	제6단계	양심 또는 원리의 단계

안 이론이 있다고 주장한다. 오늘날 발달심리학에서의 많은 연구는 단계에 초점을 두고 있지 않을 뿐 아니라 발달을 설명하는 데 있어서도 단계를 제일 중요한 것으로 생각하지 않는다고 주장한다. 대신에 많은 발달심리학자들은 결정하기, 추상적 사고하기, 타인에 대해 사고하기, 사과하기, 타인 돕기 등과 같은 특정한 기술이 시간의 흐름에 따라 어떻게 발달하는가를 주의 깊게 관찰한다는 것이다. 대부분의 이러한 연구에 의하면 단계 이론은 시간이 흐름에 따라 기술, 특성, 능력에서 너무 단순한 변화 모습을 보여 준다는 것이다.

〈표 10-1〉의 콜버그의 도덕발달 단계에서 보는 바와 같이 제5단계인 '계약적 법률 존중의 단계'와 제6단계인 '양심 또는 원리의 단계'는 정의(正義, justice)와 관련된 것이고, 제4단계인 '권위와 사회질서 유지의 단계'는 의무 및 죄책감과 관련된 것이다. 여기서 이슈가 되는 것은 '게임의 규칙이 무엇인가.'다. 길리건은 삶에서 중대한 결정을 해야 하는 상황에 처해 있는 여성들과 면밀한 면접(interview)을 하였는데, 그 결과 그들은 허용된 규칙

보다는 해야 할 돌봄에 대해 더 많은 관심을 가진다는 결론을 내렸다. 이러한 이유로 길리건은 콜버그의 이론이, 적어도 여성의 도덕적 사고의 발달과 관련해서는 잘못되었다는 생각을 하게 되었다. 길리건이 이러한 생각을 하게 된 것은 콜버그의 연구에서 여성은 남성보다 더 낮은 점수를 얻는 것으로, 즉 덜 발달된 것으로 판명되었다는 사실에 기인한다.

실제로 여성은 남성보다 도덕성 발달의 단계가 더 낮은가? 길리건은 그렇게 생각하지 않는다. 이러한 입장을 취하는 길리건은 현대 심리학에 많은 영향을 미친 프로이트(S. Freud)나 에릭슨(E. Erikson)의 견해*에도 반대한다. 프로이트는 여성이 가지는 어머니에 대한 애착심이 여성의 도덕성 발달을 방해한다고 생각했다. 에릭슨은 발달 과제를 어머니 내지는 가족들과의 분리로 생각했다. 여성이 이러한 내용으로 구성된 척도에서 높은 점수를 얻지 못하면 그들의 도덕성은 확실히 불충분한 것이다. 하지만 길리건의 대답은 여성이 그들의 인성 또는 도덕 발달에서 남성에 비해 열등한 것이 아니라 다르다는 주장을 한다. 여성은 (분리보다는) 사람들 간의 연결과 (정의보다는) 그들에 대한 배려

* 에릭슨이 제시하는 '사회적 도덕발달 단계'는 다음의 표에서 보는 바와 같다(Wikipedia, the free encyclopedia).

단계(나이)	단계 명칭	단계(나이)	단계 명칭
제1단계(0~2)	신뢰 대 불신	제5단계(13~19)	정체성 대 역할 혼란
제2단계(2~4)	자율성 대 수치심 및 의심	제6단계(20~39)	친밀함 대 고립
제3단계(4~5)	솔선 대 수치심 및 죄책감	제7단계(40~64)	생성 대 침체
제4단계(5~12)	근면 대 열등	제8단계(65~)	성실 대 절망

에 집중하는 도덕발달 경향성을 가지고 있기 때문이다. 이에 따라 그녀는 『다른 목소리로: 심리이론과 여성 발달(*In a Different Voice: Psychological Theory and Women's Development*)』(1982)에서 대안 이론을 제시했다.

길리건이 콜버그의 발달 단계 이론에 대해 불만을 가지게 된 것은 콜버그의 이론은 한쪽의 '도덕적 목소리', 즉 정의 윤리만을 설명할 수 있다는 생각을 하게 되었기 때문이다. 그녀는 콜버그의 초기 연구는 소년만을 대상으로 하였고, 비록 후기 연구에서 소녀와 여성이 포함되기는 했으나 그의 개념적 틀은 소년과 남성의 사고를 다루기에 더 적절한 도덕적 주제에 관심을 가진 것이라는 확신을 가졌다.

콜버그는 그가 제시하는 도덕성 발달 6단계의 계열성이 보편적이라고 주장하였다. 하지만 길리건은 콜버그의 발달 단계에서 여성이 높은 단계에 도달하는 경우는 거의 없는 것으로 밝혀졌을 뿐 아니라 대부분의 여성은 6단계 구조에서 3단계에 몰려 있는 것으로 확인하였다. 한편 길리건은 소년, 소녀, 젊은 여성들과의 면접에 기초해서 도덕적 사고에는 두 가지 다른 방식, 즉 두 가지 다른 목소리가 실재한다고 믿게 되었다. 그중의 하나가 그녀가 말하는 배려 윤리 또는 책임 윤리다. 그녀는 배려 윤리는 구체적인 인간관계에서 특정한 사람들에 대한 책임 내지 충성의 개념에 기초한 것이므로 콜버그 이론의 바탕이 되는 정의 윤리 또는 권리 윤리는 도덕성의 다른 한쪽의 목소리인 배려 윤리를 제대로 다루기 어렵다고 보았다.

이처럼 콜버그의 도덕발달 단계 이론에 불만을 가진 길리건은 자신의 배려 윤리 단계를 〈표 10-2〉에서 보는 바와 같이 제시하

〈표 10-2〉 길리건의 배려 윤리 단계

발달 단계	발달 목적
전 인습 단계	개인의 생존
과도기: 이기주의에서 타인에 대한 책임으로	
인습 단계	여성의 자아 희생은 선이다.
과도기: 선에서 여성도 사람이라는 진리로	
후 인습 단계	비폭력의 원리: 타인이든 자신이든 상하게 하지 마라.

였다[이하의 길리건의 배려 윤리 단계에 대한 설명은 Gilligan(1982), pp. 73-74에서 발췌·요약한 것이다]. 그녀의 단계 이론은 콜버그의 것과 같이 전 인습 단계, 인습 단계, 후 인습 단계로 구성되어 있다. 하지만 단계들 간에 과도기적 발달현상을 함께 제시하고 있다. 그녀는 이러한 과도기적 현상을 인지 능력의 변화에 의한 것이기보다는 자아감의 변화에 의한 것으로 본다. 이러한 길리건의 윤리 단계는 도덕성이 발달해 나가는 순서를 보여 준다. 그녀는 여성이 '해야 한다.' '마땅히 해야 한다.' '더 좋은' '옳은' '좋은' '나쁜' 등의 도덕언어를 사용하는 방식을 분석함으로써 배려에 대한 윤리적 관점들과 그 관점들 사이의 변천 과정을 밝혔다.

제1단계인 전 인습 단계의 여성은 생존을 안전하게 확보하기 위해 자신만을 보살피려는 성향이 강하다. 이는 어린아이로서의 삶의 존재 모습이다. 이어서 나타나는 과도기적 현상은 제1단계에서 자신의 생존을 위주로 내렸던 판단이 이기주의적이라는 자아비판에 따른 것으로 본다. 여성이 이와 같이 자아비판을 한다는 사실은 그녀의 사고에서 자신과 타인의 연결에 대한 새로운 이해가 형성되고 있음을 암시한다. 이러한 이해가 선행되어야만 여성은 책임의 개념을 받아들여 제2단계인 인습 단계의 도덕발달에 이를 수 있다.

제2단계에 이른 사람은 타인에 대한 책임을 강조한다. 이러한 책임의 도덕성은 자신에게 의존하는 사람이나 자신보다 열등한 사람을 배려하는 여성의 모성적 도덕성과 결합한다. 그러한 과정에서 여성은 자신의 욕구를 무시하는 경향이 있다. 이러한 관점에서 선행(善行)은 타인에 대한 희생 내지 배려와 동일시된다. 하지만 배려의 대상이 오직 타인에게만 국한될 때, 비록 그들이 타인에 대한 배려 내지 순응을 도덕적 이상으로 여겨도, 자신은 배려의 대상에서 제외된다는 사실에 인간관계에서의 평형이 유지되지 않는다는 것을 느낀다. 따라서 그들은 타인에 대한 무조건적인 배려 내지 순응이 자신과 타인들 간의 불평등을 야기한다는 점에서 혼돈에 빠진다. 여성이 이러한 혼돈에 빠지는 것은 그녀가 전통적인 의미에서의 배려를 순응과 동일시하고 인간관계에서 자신과 타인 간의 불평등을 순순히 받아들였기 때문이다. 이어서 나타나는 과도기적 현상은 여성이 이러한 혼돈에서 벗어나기 위해 인간관계를 새롭게 고찰하게 되는 데 따른 것이다. 이러한 재고찰의 과정에서 여성은 타인을 돌보는 책임과 자신을 돌보는 책임 간에 갈등을 발견하고 '여성의 자아 희생이 선'이라는 관점에서 '여성도 사람'이라는 진리를 깨닫게 된다.

제3단계인 후 인습 단계에 이른 사람은 인간관계가 상호적이라는 것을 인식하게 되고, 타인과 자신의 연결을 새롭게 이해함으로써 이기심과 책임의 대립을 해소한다. 따라서 자신과 타인에 대한 배려를 도덕원리로 수용한다. 즉, 자신도 배려의 대상이 되어야 한다는 것을 깨닫고, 타인과 동시에 자신에 대해서도 책임을 느끼고 보살펴야 한다는 배려를 '도덕 판단의 보편적인 자기 선택의 원리'로 채택한다. 길리건은 그녀가 제시하는 세 단계와 두 과도기로 구성된 배려 윤리의 핵심을 '폭력은 모두에게 파괴적이고 배려는 타인과 자신 모두를 고양(高揚)하는 것'으로 본다. 하지만 모든 사람이 다 제3단계에 이를 수 있는 것은 아니라고 한다.

길리건은 콜버그를 비롯한 프로이트와 에릭슨의 체제는 남성중심적 관점에 기초한 것으로 본다. 콜버그는 남성만을 대상으로 한 면접에 기초해서 그의 이론을 수립했다는 것이다. 길리건은 확실히 콜버그의 이론이 충분하지 못하다는 점을 보여 주었다. 게다가 도덕적 추론에는 단지 하나의 차원만이 있다는 관념을 깨 버렸다. 도덕 판단을 자아와 자아가 살고 있는 사회 환경 모두에 대한 관심과 연결하여 생각하였다.

길리건은 그녀의 저서 『다른 목소리로』에서 '다른 목소리'를 주로 도덕성 및 도덕발달에 관한 보다 정통성 있는 콜버그의 이론과 대조하며 설명한다. 면접을 통해 관찰된 자신의 이론과 콜버그의 이론의 차이를 설명하며 다른 목소리가 지닌 도덕 판단에 관한 발달이론의 윤곽을 밝힌다.

그렇다면 길리건이 주장하는 다른 목소리에 대한 사고는 도덕철학적으로 어떤 시각을 제시해 주고 있는가? 이 질문에 대답하기 위해서는 그녀가 배려 윤리와 정의 윤리 사이에서 이끌어 낸 대조에 대해 더 살펴볼 필요가 있다. 우리가 명심해야 할 중요한 주제는 윤리의 개념은 자아 개념과 타인과의 관계가 상호의존적이라는 그녀의 암묵적 논제다.

아마도 두 가지 다른 목소리 간의 가장 뚜렷한 차이는 양자가 자아에 대해 다른 관점을 가지고 있다는 점일 것이다. 하나는 기본적으로 '분리된 개별적 존재로서의 자아'를 강조하는 관점이고, 다른 하나는 '연결된 관계적 존재로서의 자아'를 강조하는 관점이다. 이는 사람들이 가지는 윤리적 관점은 각자가 생각하는 적절한 관계적 관점으로 나타난다는 뜻이다. 정의 윤리는 기본적으로 개별적 존재들 간의 적절한 관계적 개념이고, 배려 윤리는 구체적인 타인들과의 연결로 구성되는 적절한 관계적 개념이다. 길리건은 소녀와 젊은 여성은 그들의 정체성을 관계적 용어로 생각하는 경향이 있는데 비해, 소년과 젊은 남성은 그들 자신을 개인으로 생각하는 경향이 있다고 믿는다.

우리는 이와 같은 두 가지 목소리 간의 차이를 어떻게 설명할 수 있을까? 길리건(1982)은 성역할이 부모 노릇을 하는 것이라면, 성역할에는 두 가지 '성적 특징이 반영된(gendered)' 자아 개념이 재생된다고 본다. 그녀는 어머니가 부모 노릇 하기에서 더 많은 역할을 한다고 가정할 때 어머니와 아이의 관계는 자아감의 결정에서 큰 역할을 할 것이라며 다음과 같이 말한다.

> 여성의 정체성은 관계가 지속되는 맥락에서 생긴다. 어머니는 딸을 자신과 비슷하고 계속적인 존재로 경험하는 경향이 있기 때문이다. 이에 상응하여 소녀는 자신을 여성으로 인식함에 있어서 자신을 어머니와 비슷한 존재로 경험한다. 이런 식으로 소녀는 애착의 경험과 정체성 형성의 과정을 융합한다. 이와는 달리 어머니는 아들을 남성 쪽으로 경험하고, 소년은 자신을 남성으로 정의함에 있어서 어머니와 자신을 분리한다. 이런 식으로 소년은 자신의 최초의 사랑과 감정 이입의

> 끈을 잘라 버린다. 결과적으로 남성 발달은 보다 뚜렷한 개체화와 경험된 자아 경계에 대한 보다 방어적인 확고한 태도를 필요로 한다. 소년에게 있어서 분화의 이슈는 소녀와는 달리 성적 이슈와 뒤얽힌다. 남성과 여성은 관계, 특히 의존성의 문제를 다르게 경험한다. 소년에게 있어서 분리와 개체화는 성 정체성과 결정적으로 결합된다. 소년에게 있어서 어머니와의 분리는 남성 발달의 본질이 되기 때문이다. 소녀에게 있어서 여성성이나 여성 정체성의 문제는 어머니와의 분리의 성취 또는 개체화의 진행에 의존하지 않는다. 남성성은 분리를 통해 정의되는 데 비해 여성성은 애착을 통해 정의된다. 따라서 남성의 성 정체성은 친밀함에 의해 위협받는 데 비해 여성의 성 정체성은 분리에 의해 위협받는다. 이처럼 남성은 관계에서 어려움을 가지는 데 비해 여성은 개체화에서 문제를 가진다(pp. 7-8).

이러한 길리건의 말에서와 같이 소년과 소녀 간의 성 차이가 사회적으로 뚜렷하다면 어머니는 아들과 딸을 다르게 기르는 경향이 있고, 딸보다는 아들과 더 분리하는 관계를 가질 것이다. 이러한 결과로 소년은 분리로서의 정체성을 더 계발할 것이고, 어머니와의 분리로 인해 상대적으로 더 문제를 가진 관계성을 경험하게 될 것이다. 다른 한편 소녀는 특정한 타인과의 연결로서의 정체성을 계발하는 경향이 있고, 분리와 자율성을 상대적으로 더 문제를 가진 것으로 경험하게 될 것이다. 그리고 소녀는 이 시기에 남성에게서는 찾아보기 어려운 여성의 주요한 자아정의에 자리 잡고 있는 '감정 이입'을 위한 체제를 드러내게 된다고, 길리건(1982)은 말한다. 그녀가 말하는 정의 윤리와 배려 윤리의 내용을 종합적으로 비교해 보면 다음과 같다.

정의 윤리는,

① 논쟁을 해결하기 위한 공정한 또는 정의로운 규칙체제다.

② 자아와 타인 모두가 '보편적' 또는 '일반적'이라는 말 속에 암묵적으로 내재되어 있다. 윤리적인 존경이나 관심은 개별화된 것이 아닌 '일반화된 타인'을 위한 것이다.

③ 공정성을 목적으로 하는 것이고, 이는 당연하다.

④ 정의 윤리의 이상은 모든 이에 대한 (동등한) 관심과 존중이다.

⑤ 정의 윤리의 제1의 원리는 보편적인 개인의 권리다.

배려 윤리는,

① 주로 '관계-내-책임(responsibility-within-relationship)'과 양육관계에 관심을 가진다.

② 이러한 관계 내에서 관계를 맺고 있는 특정한 타인들에게 관심을 가진다.

③ 윤리 문제를 관계 내 문제로 이해함에 따라 윤리 문제의 해결도 관계 내에서만 충분하게 이루어질 수 있다고 본다.

길리건이 말하는 두 가지 목소리, 즉 정의 윤리와 배려 윤리 간의 차이를 이해하기 위해서는 그녀가 『다른 목소리로』에서 하인츠 딜레마에 대한 소녀 에이미(Amy)와 소년 제이크(Jake)의 반응에 대해 분석한 것을 살펴볼 필요가 있다. 그녀는 두 사람이 보여 준 반응의 차이를 다음과 같이 서술한다.

> 제이크와 에이미는 하인츠 딜레마에서 두 가지의 아주 다른 도덕적

> 문제를 본다. 제이크가 보는 것은 논리적 연역에 의해 해결할 수 있는 생명과 재산 간의 갈등이고, 에이미가 보는 것은 자체의 맥락과 함께 개선되어야만 하는 인간관계에서의 분열이다. 제이크는 도덕 문제를 어느 정도 확고한 대답이 존재하는 일반적 특징을 가진 사태에서 그 문제를 비개인적으로 공정하게 판단하여 해결할 수 있는 것으로 보는 데 비해, 에이미는 도덕 문제를 특정한 사람들과의 특정한 관계망 내에서 발생하는 것으로, 비개인적이고 자유로운 사고에 의해서가 아닌, 관계 자체 내에서 사고하고 노력함으로써 해결할 수 있는 것으로 본다. 제이크는 도덕 문제를 공적인 논리와 법체계를 통해서 합의가 이루어져야 해결할 수 있는 것으로 보는 데 비해, 에이미는 도덕 문제를 사적인 관계 속에서 대화를 통해 합의가 이루어져야 해결할 수 있는 것으로 본다. 제이크는 사람들이 논리의 규칙을 공유한다고 가정하고 그 규칙에 입각하여 문제를 해결할 수 있다고 보는 데 비해, 에이미는 사람들이 서로 연결되어 있다고 가정하고 다른 사람들이 자신의 목소리에 귀를 기울여 줄 것으로 생각하여 문제를 해결할 수 있다고 본다. 제이크는 도덕 문제를 평등과 상호성의 논리에 의해 해결할 수 있다고 보는 데 비해, 에이미는 도덕 문제를 인간관계에서의 배려와 책임에 의해 해결할 수 있다고 본다(Gilligan, 1982, pp. 26-30).

이것이 길리건이 제기하는 가장 심층적인 도전인 셈이다. 우리가 콜버그와 길리건의 윤리이론에서 살펴보아야 할 중요한 한 가지는 콜버그가 제시하는 제3단계인 '착한 소년 · 소녀'와 길리건이 제시하는 후 인습 단계인 '타인이든 자신이든 상하게 하지 마라.' 간의 대조다. 길리건의 배려 윤리에서 윤리적으로 성숙하다고 생각되는 사람은 더 이상 콜버그의 제3단계에 속하는 사람이 아니다. 콜버그의 제3단계에 속하는 사람은 남들에게 칭찬

받고 인정받으려는 욕구를 충족하기 위해 행동하고, 도덕을 개인 간의 관계 문제로 생각하며, 선을 타인을 돕고 즐겁게 해 주는 것과 동일시한다. 이에 비해 길리건의 후 인습 단계의 사람은 남들에게 칭찬받고 인정받으며 화합하기 위해서라기보다는 자신이 선택한 보편적 원리인 배려에 따라 행동한다.

이처럼 보편적 원리를 윤리적 성숙의 기준으로 설정하는 배려 윤리의 입장은, 모든 합리적 행위자들이 합의할 수 있는 객관적으로 정의로운 방식으로 윤리 문제를 해결하는 것을 목적으로 하는 정의 윤리의 입장과는 독립적이고 상이한 전제들을 가진 윤리관이다. 우리가 이러한 배려 윤리를 채택하면 어떠한 행위들이 윤리적으로 바람직하며 누가 윤리적으로 성숙한 행위자인지에 대한 평가가 콜버그의 정의 윤리를 채택했을 때와는 사뭇 달라진다.

길리건의 배려 윤리에서는 윤리 문제가 발생하는 원인을 콜버그의 정의 윤리에서와 같이 권리 간의 갈등이 아니라 책임 간의 갈등으로 본다. 길리건은 윤리 문제도 형식적이고 추상적인 사고방식에 의해서가 아니라 맥락적이고 서사적(敍事的, narrative)인 사고방식에 의해 해결하려 한다. 길리건의 배려 윤리에서 말하는 도덕발달에는 권리와 규칙에 대한 이해와 공정성보다는 책임과 인간관계에 대한 이해와 배려가 중심적으로 작용한다. 이것이 바로 길리건이 여성은 도덕 문제를 남성들과는 다르게 구성한다고 보는 관점이다. 남성의 도덕은 다른 사람들과의 독립에서 구성되는 데 비해, 여성의 도덕은 사람들 간의 연결과 책임으로 구성된다는 관점이다. 이처럼 콜버그의 윤리적 사고는 비개인적이고 공정한 것을 목적으로 하는 데 비해, 길리건의 윤리적 사고는 상호 의존적 맥락에서 구체적이고 특정한 타인들을 보살피는 것을 목적으로 한다는 점에서 대조된다.

그런데 이러한 길리건의 연구 및 도전에 대해 그녀의 연구를 뒷받침할 만한 자료가 충분하지 않다는 점에서 다음과 같은 비판이 있을 수 있다. 실제로 그녀는 신뢰할 만한 증거를 사용하지도 않았거니와 그녀의 연구가 되풀이된 사례도 찾아보기 어렵다. 뿐만 아니라 그녀의 연구에서 사용된 표본은 그것을 신뢰하기에는 양적으로 너무 적은 편이다. 더욱이 그녀의 연구에서 반남성적(anti-male) 문제를 조장하는 것은 남성과 여성 모두에게 상처를 입힐 수 있다.

이러한 비판 가능성에 대해 길리건은 자신의 연구는 논문과 학술지에 발표된 것이고 자신의 연구에 대한 그러한 비판은 부정확하다며 다음과 같이 말한다. 다른 목소리는 성의 특성이 아닌 주제의 특성과 관련된 것이다. 이의 여성과의 관련성은 경험적 관찰이고, 발달의 추적 과정에서 발견한 여성의 목소리를 통한 것이다. 하지만 그녀는 이 관련성이 절대적인 것은 아니라고 말한다. 그리고 남성과 여성 목소리 간의 대조는 양성에 대한 일반화를 말하고자 해서라기보다는 두 가지 사고방식 간의 특징을 강조하고 해석의 문제에 초점을 두기 위해서라는 것이다.

그럼에도 우리는 길리건의 입장을 이해하는 데 있어서 어려움을 가진다. 길리건이 그녀의 중심 연구에서 문제로 삼는 중대한 삶의 결정은 낙태를 해야 하는가, 하지 말아야 하는가의 결정이었다. 이는 그녀가 『다른 목소리로』에서 낙태는 여성이 선택할 수 있는 권리임을 지지하는 말에서도 분명히 드러난다. 그녀의 말에 동의하는 사람들은 그녀의 이론체제의 논리를 이해하는 데

별 어려움이 없을 것이다. 하지만 그녀의 말에 동의하지 않는 사람들은 그녀의 말이 윤리학적으로 관심을 가질 만한 것인가를 알아보기 위해 이 중요한 윤리적 이슈에 동의하지 않는 사람들의 입장을 지나칠 수 없을 것이다. 윤리학자 중에는 남성과 여성이 도덕적 추론에서 차이가 있다는 길리건의 경험적 주장에 동의하지 않는 사람들도 있기 때문이다. 그들은 남성과 여성의 구별 없이 사람들은 모두 도덕적 추론에서 정의와 배려를 함께 사용한다고 생각하기 때문이다.

2. 나딩스의 배려 도덕교육사상

나딩스(1929~)는 미국의 남녀동권론자(feminist), 교육학자, 철학자다. 그녀는 1975년에 교육철학 분야에서 박사학위를 취득한 후 대학 교수가 되기에 앞서 초·중등학교에서 20여 년이 넘도록 수학 교사로 봉직했다.

나딩스도 콜버그 등의 정의 윤리가 남성 편견적인 특성을 지닌 윤리라고 비판하면서 길리건의 이론에 기초하여 배려 윤리를 체계화하였다. 나딩스(1984)는 배려 윤리가 정의 윤리에 비해 더 기본적이고 바람직한 접근을 한다고 본다(p. 2). 그녀는 자신의 저서 『배려: 윤리와 도덕교육에 대한 여성적 접근(*Caring: A Feminine Approach to Ethics and Moral Education*)』(1984)에서 배려를 인간 삶의 기본적인 모습으로 제시하였다. 사람들은 누구나 배려받기를 원한다고 생각하기 때문이다. 그녀는 도덕 판단도 배려를 원리로 하여 내려야 한다고 주장한다.

나딩스(1984)는 배려 윤리에서 관계성에 대한 관심을 우선시한다. 이 점에서 그녀의 배려 윤리는 관계 윤리(relational ethics)로 불리기도 한다. 관계 윤리로서의 배려는 '학생들은 교사에게 배려받고 있다는 것을 인지하는가?' '그들의 교사가 배려하는 교사라고 생각하는가?' 등의 물음과 그 대답에 대해 살펴볼 것을 요구한다. 우리는 어떤 교사를 배려하는 교사라고 말할 수 있는가? 교사가 배려가 중요하다고 주장한다고 해서 배려하는 교사가 되는 것은 아니다. 그렇다고 측정도구를 만들어 그것으로 교사의 행동을 관찰 · 기록하여 높은 점수를 받은 교사를 배려하는 교사로 평가하는 것도 곤란하다. 대부분의 학생들은 그러한 평가에 동의하지 않는다. 때로 학생들은 '그는 훌륭한 선생님이다.'라고 말하기도 하고, '그 선생님은 우리의 학업을 열심히 지도하신다.'라고 긍정적인 평가를 하기도 한다. 하지만 그들은 교수내용에는 별로 관심을 가지지 않을 수 있다. 학생들은 배려하는 교사를 열심히 가르치는 교사로, 열심히 가르치는 교사를 잘 가르치는 교사로 생각할 수도 있다. 그리고 그러한 교사를 배려하는 교사로 생각할 수도 있다. 하지만 학생들은 교사에게 배려받고 있다고 느끼지 못할 수 있다.

나딩스(1984)는 학교에서 교사가 학생들을 배려한다고 말해도 정작 학생들은 자신들을 배려하는 교사가 없다고 불평하는 것을 들을 수 있다고 말한다. 그녀는 교육 현실에서 배려관계를 수립하기 위해서는 교사와 학생은 물론 상황도 살펴보아야 한다고 주장한다. 때로는 학교 환경이 좋지 않아서 배려하기를 원하는 교사와 배려받기를 원하는 학생 간에 배려관계가 형성되지 못할 수 있기 때문이다. 나딩스는 이러한 경우 학교 환경의 변화를 위한 어떤 조처가 있어야 한다고 주장한다. 예를 들면, 교사와 학생이 배려·신뢰 관계를 조성할 시간을 더 갖도록 한다든가, 학생 수를 줄인다든가, 교사와 학생이 상호 관심사를 보다 깊게 탐구할 수 있도록 시험의 압력을 줄인다든가, 교사가 학생들의 관심사에 더 마음을 쓰는 등의 조처를 할 필요가 있다고 주장한다.

나딩스(1984)는 배려에 대한 현상학적 분석을 통해 참여자들의 역할이 무엇인가를 보여 준다. 배려하는 사람은 무엇보다도 주위에 관심을 가지고 '마음을 쓴다(attentive).' 그녀는 마음 쓰기를 '전념(engrossment)'이라 말하는데, 이는 어떤 사람을 더 잘 이해하기 위해 그의 처지에 대해 알아보고 생각하는 것을 의미한다. 한편 그녀는 이러한 마음 쓰기를 수용성(receptivity)의 작용으로 본다. 배려하는 사람의 마음 쓰기는 배려받는 사람이 느끼고 표현하려는 것을 수용한다. 이는 배려받는 사람을 기존의 이상(理想, ideal)과 대비(對比)하여 단지 진단하고 측정하는 것이기보다는 배려하는 사람에게 동기 전환(motivational displacement)이 일어나도록 작용한다. 나딩스는 이러한 동기 전환은 내가 타인을 배려할 때 나의 동기 에너지가 그의 욕구와 바람 쪽으로 흘러가는 것이라고 생각한다. 그렇다고 이 말이 나는 항상 타인이 원하는 것을 승인한다거나 내가 결코 그 사람을 더 좋은 가치로 인도하려 하지 않는다는 뜻이 아니라 그 사람이 가지고 있는 실제의 감정과 바람을 고려하고 나의 가치와 능력이 허용하는 한 적극적으로 응답해야 한다는 뜻이라고 말한다.

나딩스(1984)는 배려의 관계 또는 만남에서 배려받는 사람은 배려가 일어나고 있다는 것을 인지하고, 이러한 인지를 배려하는 사람이 알아차릴 수 있도록 응답한다고 주장한다. 그녀는 이러한 예로 배려받는 유아가 배려하는 엄마의 돌봄에 응답하여 미소 짓고 오물거리는 것을 든다. 학생들이 교사의 배려에 감사하다는 말을 하는 등 직접적으로 그의 배려를 인정할 수도 있다. 수용적인 교사는 학생들의 반응을 검토하여 그의 배려가 수용되고 있다는 것을 알 수 있다. 나딩스는 배려받는 사람에게서의 긍정적인 반응이 없다면, 어떤 만남이나 관계를 배려라고 말할 수 없다고 생각한다.

우리는 어떤 윤리적 노력도 없이 아주 자연스럽게 다른 사람들을 배려할 때가 있다. 이러한 맥락에서 나딩스(1984)는 배려를 자연적 배려와 윤리적 배려로 나눈다. 자연적 배려는 '내가 원해서' 하는 배려이고, 윤리적 배려는 '내가 해야 하는 것이어서' 하는 배려다. 이러한 배려는 남성과 여성 모두에게서 삶의 길잡이 역할을 하지만, 그녀는 자연적 배려를 기본적으로 여성에게서 작용하는 것으로 본다. 그녀는 이러한 자연적 배려가 윤리적 배려의 기초가 된다고 보아 윤리적 배려가 자연적 배려에 의존한다고 생각한다(p. 83). 한편 나딩스는 이러한 자연적 배려를 도덕적 태도로 본다. 자연적 배려는 동기 부여를 위해 도덕적 노력이 요구되지 않는 형태의 배려로 본다. 자연적 배려는 배려받은 경험이나 기억에서 일어나는 선(善)에 대한 간절한 바람에서 이루어진다고 본다. 그녀는 이에 기초하여 수용성, 관계성, 전념(專念)으로 구성된 관계의 존재 모습, 즉 배려 윤리의 이론을 그녀의 저서 『배려』(1984)에서 탐구하였다.

나딩스의 배려 윤리에 대한 탐구는 우리가 실제로 경험하는 배려에 대한 검토에 기반을 두고 이루어진다. 그녀는 우리가 타인을 배려하는 사람을 보고 사람들에게 "그 사람은 어떤 사람일까?"라고 물으면, 그들은 "그 사람은 수용적인 사람이다." "그 사람은 특별한 방식으로 사람들에게 마음 쓰는 사람이다."라고 대답할 것이라고 말한다. 그녀는 여기서 '마음 씀'이라는 말을 감정 이입(感情移入, empathy)보다는 공감(共感, sympathy)의 형태로 본다. 공감은 감정 이입에 비해 정서적으로 마음 씀이 더 작용하는 것이라고 보기 때문이다.

나딩스는 수용적인 마음 씀을 배려 만남(caring encounter)의 본질적 특성으로 본다. 배려하는 사람은 배려받는 사람이 하는 말이나 경험을 기분 좋게 받아들이고 그것에 대해 숙고할 수 있는 사람이다. 그 과정에서 배려하는 사람은 동기 전환을 일으킨다. 이러한 동기 전환은 배려받는 사람에게 도움을 주는 작용을 한다. 하지만 이러한 것이 배려가 되기 위해서는 한 단계 더 진전된 것이 있어야 한다고, 나딩스는 말한다. 즉, 배려받는 사람이 배려 행위가 일어나고 있다는 것을 인지해야 한다는 것이다. 배려관계는 배려하는 사람과 배려받는 사람 간의 연결과 상호 작용이 있어야 하기 때문이다. 다시 말하면, 배려관계는 방식은 다르지만 양자가 주고받는 만남이어야 하기 때문이다.

이처럼 나딩스(1984)는 배려관계가 성립되기 위해서는 배려하는 사람에게서는 전념과 동기 전환이 일어나야 하고, 배려받는 사람에게서는 어떤 식으로든 배려에 대한 응답(responsiveness)이 있어야 한다고 주장한다. 그녀는 이러한 세 가지를 배려의 필요조건으로 본다(p. 69). 전념이 배려의 필요조건인 것은 배려하는 사람은 어떤 행동의 적절성을 결정하기에 앞서 배려받는 사람의 개인적이고 신체적인 상태를 이해해야 할 필요가 있기 때문이다. 그렇다고 전념이 다른 사람에 대한 깊은 애착을 요구하는 것은 아니고, 단지 그 사람의 처지를 이해하기 위해 그에게 필요한 정도의 마음 씀이 요구될 뿐이라는 것이다.

나딩스는 전념만으로는 배려가 구성될 수 없다고 본다. 어떤 사람이 다른 사람에 대해 깊은 이해를 가지고 있지만, 아직도 그 사람의 이익에 반하는 행동을 할 수 있기 때문이다. 이러한 행동을 방지하기 위해서는 동기 전환이 일어나야 하는데, 동기 전환은 배려하는 사람의 행동이 배려받는 사람의 필요에 의해 결정될 때 나타난다. 동기 전환도 그 자체만으로 윤리적 배려를 구성하기에는 불충분하다. 다른 사람에게 무엇인가 도움을 주고 싶어서 행동을 한 사람도 그 사람이 필요로 하는 것이 무엇인가에 대해 잘 생각해 보지 않고서 그 행동을 한다면, 그를 배려하는 데 실패할 수 있기 때문이다. 나딩스는 배려받고 있는 사람이 자신이 배려받고 있다는 사실을 인지(認知)하는 것을 배려의 또 다른 요소로 본다. 나딩스(1984)는 배려받고 있는 사람이 배려 행위를 인지하고 응답할 때, 그러한 배려를 '타인에게서 완성된 배려'라고 말한다(p. 4).

나딩스(2002a)는 이러한 배려의 세 가지 구성요소, 즉 전념과 동기 전환과 응답이 작용하는 과정을 다음과 같은 형식으로 서술하기도 한다.

① A가 B를 배려한다: 마음 씀과 동기 전환이 A의 의식 특성이다.
② A가 자신의 마음 씀과 동기 전환에 따라 어떤 행위를 한다.
③ B는 A가 자신을 배려한다는 것을 인지한다(p. 19).

나딩스는 배려에서 직접적 배려(caring-for)와 간접적 배려(caring-about)를 구별한다. 앞에서 살펴본 그녀의 배려의 개념은 주로 직접적 배려와 관련된 것이었다. 직접적 배려는 한 사람이 다른 사람과 마주하여 이루어지는 배려다. 이에 비해 간접적 배려는 공공 영역에서 이루어지는 보다 일반적인 배려다. 가난한 나라에서 고통 받고 있는 사람들에 대해 관심을 가지고 그들에게 발전 기금 같은 것을 보내 주는 것을 예로 들 수 있다. 나딩스(1984)는 이러한 간접적 배려를 "마음 쓰고, 동의하며, 인정하고, 지지하며, 기부하고, 계속해서 다른 일을 하는" 등의 일련의 과정으로 서술한다. 간접적 배려는 '배려받는 것'이 무슨 뜻인가를 배우고, 실제로 '사람들을 배려하며(care for)', 이러한 것이 확대되어 '사람들에 대해 배려하는(care about)' 과정에서 학습된다고 말한다(p. 112).

한편 나딩스(2002a)는 이러한 간접적 배려가 정의감의 바탕이 될 뿐 아니라 직접적 배려의 도구가 된다고 다음과 같이 설명한다.

> 우리는 정의감으로 작용하는 간접적 배려를 직접적 배려가 잘 이루어질 수 있는 상황 수립의 도구로 볼 수 있다. 우선적인 배려 형태는 직접적 배려지만, 간접적 배려는 직접적 배려를 이루고 유지하며 증진하는 데서 도움을 줄 수 있다. 정의감에 따라 배려하는 사람이 가져야 하는 목표는 타인에 대한 배려가 실제로 그리고 확실하게 일어나게 하는 것이다. 간접적 배려가 배려관계를 완결시켜 직접적 배려가 이루어지게 하지 못한다면, 그것은 쓸모없는 것이다(pp. 22-23).

나딩스는 인간은 직접적 배려의 경험을 통해 간접적 배려를 학습한다고 본다. 즉, 간접적 배려의 학습은 먼저 배려받는 것이 무슨 뜻인가를 배우고, 이어서 가까운 사람들을 배려하며, 마침내 직접적으로 배려할 수 없는 사람들에 대해 배려하는 식으로 이루어진다는 것이다. 그런데 그녀는 이러한 자신의 배려 이론은 이상적인 국가에서가 아닌 이상적인 가정에서 시작하여 밖으로 나간다고 말한다. 따라서 나딩스는 가정이 교육적 만남의 장소로서 강조되는 것은 놀랄 일이 아니라고 말한다. 하지만 그녀는 이러한 말이 학교의 역할은 필요 없다거나 학교에서 그러한 역할을 해서는 안 된다는 것은 아니고, 가정이 아이들과 젊은이들의 배려의식 계발에 기여하는 것을 인정하자는 것이라고 말한다. 이러한 맥락에서 나딩스(2002b)는 "아이들은 충분한 물질적 자원과 마음 쓰는 사랑이 있는 가정에서 살아야 한다. 학교는 가정생활을 위한 교육을 교육과정에 포함시켜야 하고, 가능한 한 가장 훌륭한 가정에서 발견된 교육방법을 사용하여 교육해야 한다."(p. 289)라고 주장하면서 가정을 제1의 교육자로 본다. 그리고 이러한 목적을 달성하기 위해 사회 정책의 방향 전환을 주장한다.

한편 나딩스(1984)는 배려적 관점에서 본보기(modelling), 대화, 실천(practice), 확인(confirmation)을 교육의 4요소로 제시한다. 배려적 시각에서 교육자들은 배려하는 사람과 배려받는 사람의 인간 성장에 관심을 가진다. 그들은 인지발달론자들과는 달리 도덕적 추론에 일차적인 관심을 가지지 않는다. 교육자들은 학생들에게 배려에 대해 말하고 그에 관한 책을 읽어 보게 하는 데 그치지 않으며 그들과의 관계에서 실제로 배려의 모습을 보여 주는 본보기로서의 역할, 즉 배려하는 것이 무엇인가를 행동으로 보여 주어야 하기 때문이다(pp. 175-182).

나딩스(1984)는 대화는 사람들을 배려에 대한 대화에 참여하도록 의도하는 것이어서 배려의 본질적인 요소가 된다고 본다. 대화에 참여하지 않고서는 배려의 본보기를 보여 줄 수 없기 때문이다. 배려에 대해 직접적으로 말하고 탐구하는 것도 중요하다. 대화는 사람들이 그들의 관계와 실천에 대해 비판하고 이해할 수 있도록 도와줄 수 있다. 대화는 배려의 수용자가 보여 주는 반응을 통해 우리가 배려하려는 것을 평가해 볼 수 있도록 작용한다. 무엇보다도 대화는 배려받는 사람의 성장에 기여한다(pp. 182-187).

나딩스(1984)는 우리가 몰두하는 경험은 '정신력(mentality)'을 산출하는 경향이 있다고 주장한다. 따라서 학생들이 다른 사람을 배려하는 사람이 되게 교육하려면 그들에게 배려를 실천하고 그러한 실천에 대해 반성해 보는 기회를 제공하는 것이 바람직하다고 말한다(pp. 187-193).

나딩스(1984)는 배려교육에서의 확인은 배려와 다른 도덕교육 접근법을 확실하게 구별해 주는 요소가 된다고 본다. 그녀는 확인을 타인의 장점을 긍정하고 격려하는 행위로 서술한다.

> 우리는 어떤 사람을 확인할 때 그의 더 좋은 자아를 확인하고 자아 계발을 격려한다. 이렇게 하기 위해서는 다른 사람을 잘 알 수 있어야 한다. 그렇지 않으면 다른 사람이 실제로 무엇을 얻으려 애쓰는지, 어떤 이상이 실제가 되기를 바라는지를 알 수 없다. 확인 과정에서 공식이나 슬로건은 의미가 없다. 우리는 하나의 이상을 모든 사람을 위한

것으로 단정하고 나서 모든 사람들이 큰 기대를 할 것이라고 선언하지도 않는다. 이와는 달리 우리가 만나는 각자에게서 드러나는 것으로 무엇인가 칭찬할 만하거나 수용 가능한 것을 인정한다. 그 목적은 그것을 성취하려 애쓰는 사람과 우리 모두에게 가치 있는 것이어야 한다. 우리는 사람들을 확인할 때 '그는 나쁜 사람'이라고 판단하는 식으로 확인하지 않는다(pp. 193-197).

나딩스는 예상된 결과가 좋고 나쁨에 따라 도덕 판단을 하는 공리주의나 보편적 원리에 따라 도덕 판단을 하는 의무론은 어느 것도 여성이 도덕 문제에 접근했던 방식에 대한 적절한 이해를 제공해 줄 수 없었다고 생각한다. 그녀는 법률이나 원리를 통한 접근법을 어머니의 접근법이 아닌 아버지의 접근법으로 본다. 그녀의 접근법은 수용성, 관계성, 응답성으로 구성된 여성적 관점에 근거한다. 이러한 맥락에서 나딩스(1984)는 모성적 배려와 같은 자연적 배려가 윤리적 배려에 앞서 일어날 뿐 아니라 전자를 후자보다 더 바람직한 배려로 본다.

우리가 타인을 도덕적으로 만나는 관계인 윤리적 배려는 자연적 배려에서 일어나는 것으로 볼 수 있다. 자연적 배려관계는 의식적이든 무의식적이든 '선'으로 파악되는 인간의 모습으로 인식된다. 이러한 관계는 우리가 바라고 얻으려 애쓰는 모습이고, 우리에게 도덕적 동기를 부여하는 배려에 대한 간절한 바람이다. 우리는 배려관계에서 살아가고 배려하는 사람으로서의 자신의 이상을 증진하기 위해 도덕적이 되기를 원한다(pp. 4-5).

한편 나딩스는 배려 윤리가 존재(存在, is)와 당위(當爲, ought)

를 구별하는 오랜 인식이 사이비(似而非, pseudo)임을 드러내 주는 작용을 한다고 주장한다.

> 우리는 왜 사람들이 사정이 허용하는 한 서로를 긍정적으로 대우해야 하는가의 이유를 설명하기 위해 정교한 원리를 구성할 필요가 없다. 도덕적 생활은 물리 세계와 떨어져 있거나 이질적인 것이 아니다. 왜냐하면 우리 인간은 세계 내 존재로서 세계 밖에서 관전하는 방관자가 아닐 뿐 아니라 인간의 사회적 본능과 이에 대한 반성적 고심도 세계 안에 있기 때문이다. 이에 대해 실용주의자와 배려 이론가는 동의한다. 당위는 존재의 일부로 인생 경험에서 직접적으로 발생하는 것인데 비해 윤리적 배려는 소환(召喚, summon)되어야 하는 것이다. 당위는 갈등에 부닥친다. 이때 우리 내부의 소리는 투덜댄다. '나는 그것을 해야 하지만 원하지는 않는다.' '왜 내가 반응해야 하는가?' '그 사람은 고통 받아 마땅한 사람인데 왜 내가 그를 도와주어야 하는가?' 이러한 경우에 우리는 원리에 의지할 필요가 없다. 우리가 배려하고 배려받은 기억 또는 배려자로서의 우리 자신의 모습이나 이상에 의지하는 것이 더 효과적이기 때문이다. 윤리적 배려의 기여는 자연적 배려가 회복되고 사람들이 다시 한 번 서로가 자발적인 관심을 가지고 오래도록 상호 작용하는 행동을 하게끔 안내하는 것이다(O'Toole, 1998, p. 187).

이처럼 나딩스는 자연적 배려를 윤리적 배려보다 우선시하고, 윤리적 배려는 자연적 배려를 입증하거나 되찾는 도구로 보는 관점을 취한다.

한편 나딩스(1984)는 '배려하라.'라는 내부의 소리를 거절하거나, 배려하더라도 원해서 하는 것이 아니고 억지로 할 때 윤리적 이상이 감소된다고 본다. 그녀는 윤리적 이상을 감소시키는 것을 '악한 행동'으로 본다. 실제로 한 사람의 이상을 감소시키는 행위는 그의 훌륭한 인간으로서의 이미지를 달라지게 한다. 그녀는 사람들과 조직이 의도적이든 부주의해서든 학생들에게 배려하지 않는 것을 가르치거나 학생들을 배려하는 것을 방지하는 상황에 처하게 함으로써 타인의 윤리적 이상을 감소시킬 수 있다고 본다. 그녀는 어떤 사람이 타인을 배려할 수 있는 능력이 있는데도 그렇게 하지 않거나 다른 사람이 배려하는 것을 못하게 한다면 그를 악한 사람으로 본다. 어떤 사람이 의도적으로 배려의 충동을 거절하거나 윤리에 등 돌릴 때, 그 사람은 악한 사람이고 이러한 악은 속죄될 수 없다고 본다(pp. 115-119).

나딩스는 배려하는 교사는 학생들에게 배려하는 방법을 보여주고, 그들을 도덕적 삶에 대해 대화하도록 이끌며, 그들의 배려행위를 지도하고, 그들의 훌륭한 자아 계발을 확인할 수 있다고 본다. 이러한 점에서 그녀는 배려관계를 도덕교육의 목적 내지 기초로 생각한다. 그녀는 리코나(T. Lickona) 등이 말하는 인격교육은 도덕적 덕을 학생들에게 직접 가르쳐야 하고, 이 경우 그들이 그러한 덕을 습득했는지를 알 수 있으려면 결국 평가를 해야 하는데, 평가는 도덕교육에서 문제를 가진다고 본다. 이에 비해 배려 윤리적 접근을 하는 교사는 항상 학생들과 접촉하고 있을 뿐 아니라 평가에 있어서도 부모가 자녀를 평가하는 것과 같은 방식으로 학생들을 평가하므로 문제될 것이 없다는 입장을 취한다. 다시 말하면, 배려 윤리적 접근을 하는 교사는 학생들을 관찰하고, 그들의 말에 귀 기울이며, 함께 공부하고 생활하므로 학생들의 사람됨이 어떻게 계발되고 있는가의 모습을 제대로 평가할 수 있다는 것이다. 물론 배려 윤리적 접근이 학생들의 인격 형성을 보장할 수 있다는 것은 아니지만, 배려관계의 수립과 유지를 통해 보다 건전한 도덕교육이 될 수 있다고, 나딩스는 생각한다.

그런데 나딩스의 배려 윤리는 일부의 여성주의자와 전통주의자에 의해 비판받는 측면이 있다. 일부의 여성주의자들은 나딩스의 배려 윤리가 배려하는 사람이 받는 것은 거의 없고 주기만 하는 전통적 여성의 역할을 수행하는 윤리라는 점에서 그녀의 배려 윤리에 대해 비판적이다. 일부의 전통주의자들은 나딩스의 배려 윤리는 우리에게 가까운 사람을 편애하는 윤리라는 점에서 비판적이다. 일반교육적 맥락에서도 나딩스의 배려 윤리는 비판받는 측면이 있다. 나딩스의 배려 윤리는 배려하는 사람은 타인에게 배려를 제공하는 수단으로서의 역할 이외에 자신의 중요성에 대한 주장은 거의 하지 않는 윤리라는 점에서 비판받는다. 나딩스의 배려 윤리는 교육자가 자아 배려는 하지 못하고 그의 모든 에너지를 학생의 욕구를 충족시키기 위해 헌신해야 하므로 교사와 학생의 관계도 원만할 수 없다는 점에서 비판받는다. 이러한 맥락에서 호글랜드(Hoagland, 1991)는 나딩스의 배려 윤리에서 배려하는 사람은 배려 윤리의 철학에 따라 "순교자, 하인 또는 노예"로 정의될 수 있다고 말한다(p. 255).

3. 결 론

길리건은 도덕성을 인지적인 도덕 판단 능력으로 규정하고 도덕 판단의 기준이 되는 도덕원리를 '정의'로 보는 콜버그와는 달리 도덕성을 정서적인 돌봄 또는 보살핌의 능력으로 규정하면서 도덕 판단의 기준이 되는 도덕원리를 '배려'로 보았다.

그 과정에서 길리건은 정의는 남성의 목소리를 대변하는 도덕성에 대한 편견인데, 마치 그것이 남녀 모두의 도덕성을 대변하는 것으로 인식되어 여성은 남성에 비해 도덕적으로 열등한 존재로 평가받는 등의 잘못이 있었다고 비판했다. 따라서 도덕성의 '다른 목소리'에도 귀를 기울여야 도덕성을 온전하게 수립할 수 있고, 여성에 대한 도덕적 평가도 제대로 이루어질 수 있다고 주장하였다. 여기서 '다른 목소리'란 결국 여성의 목소리로, 책임과 인간관계의 맥락에서 사랑, 공감, 동정심, 도움, 존중, 상호 의존성, 유대 등 도덕성의 여성적 특성이 작용하는 배려 윤리를 가리키는 말이다.

나딩스도 칸트의 의무론, 롤스(J. Rawls)의 정의론을 비롯해 피아제(J. Piaget)의 인지발달론, 콜버그의 인지 도덕성 발달론 등이 제시하는 정의 윤리가 남성 편견적인 특성을 지닌 윤리라고 비판하면서 길리건의 이론에 기초하여 배려 윤리를 체계화하는 연구를 하였다. 나딩스는 배려의 전형적인 모습을 여성적인 수용성, 관계성, 응답성 등에 근거한 모성적 배려에서 찾는다. 모성적 배려를 자연적 배려의 전형으로 보기 때문이다. 한편 그녀는 배려는 '배려를 하는 사람'과 '배려를 받는 사람' 간의 상호관계에서 이루어지는 현상인데, 이러한 배려는 배려자의 배려를 피배려자가 인지하고 응답하는 과정에서 완성된다고 본다.

이처럼 길리건이나 나딩스가 제시한 배려 윤리는 여성의 목소리가 대변된 윤리다. 하지만 그들이 그러한 배려 윤리를 주장한다고 해서 그것에 정의 윤리는 간과해도 된다는 뜻이 담겨 있는 것은 아니다. 그들의 주장에는 전체로서의 도덕성은 정의와 배려로 구성될 뿐 아니라 양자는 상호 보완적 관계이므로 도덕 판단이나 행위의 과정에서 둘 다 고려되어야 하되, 윤리 문제에서 온전한 도덕성이 발휘될 수 있도록 양자가 '균형 있게' 고려되어야 한다는 의미가 담겨 있다.

참고문헌

권선영(1989). John Dewey의 도덕사상. 대구: 이문출판사.

남궁 달화(1983). 듀우이와 하이덱거의 인간개념을 통해서 본 통합적 교육이론 수립을 위한 기초연구. 교육학연구, 21(2), 43-69.

남궁 달화(1996). 도덕교육론. 서울: 철학과 현실사.

남궁 달화(2008). 현대 도덕교육론. 파주: 교육과학사.

박병춘(2002). 배려 윤리와 도덕 교육. 서울: 울력.

박준영 편역(1998). John Dewey의 도덕교육론. 부산: 경성대학교출판부.

박철홍 역(2002). 아동과 교육과정 경험과 교육. 서울: 문음사.

박철홍, 윤영순(2006). 듀이의 경험론에서 본 지식의 총체성과 탐구의 성격: 메논의 패러독스의 해소방안. 한국도덕교육학회 월례대회 발표논문.

오천석 역(1979). 듀우이 사상선집. 서울: 박영사.

이돈희(1982). John Dewey의 교육사상. 한국철학회 편. 존 듀우이와 프라그마티즘. 서울: 삼일당.

이종각 역(1987). 교육과 사회학. E. Durkheim 저(1956). 서울: 배영사.

임한영(1982). Pragmatism과 죤 듀우이. 한국철학회 편. 존 듀우이와 프라그마티즘. 서울: 삼일당.

황경식(1982). John Dewey의 윤리학. 한국철학회 편. 존 듀우이와 프라그마티즘. 서울: 삼일당.

Yahoo 백과사전

Archambault, R. D. (1964). *John Dewey on Education*. Chicago and London: University of Chicago Press.

Aronfreed, J. (1968). *Conduct and Conscience*. New York: Academic Press.

Barber, T. X., & Hahn, K. W., Jr. (1964). Experimental Studies in 'Hypnotic' Behavior: Physiologic and Subjective Effects of Imagined Pain. *Journal of Abnormal and Social Psychology*, 139, 416–425.

Blatt, M., & Kohlberg, L. (1971). Effect of Classroom Discussion on Moral Thought. In L. Kohlberg & E. Turiel (Eds.), *Moralization Research, the Cognitive Development Approach*. New York: Holt Rinehart & Winston.

Blos, P. (1965). The Initial Stage of Male Adolescence. *The Psychoanalytic Study of the Child*, 20, 145–164.

Blos, P. (1967). The Second Individuation Process of Adolescence. *The Psychoanalytic Study of the Child*, 22, 162–186.

Blos, P. (1968). Character Formation in Adolescence. *The Psychoanalytic Study of the Child*, 23, 245–263.

Boehm, L. (1962). The Development of Conscience: A Comparison of American Children of Different Mental and Socioeconomic Levels. *Child Development*, 33, 575–590.

Bridges, K. M. B. (1930). A genetic theory of emotions. *Journal of Genetic Psychology*, 37, 514–527.

Burton, R. V., Maccoby, E. E., & Allinsmith, W. (1961). Antecedents of Resistance to Temptation in four-year-old Children. *Child Development*, 32, 689–710.

Chazan, B. (1985). *Contemporary Approaches to Moral Education*. New York: Teachers College Press.

Coles, R. (1997). *The Moral Intelligence of Children*. New York: Random House.

Dewey, J. (1938). *Experience and Education*. New York: Collier

Books, A Division of Macmillan Publishing.

Dewey, J. (1944). *Democracy and Education*. New York: The Free Press, A Division of Macmillan Publishing.

Dewey, J. (1957). *Human Nature and Conduct*. New York: The Modern Library.

Dewey, J. (1966). *Theory of Valuation*. Chicago: The University of Chicago Press.

Dewey, J. (1972). *Reconstruction in Philosophy*. Boston: Beacon Press.

Durkheim, E. (1953). *Society and Philosophy*. Glencoe, IL: Free Press.

Durkheim, E. (1973). *Moral Education: A Study in the Theory and Application of the Sociology of Education*. Foreword by P. Fauconnet, Translated by E. K. Wilson and H. Schnurer. Edited, with a new introduction, by E. K. Wilson. New York: A Division of Macmillan Publishing.

Freud, A. (1965). *Normality and Pathology in Childhood: Assessment of Development*. New York: International Universities Press.

Gibson, E. (1969). *Principles of Perceptual Learning and Development*. New York: Appleton-Century-Crofts.

Gilligan, C. (1982). *In a Different Voice: Psychological Theory and Women's Development*. Cambridge, MA & London, England: Harvard University Press.

Goldfarb, W. (1945). Psychological Privation in Infancy and Subsequent Adjustment. *American Journal of Orthopsychiatry*, 15, 247-255.

Hall, C. S., & Lindzey, G. (1978). *Theories of Personality* (3rd ed.). New York: John Wiley & Sons.

Hare, R. M. (1952). *The Language of Morals*. London: Oxford University Press.

Hare, R. M. (1979a). Language and Moral Education. In D. Cochrane, C. Hamm, & A. Kazepides (Eds.), *The Domain of Moral Education* (pp. 89-106). New York: Paulist Press.

Hare, R. M. (1979b). A Rejoinder. In D. Cochrane, C. Hamm, & A. Kazepides (Eds.), *The Domain of Moral Education* (pp. 115-119). New York: Paulist Press.

Hartshorne, H., May, M. A., & Shuttleworth, F. K. (1930). *Studies in the Nature of Character*, Vol. III. New York: Macmillan, Inc.

Hoagland, S. (1991). Some Thoughts about Caring. In C. Card (Ed.), *Feminist Ethics*. Lawrence: University Press of Kansas.

Hoffman, M. L., & Saltzstein, H. D. (1967). Parent Discipline and the Child's Moral Development. *Journal of Personality and Social Psychology*, 5(1), 45-57.

Kohlberg, L. (1980a). Stages of Moral Development as a Basis for Moral Education. In B. Munsey (Ed.), *Moral Development, Moral Education, and Kohlberg*. Birmingham, Alabama: Religious Education Press.

Kohlberg, L. (1980b). Educating for A Just Society. In B. Munsey (Ed.), *Moral Development, Moral Education, and Kohlberg* (pp. 455-470). Birmingham, Alabama: Religious Education Press.

Kohlberg, L. (1981). *The Philosophy of Moral Development*. San Francisco: Harper & Row.

Kohlberg, L. (1984). *The Psychology of Moral Development*. San Francisco: Harper & Row.

Kohlberg, L. (1985). The Just Community Approach to Moral

Education in Theory and Practice. In W. Berkowitz & F. Oser (Eds.), *Moral Education: Theory and Application* (pp. 27-87). Hillsdale, NJ: Lawrence Erlbaum.

Kolesnik, W. B. (1976). *Learning: Educational Applications*. Boston, London: Allyn and Bacon.

Lickona, T. (1991). *Educating for Character: How Our Schools Can Teach Respect and Responsibility*. New York: Bantam Books.

Loewald, H. (1973). On Internalization. *International Journal of Psychoanalysis*, 54, 9-17.

Mahler, M., Pine, F., & Bergman, A. (1975). *The Psychological Birth of the Human Infant*. New York: Basic Book.

McCord, W., & McCord, J. (1956). *Psychopathy and Delinquency*. New York: Grune & Stratton.

Noddings, N. (1984). *Caring: a feminine approach to ethics and moral education*. Berkeley, CA & Los Angeles, California: University of California Press.

Noddings, N. (2002a). *Educating Moral People*. New York: Teachers College Press.

Noddings, N. (2002b). *Starting at Home: Caring and Social Policy*. Berkeley: University of California Press.

Noddings, N. (2005). Caring in education. *The encyclopedia of informal education*. www.infed.org/biblio/noddings-caring-in-education.htm.

O'Toole, K. (1998). Noddings: To know what matters to you, observe your actions. *Stanford Online Report*, February 4, 1998. http://news-service.stanford.edu/news/1998/february4/nodding.html.

Pearlin, L. I., Yarrow, M. R., & Scarr, H. A. (1967). Unintended

Effects of Parental Aspirations: the Case of Children's Cheating. *American Journal of Sociology,* 73(1), 73-83.

Pickering, W. S. F. (Ed.). (1979). *Durkheim: Essays on Morals and Education.* London: Routledge and Kagan Paul.

Provence, S., & Lipton, R. C. (1962). *Infants in Institutions.* New York: International Universities Press.

Reimer, J., Paolitto, D., & Hersh, R. (1983). *Promoting Moral Growth.* New York: Longman.

Ritvo, S., & Solnit, A. (1960). The Relationship of Early Ego Identifications to Superego Formation. *International Journal of Psychoanalysis,* 41, 295-300.

Rosner, H. (1972). Of Music, Magic and Mystery: Studies in adolescent synthesis. *Jounral of the American Psychoanalytic Association,* 20(2), 395-416.

Sandler, J. (1960). On the Concept of Superego. *Psychoanalytic Study of the Child,* 15, 163-188.

Sears, R. R., Maccoby, E. E., & Levin, H. (1957). *Patterns of Child-rearing.* Evanston, IL: Row, Peterson & Co.

Seton, P. H. (1974). The psychotemporal adaptation of late adolescence. *Journal of the American Psychoanalytic Association,* 22, 795-819.

Sieber, J. E. (1980). A Social Learning Theory Approach to Morality. *Moral Development and Socialization* (p. 138). Boston: Allyn and Bacon.

Simpson,. E. L. (1976). A Holistic Approach to Moral Development and Behavior. In T. Lickona (Ed.), *Moral Development and Behavior.* New York: Holt, Rinehart and Winston.

Soltis, J. F. (1982). American Pragmatism and John Dewey's Theory of Educating. 한국철학회 편. 존 듀우이와 프라그마티즘.

서울: 삼일당.

Spitz, R. A., & Wolf, K. M. (1946). Analytic Depression: An Inquiry into the Genesis of Psychiatric Conditions in Early Childhood, II. In A. Freud et al. (Eds.), *The Psychoanalytic Study of the Child*, Vol. II.

Straughan, R. (1988). *Can We Teach Children To Be Good?*. Milton Keynes Philadelphia: Open University Press.

Tice, T. (1980). A Psychoanalytic Perspective. In M. Windmiller, N. Lambert, & E. Turiel (Eds.), *Moral Development and Socialization*. Boston, MA: Allyn & Bacon.

Troutner, L. (1974). John Dewey and the Existential Phenomenologist. In D. Denton (Ed.), *Existentialism and Phenomenology in Education* (pp. 9-50). New York: Teachers College Press.

Wallwork, E. (1985). Sentiment and Structure: A Durkheimian Critique of Kohlberg's Moral Theory. *Journal of Moral Education,* 14(2), 87-101.

Warnock, G. J. (1979). Morality and Language: A Reply to R. M. Hare. In D. Cochrane, C. Hamm, & A. Kazepides (Eds.), *The Domain of Moral Education* (pp. 107-114). New York: Paulist Press.

Wilson, J. (1970). *Moral Thinking*. London: Heinemann Educational Books.

Wilson, J. (1972). *Practical Methods of Moral Education*. London: Heinemann Educational Books.

Wilson, J. (1973). *The Assessment of Morality*. Windsor, Berks: NFER Publishing Company Ltd.

Wilson, J. (1990). *A New Introduction to Moral Education*. London: Cassell Educational Limited.

Wilson, J., Williams, N., & Sugarman, B. (1967). *Introduction to*

Moral Education. Harmondsworth, UK: Penguin Books.

Wikipedia, the free encyclopedia

http://www.makers.com/carol-gilligan (Gilligan's *In a Different Voice*, 2013)

찾아보기

인 명

내 용

저자 소개

남궁 달화(南宮達華, Dalwha Namkung)

약 력

미국 오리건 주립대학교(Oregon State University) 대학원 교육학과, Ph. D.
서울대학교 교육대학원 교육학과, 교육학 석사
중앙대학교 사범대학 교육학과 입학, 영어교육과 졸업, 문학사
한국교육개발원 책임연구원(도덕교육연구실장)
한국도덕교육학회 회장
계명대학교 사범대학 교육학과 조교수
한국교원대학교 윤리교육과 교수
(현) 한국교원대학교 명예교수

저 서

가치탐구교육론(철학과 현실사, 1994)
콜버그의 도덕교육론(철학과 현실사, 1995)
도덕교육론(철학과 현실사, 1996)
가치교육론(문음사, 1997)
인성교육론(문음사, 1999)
도덕교육과 수행평가(교육과학사, 2000)
도덕성 요소와 도덕교육(학지사, 2003)
현대 도덕교육론(교육과학사, 2008)
(고등학교) 생활과 윤리(공저, 교학사, 교육과학기술부 검정, 2011)
(고등학교) 생활과 윤리(공저, 교학사, 교육부 검정, 2013)

역 서

도덕발달과 도덕교육(R. S. Peters 저, 문음사, 1993)
도덕철학과 도덕교육(R. Straughan 저, 교육과학사, 1996)
도덕교육 방법의 실제[J. Wilson 저, 한국학술정보(주), 2001]
도덕교육평가(J. Wilson 저, 한국교원대학교 출판부, 2002)
교사를 위한 도덕교육 입문서(J. Wilson 저, 문음사, 2002)
도덕성 서문(J. Wilson 저, 한국교원대학교 출판부, 2004)
새 도덕교육학개론(J. Wilson 저, 한국교원대학교 출판부, 2004)

교육의 역사와 철학 시리즈 ⑭

도덕교육사상

Thoughts of Moral Education

2014년 5월 20일 1판 1쇄 인쇄
2014년 5월 30일 1판 1쇄 발행

지은이 • 남궁 달화
펴낸이 • 김진환
펴낸곳 • (주) 학지사
121-838 서울특별시 마포구 양화로 15길 20 마인드월드빌딩
대표전화 • 02)330-5114 팩스 • 02)324-2345
등록번호 • 제313-2006-000265호

홈페이지 • http://www.hakjisa.co.kr
커뮤니티 • http://cafe.naver.com/hakjisa

ISBN 978-89-997-0273-0 94370
ISBN 978-89-7548-823-8 set

정가 15,000원

이 도서의 국립중앙도서관 출판시도서목록(CIP)은 서지정보유통지원시스템 홈페이지(http://seoji.nl.go.kr)와 국가자료공동목록시스템(http://www.nl.go.kr/kolisnet)에서 이용하실 수 있습니다.
(CIP제어번호: CIP2014008810)